OSTFRIESISCHE INSELN
& NORDSEEKÜSTE

DUMONT REISE-TASCHENBUCH

Claudia Banck

OSTFRIESISCHE INSELN & NORDSEEKÜSTE

Inhalt

LAND & LEUTE

Die südliche Nordsee

Kultur und Leben

UNTERWEGS AUF DEN INSELN UND AN DER KÜSTE

Die westlichen Inseln

Inhalt

LAND & LEUTE

>Der Anblick der
Meereswogen … die
großen Phänomene
der Ebbe und Flut …
alles dies, sage ich,
wirkt auf den gefühl-
vollen Menschen mit
einer Macht, mit der
sich nichts in der Natur
vergleichen lässt als
etwa der Anblick des
gestirnten Himmels in
einer heiteren
Winternacht.«

G. C. Lichtenberg

Ein ruhiges Plätzchen
im Strandkorb

Die südliche Nordsee

Krabbenkutter in Greetsiel

DIE SÜDLICHE NORDSEE

Strandparadiese im Nationalpark Wattenmeer

Das Wattenmeer an der dänischen, deutschen und niederländischen Nordseeküste, ein faszinierender Naturraum, ist als Weltnaturerbe der Unesco in aller Munde. Es ist eine Welt für sich, durch den Wechsel von Ebbe und Flut weder dem Meer noch dem Land zuzuordnen. Über dieses Phänomen staunte schon der römische Geschichtsschreiber Plinius der Ältere (23–79 n. Chr.): »Hier überflutet der Ozean zweimal binnen Tag und Nacht in ausgebreiteter Flut einen unermesslichen Landstrich und verursacht einen ewigen Streit der Natur, so dass man nicht weiß, ob diese Gegend zum festen Lande oder zum Meere gehört.« Seit Mitte der 1980er-Jahre bildet diese in der Welt einzigartige Naturlandschaft den größten Nationalpark Mitteleuropas.

Und mittendrin, vor der Nordseeküste Niedersachsens, liegen die Ostfriesischen Inseln – wie Perlen auf einer Kette aneinander gereiht. Natur bieten sie alle in Hülle und Fülle: Endlose weiße Sandstrände am rauschenden Meer, wilde Dünengebirge, artenreiche Salzwiesen am grauen Watt prägen die Insellandschaften, in denen Naturliebhaber am besten zu Fuß unterwegs sind. Nur auf Borkum und Norderney sind überhaupt Autos erlaubt und auch dort ist ihre Nutzung stark eingeschränkt. Öffentliche Verkehrsmittel sind kleine Inselbahnen oder Pferdekutschen.

Beim Wandern, Radfahren und Baden lässt sich die Natur erleben. Auf flachen Sandbänken ruhen Seehunde mit ihren Jungen, Möwen wiegen sich im Wind, im Watt pfeifen rotbeinige Austernfischer, staksen zierliche Säbelschnäbler auf der Suche nach Nahrung. Auf den Inseln überall anzutreffen sind die scheuen Fasane, fast überall hoppeln Kaninchen durch die Dünen. Im Wechsel der Gezeiten kommt und geht das Meer.

An den Sandstränden zum offenen Meer bietet sich in den Sommermonaten ein anderes Bild: Hier tummeln sich die Bädegäste, dominieren bunte Strandkörbe und Sonnenschirme. Dann sind die Inseldörfer und -landschaften verlassen. Erst abends oder an regnerischen, stürmischen Tagen gehören die Strände wieder dem Wind, den Wellen, den Vögeln. Sandstrände und Dünen prägen die Inseln, grüne Strände und saftiges Marschenland bietet die Festlandküste.

Ein nennenswertes Nachtleben findet man nur in den größeren Orten, in Emden, auf Norderney – ansonsten überwiegt die Ruhe, die Erinnerung an alte Zeiten wie den Walfang, die mächtigen Häuptlinge, an Störtebeker, an stattliche Segelschiffe, die die Weltmeere befuhren. Noch heute entdeckt man am Horizont Schiffe aus aller Welt, denn in Sichtweite der Inseln führt eine der meistbefahrenen Schifffahrtsstraßen der Welt vorbei.

STECKBRIEF OSTFRIESLAND

Ostfriesland – wo ist das?
Die ostfriesische Halbinsel zwischen dem Dollart im Westen und dem Jadebusen im Osten bildet geologisch und geographisch eine natürliche Einheit, politisch gesehen war sie jedoch immer geteilt: Das historische Ostfriesland umfasste nur den westlichen Teil, das Gebiet des ehemaligen Regierungsbezirks Aurich, das sich mit dem Territorium der bis 1744 selbstständigen Reichsgrafschaft Ostfriesland deckte. Der östliche Bereich der Halbinsel gehörte seit dem 14./15. Jh. zu Oldenburg und bildet heute den Landkreis Friesland, der auch die Insel Wangerooge einschließt. Seit der Gebietsreform von 1978 ist die Region im erheblich größeren Regierungsbezirk Weser-Ems aufgegangen. Ostfriesland als politisch selbstständiges, fest umgrenztes Gebilde gibt es nicht mehr, aber als Fremdenverkehrsregion hat es das benachbarte Friesland stillschweigend vereinnahmt. Im Bewusstsein der Bevölkerung aber gelten die historischen Grenzen, ein Bewohner der Ostfriesischen Insel Wangerooge ist Oldenburger und kein Ostfriese.

Die Inseln:
Borkum: ca. 30,6 km^2 (Länge ca. 10,5 km), 5600 Einw., Kreis Leer
Juist: ca. 16,4 km^2 (Länge ca. 17 km), 1800 Einw., Kreis Aurich
Norderney: ca. 26,3 km^2 (Länge ca. 14 km), 6200 Einw., Kreis Aurich
Baltrum: ca. 6,5 km^2 (Länge ca. 5 km), 500 Einw., Kreis Aurich
Langeoog: ca. 19,7 km^2 (Länge ca. 11 km), 2100 Einw., Kreis Wittmund
Spiekeroog: ca. 18,2 km^2 (Länge ca. 9,5 km), 800 Einw., Kreis Wittmund
Wangerooge: ca. 8,5 km^2 (Länge ca. 8,5 km), 1100 Einw., Kreis Friesland
Merkspruch, um sich die Reihenfolge der Ostfriesischen Inseln (von Ost nach West) zu merken: **W**elcher (Wangerooge) **S**eemann (Spiekeroog) **l**iegt (Langeoog) **b**ei (Baltrum) **N**anni (Norderney) **i**m (Juist) **B**ett (Borkum)?

Städte an der Küste: Emden (ca. 51 000 Einw.), Norden/Norddeich (ca. 25 000 Einw., Kreis Aurich), Esens (6800 Einw., Kreis Wittmund).

Nationalpark Niedersächsisches Wattenmeer
Gründung: 1.1.1986
Lage: Ostfriesische Inseln und Watten sowie Seemarschen zwischen Dollart (Staatsgrenze zu NL) im Westen und Cuxhaven (Fahrrinne Außenelbe) im Osten
Ausdehnung: vom Seedeich (seeseitiger Deichfuß) bis zur Tiefenlinie (5–10 m) seeseits der Inseln und Sandbänke
Unbewohnte Inseln: Memmert, Mellum, Minsener Oog
Gesamtfläche: ca. 280 000 ha, davon Wattfläche 49 %, permanente Wasserfläche 44 %, Landfläche (Inseln und Küste) 7 %

LANDSCHAFTEN UND NATURRAUM

Ostfriesische Inseln

Nur wenige Kilometer vor der niedersächsischen Küste erstreckt sich der Bogen der Ostfriesischen Inseln: von Westen nach Osten Borkum, Juist, Norderney, Baltrum, Langeoog, Spiekeroog und Wangerooge. Diese sind bewohnt, kleinere Sandinseln wie Memmert und Lütje Hörn zwischen Borkum und Juist sowie Mellum und Minsener Oldeoog östlich von Wangerooge sind den See- und Watvögeln vorbehalten. Im Westen, vor der holländischen Küste, schließen sich die Westfriesischen Inseln an. Blütenweiße Fähren ziehen ihre Spur von kleinen Küstenhäfen zu den Inseln, von denen einige, gezeitenabhängig, nur ein- bis zweimal pro Tag angelaufen werden können. In Eiswintern wie 1995/96 und 1996/97 geht nicht einmal mehr das. Dann bleibt nur noch der Flieger.

Der Blick aus der Möwenperspektive auf die fragilen, den Nordseefluten preisgegebenen Eilande offenbart bei allen Inseln einen ähnlichen Aufbau: Im Norden, zum offenen Meer hin, und im Osten, auf einigen Inseln auch im Westen, erstrecken sich breite, weiße Sandstrände. Nach Alter gestaffelte Dünen prägen das Inselinnere: Zum Meer hin liegen die jüngeren, noch ganz weißen Dünen, die nach Osten in unbewachsene, endlose Sandplate, zur Inselmitte hin aber in dicht bewachsene, graue und braune Dünen übergehen, in deren Windschatten das eine oder andere angepflanzte Wäld-

chen gedeiht. Im Schutz der Dünenketten zieht sich im Süden ein grünes Band fruchtbaren, dem Meer abgewonnenen Weidelands, das anders als auf dem Festland häufig nicht eingedeicht ist. Im Sommer grasen dort Kühe und Pferde.

Das Wattenmeer

Zwischen den Inseln und dem Festland erstreckt sich das graue, vom gleichmäßigen Rhythmus der Gezeiten geprägte **Wattenmeer.** Bei Ebbe eine öde, leblos wirkende Fläche, bei Flut überspült von trübem, weil sedimentreichem Nordseewasser, das im Schutz der Inseln selten mit großartigen Wellen aufwartet. Die im Verlauf der Jahrhunderte mit der Flut angeschwemmten Sande und Schlicke konnten hier zur Ruhe kommen und absinken. Das auf diese Weise aufgebaute **Watt** hat im Bereich der niedersächsischen Nordseeküste eine Breite von 5 bis 7 km. Die Gezeitenströme bewegen sich durch die so genannten ›Seegats‹, die die einzelnen Inseln voneinander trennen. Die Zu- und Abflussrinnen der Gezeitenströme bilden ein weit verzweigtes, flussähnliches System: Vielfach gewundene Priele und tiefe Baljen, also Wasserrinnen, die sich an die Seegats anschließen, durchziehen die amphibische Landschaft.

Die auch bei Ebbe Wasser führenden **Baljen** und **Seegats** werden als Fahrwasser zwischen den Inseln und

DIE ENTSTEHUNG DER INSELN

Das Gebiet der südlichen Nordsee ist geologisch gesehen sehr jung. Während der Weichsel-Eiszeit, die ihre größte Ausdehnung vor etwa 45 000 Jahren erreichte, lag der Meeresspiegel noch etwa 100 m tiefer als heute, die Küstenlinie verlief zwischen dem Skagerrak in Dänemark und Aberdeen in Schottland. Mit dem Abschmelzen der Eiskappen wurden weite Teile des Festlandes überflutet. Während der Anstieg des Meeresspiegels in den ersten Jahrtausenden nach dem Ende der Eiszeit sehr rasch vonstatten ging, kam er kurz vor der Zeitenwende zum Stillstand und setzt sich seither, mit Unterbrechungen, langsamer fort. Vor etwa 4500 Jahren erreichte die Nordsee den höher gelegenen Geestrand, der heute meist 10 bis 20 km landeinwärts verläuft. Vom Geestrand bis etwa zur Linie der jetzigen Inselkette fiel der durch Schlicke aufgebaute Meeresboden nur leicht ab.

Auf diesem Wattsockel konnten sich die mit dem Tidenstrom landeinwärts transportierten Sandmassen ablagern. Es entwickelten sich parallel zur Küste verlaufende Strandwälle. Vögel, Wind und Strömung brachten Samen von hoch spezialisierten Pionierpflanzen, die mit ihren langen, hartnäckigen Wurzeln die locker gefügten Sandgebilde festigten. In ihrem Windschatten konnte sich immer mehr herangewehter Sand anhäufen. Diese Dünen wuchsen, festigten sich durch eine zunehmend dichtere Pflanzendecke und bildeten schließlich richtige Inseln.

Die Ostfriesischen sind also im Gegensatz zu den Nordfriesischen Inseln kein Rest eines von Sturmfluten auseinander gerissenen Festlandes, sondern neuzeitliche Landbildungen. Erst im Jahre 1398 werden die Ostfriesischen Inseln namentlich erwähnt. In einer Urkunde heißt es: »mit alsuken eylanden, als daer to behoirt, daer buten gelegen, das ist te westen Borkyn, Juist, Burse, Oesterende, Balteringe, Langeoch, Spikeroch ende Wangeroch …« Seit etwa 1650 kann man mit Hilfe von Chroniken und Seekarten die Entwicklung der Inselkette darstellen. Die größte Veränderung vollzog sich zwischen Juist und Norderney, wo um die Mitte des 17. Jh. noch der Rest der Großinsel Buise (oder Burse) lag.

Die Entwicklung der Ostfriesischen Inseln ist keineswegs abgeschlossen. Wegen der vorherrschenden Nordwest-Richtung der Gezeitenströme und des Windes wandern sie langsam immer weiter Richtung Südosten. Die von Nordwest heranbrechenden Wogen tragen im Westen der Inseln die Sandmassen ab, Wind und Wellen führen sie dem Ostende zu, das auf allen Inseln aus endlos weiten Sandebenen besteht. So befand sich beispielsweise Baltrums Westseite vor etwa 350 Jahren noch dort, wo heute die Ostseite von Norderney liegt. Durch die Abbrüche von Westen her kommt es, dass sich der ursprünglich im Osten oder der Mitte der Insel angelegte Hauptort mittlerweile auf den meisten Inseln an der Westseite befindet. Seit Mitte des letzten Jahrhunderts werden die bedrohten Westenden einiger Inseln, die nicht natürlich durch Dünen und vorgelagerte Sandbänke geschützt sind, durch massive Küstenbefestigungen vor Abtragung bewahrt.

Bewachsene Dünen auf Spiekeroog

zu den Küstenorten genutzt. Einge-
steckte Birkenstämmchen, so genannte **Pricken,** markieren die Fahrrinne
durch die Schlickbänke und Sandpla-
ten. In dieser Landschaft rasten im
Frühjahr und Herbst Hunderttausende
von Zugvögeln, um sich für die nächste Reiseetappe auf dem Weg nach Sibirien, in die Arktis oder nach Afrika mit
Energiereserven zu versorgen. Das
Watt gehört zu den bedeutendsten
Feuchtgebieten der Erde und bildet seit
Mitte der 1980er-Jahre den Nationalpark Niedersächsisches Wattenmeer,
der die unbewohnten Teile der Inseln
einschließt.

Die Festlandküste

Die Küste ist von einem 10 bis 20 km
breiten Streifen fruchtbarer **Marschen**
gesäumt. Sie entstanden wie auch das
Watt aus Ablagerungen des Meeres.
Durch den Wechsel der Gezeiten wurden zweimal täglich Sedimente abgelagert, die nach und nach den Boden
erhöhten. Durch systematische Entwässerung und Eindeichung trotzte der
Mensch dieses natürlich gedüngte
Land dem Meer ab und bewirtschafte-
te es. Der ›goldene Ring‹ der Deiche
bewahrt die Küste davor, erneut ein
Opfer der salzigen, zerstörerischen Fluten der Nordsee zu werden. Hinter dem
Deich ducken sich vom Wind ge-
krümmte Bäume, wogen sattgelbe
Rapsfelder, weiden schwarz-weiße
Kühe auf saftiggrünen Wiesen. Stattliche Bauernhöfe, malerische Windmühlen und mächtige mittelalterliche
Kirchen künden von der Fruchtbarkeit
der Marschen, die im krassen Gegensatz zur kargen Natur der Inseln steht.

FLORA UND FAUNA

Düne, Salzwiese und Watt sind die Lebensräume von Spezialisten, von Überlebenskünstlern, die dem Wechsel von Trockenheit und Überflutung trotzen und Salz ebenso wie schneidende Sandstürme und peitschende Orkanböen ertragen.

Lebensraum Düne – karges, unsicheres Land

Sand und Dünen prägen die Landschaft auf allen Ostfriesischen Inseln. Auf dem flachen, aus losem Sand bestehenden Strand beginnt die Vegetation erst oberhalb des mittleren Hochwasserstandes, wo der Boden durch die Verwesung von Tang, Quallen und Holzresten Nährstoffe erhält. Die **Spülsaumvegetation** – Meersenf, Kali-Salzkraut und Melden – wird regelmäßig von den Winterstürmen wieder fortgerissen und zerstört. Oberhalb der Flutmarke setzen sich Gräser wie die Binsenquecke fest, die mit ihren langen, weit verzweigten Wurzeln den Boden festigen und den Sand auffangen. Mit ihrer Hilfe bilden sich niedrige Dünen, die so genannten Vor- oder **Primärdünen.** Nur 2–3 m hoch, müssen sie mehrmals im Jahr höheren Fluten standhalten. Bei größeren Sturmfluten kann es passieren, dass sie ganz abgetragen werden. Wenn die Primärdünen höher geworden sind und das Salz durch Niederschläge ausgewaschen ist, siedelt sich der Strandhafer an, häufig in Gesellschaft des blaugrü-

nen Strandroggen. Sie sind die Leitpflanzen der so genannten **Weißdünen** (Sekundärdünen), die eine Höhe von 10–20 m erreichen. Mit seinem weit reichenden Wurzelsystem hält der Strandhafer den Sand zusammen und hindert die Düne am Wandern, solange die empfindliche Pflanzendecke unversehrt bleibt.

Den weißen Dünen schließen sich die niedrigeren, flächendeckend bewachsenen, von Tälern durchzogenen **Graudünen** (Tertiärdünen) an. Der Einfluss von Sonne und Wind, je nachdem, ob auf der Sonnen- oder der Schattenseite, der windzugewandten oder windgeschützten Seite bildet unterschiedliche Vegetationszonen aus. An den wind- und sonnestrapazierten Süd- und Westhängen dominieren Moose, Flechten und Silbergras, feine Akzente setzt das zierliche Dünenveilchen. Auf den geschützten Nord- und Osthängen trifft man auf Zwergsträucher in typischer Gesellschaft mit Krähenbeere und Tüpfelfarn. Weiter inseleinwärts dominiert die rotviolette Strauchheide. Neben üppigen, zum Teil hüfthohen Beständen von Kriechweide, Sanddorn und weiß blühenden Dünenrosen bieten auch stattliche Exemplare des Schwarzen Holunders und der Vogelbeere Singvögeln Schutz und Nahrung.

Endstadium der Dünenentwicklung sind die mit Dünengebüschen und niedrigen Bäumen bedeckten **Braundünen.** Hier gedeihen nun auch Krähenbeere, Glockenheide, vereinzel-

17

te Kiefern und Birken in einem Boden, der durch Humusanreicherung dunkler als der der weißen Dünen ist.

Salzwiesen und Watt

Vom südlichen Rand des Dünengürtels schweift der Blick über die vogelreichen **Salzwiesen** zum weiten Watt. Die Abfolge der hier angesiedelten Pflanzengesellschaften ist abhängig von der Häufigkeit und Dauer der Überflutungen. Auf den oberen, rund zwei Dutzend Mal im Jahr überfluteten Salzwiesenflächen, wachsen Strandwegerich und Strandnelke. Auf beweideten Grünflächen herrscht der Rotschwingel vor. Wattwärts sind die im August zartviolett blühende Salzaster und der verbotenerweise häufig gepflückte lilafarbene Strandflieder zu finden.

Im etwa 150- bis 250-mal pro Jahr überfluteten unteren Bereich der Salzwiesen dominiert das Andelgras. Nur auf unbeweideten Flächen gedeiht der angenehm duftende Strandwermut mit den silbrigweißen Blättern. Im vorgelagerten, dem Gezeitenwechsel ausgesetzten **Quellerwatt** findet man in hohem Maße salzresistente Pflanzen wie den Queller und das steifblättrige Schlickgras. Der Queller ist die wichtigste Pionierpflanze im Watt. An der Grenze zwischen Meer und Land trägt er wesentlich zur Ablagerung der Schlicke und Sande bei. Stark zurückgegangen sind die **Seegraswiesen.** Die bei Ebbe freifallenden Bestände des Zwerg-Seegrases sind eine wichtige Nahrungsquelle für die im Wattenmeer überwinternden Ringelgänse.

Lebensraum Watt

»Ich höre des gärenden Schlammes geheimnisvollen Ton«, so beschreibt Theodor Storm das Wispern und Knistern, mit dem das Watt bei Ebbe erfüllt ist. Es wird u. a. von Schlickkrebsen erzeugt: Immer wenn der 8 bis 10 mm lange **Flohkrebs** bei der Nahrungssuche seine Fühler auseinander spreizt, platzt das Wasserhäutchen dazwischen mit einem leisen ›Zipp‹. Er besiedelt mit bis zu 40 000 Exemplaren einen Quadratmeter Schlickboden. Diese ungeheuer hohe Besiedlungsdichte ist ein Charakteristikum für die Tier- und Pflanzenwelt im nährstofffreichen Watt.

Auf den ersten Blick aber ist enttäuschend wenig zu entdecken von der Vielfalt hoch spezialisierter Lebewesen, die das Watt bevölkern. Das Auge schweift über die weiten, trocken gefallenen Flächen: Nur ein paar angetriebene Algen und Muschelschalen. Doch dieser Eindruck täuscht, denn bei Niedrigwasser zieht sich alles, was im Watt kreucht und fleucht, in den schützenden Boden zurück.

Existenzgrundlage für die meisten Lebewesen im Watt ist zum einen das pflanzliche und tierische **Plankton,** das die Flut heranträgt, zum anderen die mikroskopisch kleine **Kieselalge,** die als brauner Belag den Wattboden überzieht. Mehrere Schneckenarten weiden die Algen und Bakterien vom Wattboden ab, darunter die 6 mm kleine spitzhäusige **Wattschnecke**, deren Siedlungsdichte schon mal bei 100 000 Tieren pro Quadratmeter liegen kann. Die kräftige, 2,5 bis 4 cm ho-

EBBE UND FLUT

Die **Gezeiten,** an der Küste auch ›Tiden‹ genannt, bestimmen das Leben an der Nordsee. Jeweils innerhalb von 24 Stunden und 50 Minuten läuft das Wasser zweimal ab (Ebbe) und wieder auf (Flut) – Hoch- und Niedrigwasser verschieben sich also jeden Tag um ungefähr 50 Minuten. Diese Auf- und Abbewegung des Wassers entsteht durch die Anziehungskraft des Mondes und die Fliehkraft der Erde. Auf der dem Mond zugekehrten Seite der Erde ist seine Anziehungskraft größer, auf der ihm abgekehrten Seite die Fliehkraft der Erde; auf der einen Seite wird das Wasser also vom Mond angezogen, auf der anderen Seite strebt es von ihm weg. Dadurch entstehen zwei Flutberge und zwischen ihnen Ebbtäler. Durch die Erdrotation wandern diese großen Flutberge entgegen dem Uhrzeigersinn um die Welt, durch alle Ozeane und Randmeere, sofern sie nicht, wie beispielsweise die Ostsee, durch Landengen und Inseln abgeriegelt sind. Die Flutwelle dringt vom Atlantik nördlich von Schottland in die Nordsee ein, läuft entlang der englischen und niederländischen Küste, erreicht etwa 12 Stunden später die deutsche Küste (bei Borkum trifft sie eine Stunde früher ein als in Wangerooge) und zieht dann entlang der Westküste Schleswig-Holsteins, Dänemarks und Norwegens nach Norden.

Die **Höhe** des Hochwassers wird durch die Anziehungskraft der Sonne mitbestimmt, wenngleich wegen der großen Entfernung des Zentralgestirns in sehr viel geringerem Maße. Stehen Mond und Sonne auf einer Achse, was bei Neu- und Vollmond der Fall ist, addieren sich die Kräfte der beiden Gestirne, der dadurch verursachte Flutberg wird höher und es entstehen so genannte **Springtiden.** Bei Halbmond, wenn Sonne, Mond und Erde im rechten Winkel zueinander stehen, wirkt die Anziehungskraft der Sonne der des Mondes entgegen, so kommt es zur **Nipptide,** bei der das Hochwasser niedriger als normal ausfällt. Der **Tidenhub,** das ist die Differenz zwischen Hoch- und Niedrigwasser, variiert von Ort zu Ort und beträgt an der Nordseeküste zwischen 2 und 3 m (auf Borkum durchschnittlich 2,20 m, in Wilhelmshaven 3,60 m).

Die Wasserstände an der Küste werden auch von den Windverhältnissen beeinflusst. Ablandige Ostwinde drücken das Wasser aus der Deutschen Bucht heraus, das Hochwasser beträgt dann bis zu 1,5 m unter dem mittleren Hochwasser. Bei lang anhaltendem Ostwind können Schiffe mit großem Tiefgang wegen zu geringer Wasserstände einige Fahrrinnen nicht mehr benutzen. Der Fährverkehr zur Insel Juist, die wegen der geringen Tiefe des Fahrwassers nur beim Höchststand des normalen Hochwassers erreichbar ist, muss dann eingestellt werden. Umgekehrt stauen orkanartige Stürme aus Südwest bis Nordwest das Wasser in der südlichen Nordsee höher auf. In Verbindung mit einer Springtide können sie zu verheerenden **Sturmfluten** mit Wasserständen von mehr als 3 m über dem mittleren Hochwasser führen. Verhängnisvoller als die Höhe des Wassers ist dann die Gewalt der Brandung, deren Zerstörungskraft mit der Stärke des Windes wächst.

he **Strandschnecke** findet man häufig in der Nähe von Buhnen, Molen und Muschelbänken.

Die größte unter den **Wattmuscheln** ist die Sandklaffmuschel, deren weiße Schalen eine Länge von 15 cm erreichen. Sie steckt bisweilen 30 cm tief im Sand und schiebt ihren ›Schnorchel‹, zwei miteinander verwachsene Schläuche (Siphons), durch die sie das nahrungs- und sauerstoffreiche Wasser aufnimmt, bis an die Oberfläche. Bei Erschütterung ziehen die Muscheln ihre Siphons zurück und spritzen dabei das überflüssige Wasser aus dem Atemloch. Dichter unter der Oberfläche lebt die in Frankreich und den Niederlanden als Delikatesse geschätzte rundliche **Herzmuschel,** etwas tiefer die zerbrechliche, farbenfrohe **Baltische Plattmuschel.** Auch die erst Ende der 1970er-Jahre vermutlich aus den USA eingeschleppte **Amerikanische Schwertmuschel** mit ihren schmalen, bis zu 16 cm langen Schalenklappen gräbt sich in den schützenden Schlicksand ein.

Die schwarzen **Miesmuscheln** siedeln im relativ festen Sandwatt an Plätzen, wo ein Stück harter Untergrund, beispielsweise eine Anhäufung von Muschel- oder Schneckenschalen, ein Festhalten erlaubt. Mit Hilfe von ›Byssusfäden‹ heften sie sich dann zu großen Verbänden (Muschelbänken) aneinander. Sie gehören zu den Lebewesen im Wattenmeer, die von der Überdüngung des Meeres und dem Algenwachstum profitieren. Während die als Delikatesse geschätzte Muschel früher noch fünf Jahre zum Heranwachsen brauchte, ist sie heute schon nach drei Jahren ›erntereif‹.

Die auffälligsten Tierspuren im Watt sind die Hinterlassenschaften des **Pierwurms,** auch Sandpier oder Wattwurm genannt. Geringelte Kotsandhaufen und ein dicht daneben einfallender Trichter markieren Ende und Anfang des etwa 20 bis 30 cm tiefen, U-förmig gebogenen Ganges, in dem der Wurm lebt. Mit dem Vorderende nimmt er den durch den Trichter in die Röhre fallenden nährstoffreichen Sand auf, verdaut die organischen Partikel und scheidet nach 40 Minuten die unverdaulichen Anteile als Kotschnüre mit dem Hinterende wieder aus.

Im Bereich der Hochwasserlinie findet man sowohl im Watt als auch am Sandstrand häufig gestrandete **Quallen.** Leicht zu erkennen ist die hübsche Kompassqualle, deren rötlich-braune Strahlen an eine Kompassrose erin-

Spuren des Wattwurms

nern. Wenig beliebt sind die Blaue Nesselqualle und die Gelbe Haarqualle. An den Tentakeln haben sie Nesseln, mit denen sie ihre Beutetiere betäuben. Kommt der Mensch damit in Berührung, kann das ziemlich lange brennen. Die weitaus meisten der gestrandeten Quallen sind aber völlig harmlos.

In den Prielen und tieferen Wasserlachen trifft man außer Garnelen, Krabben und Einsiedlerkrebsen die **Seesterne** an, die sich vor allem an Muscheln gütlich tun. Die sandgraue **Garnele,** die tonnenweise von Fischern angelandet und unter dem eigentlich falschen Namen ›Krabbe‹ in die Mayonnaise getunkt wird, ist auch in seichtem Wasser kaum auf dem Grund auszumachen. Im Gegensatz zu den Strand- und Schwimmkrabben, die zu den Kurzschwanzkrebsen zählen, haben Garnelen lange Schwänze.

Im Priel, der auch beim Tiefstand der Ebbe noch Wasser enthält, tummelt sich eine große Zahl von Stand- und Jungfischen. Zu den standorttreuen **Fischen** gehören die Aalmutter und der Seeskorpion. Andere Arten wie Flunder, Meeräschen und den Stint trifft man hier nur über Teile des Jahres an. Auch die durch Überfischung stark reduzierten Dorsche dringen ins Wattenmeer vor, das als ›Kinderstube‹ vieler Fischarten, beispielsweise der Scholle, von großer Bedeutung ist.

Vögel im Wattenmeer

Rund 100 verschiedene Arten von **Wat- und Wasservögeln** bevölkern die Wattgebiete. Etwa zwei Dutzend Arten brüten hier, andere rasten nur ein paar Wochen auf dem Weg zu ihren Brutplätzen im hohen Norden oder zu den Winterquartieren im Süden. Vor allem im Herbst und im Frühjahr sieht man bei Ebbe kleine Trupps oder riesige, wolkenähnliche Schwärme übers Watt streichen. Ihre Schnabelform und -länge bestimmen ihre Nahrung: Nach Schlickkrebsen, Wattschnecken und Würmern picken Kurzschnäbler wie die Sand- und **Seeregenpfeifer** sowie der gedrungene kurzbeinige **Knutt,** ein dynamischer kleinerer Watvogel, der im Wattenmeer nur zwischenlandet, um die Energiereserven für die Weiterreise zu seinem Brutplatz in Sibirien, Alaska oder Grönland bzw. seinem Winterdomizil in Südafrika aufzufüllen. Die schwarz-weißen **Austernfischer,** die man leicht an ihren roten Beinen und dem geraden roten Schnabel erkennen kann, sowie die **Alpenstrandläufer,** deren Schnäbel leicht nach unten gebogen sind, stochern auf der Suche nach Würmern und Herzmuscheln im Boden. Auf langen Beinen stelzt der zierliche rotschnäblige **Rotschenkel** über Watt und feuchte Marschwiesen auf der Suche nach Muscheln, Schnecken und kleinen Fröschen. Mit seinem aufregend langen, abwärtsgebogenen Schnabel zieht der **Große Brachvogel** fette Borstenwürmer, aber auch große Muscheln aus dem Schlick.

Zum Speiseplan der **Eiderenten** gehören die Miesmuscheln, die von ihnen als Ganzes geschluckt und im kräftigen Kaumagen zerrieben werden. Während das Männchen mit seinem schwarz-weiß-braunen Gefieder kontrastreich gefärbt ist, wirkt das tarnfar-

Austernfischer

bene Weibchen eher unscheinbar. Fast immer zu zweit sieht man die **Brandenten,** wegen ihrer Gestalt auch Brand-Gänse genannt. Auffällig ist ihr mit fuchsrotem Brustband gezeichnetes schwarz-weißes Gefieder. Wie auch einige Möwenarten trampeln sie, auf der Stelle laufend, ›Wannen‹ ins Watt, bis Würmer und anderes Wattgetier zum Vorschein kommen.

Wintergast im Wattenmeer ist die **Ringelgans,** die auf den Salzwiesen zu finden ist. Die bis auf einen weißen Halsring und weißen Unterschwanz dunkel gefiederten Gänse sind Vegetarier, die die Wiesen am Watt bis auf die Kürze eines englischen Rasens abweiden. Zum Verdruss der Landwirte machen sie sich jedoch auch über Winterweizen und Winterraps her.

Überall entlang der Küste, in Häfen ebenso wie im Kielwasser der Schiffe, sind die **Möwen** zahlreich vertreten. Die dominierende **Silbermöwe** ist an ihrem roten Schnabelfleck und den fleischfarbenen Beinen zu erkennen. Wie auch die kleinere braunköpfige **Lachmöwe** und die seltene **Sturmmöwe** ist sie, was ihre Nahrung angeht, wenig wählerisch. Sie ist ein Allesfresser und schlingt hinunter, was sie erbeuten kann – von Fischen über Abfälle zu Vogeleiern, die sie in den Nestern anderer Watvögel raubt.

Ein Vergnügen ist es, **Seeschwalben** mit ihren Gabelschwänzen zu beobachten, wenn sie über Priele, Watt und Strand jagen, blitzschnell kopfüber ins Wasser stürzen und mit einem silbrigen Fisch im Schnabel wieder auftauchen. Die fast taubengroße Brandseeschwalbe ist wie auch die zierlichere Küstenseeschwalbe an ihrer schwarzen Kopfhaube zu erkennen. Die zarte Zwergseeschwalbe, deren Bestand akut bedroht ist, brütet auf den Inseln in den sandigen Ruhezonen des Nationalparks.

WIRTSCHAFT UND UMWELT

Die traditionellen Wirtschaftszweige in Ostfriesland sind die **Fischerei,** der **Handel** und die **Landwirtschaft,** die im Mittelalter zu bemerkenswertem Wohlstand einer Region führten, die heute zu den strukturschwachen Gegenden Deutschlands zählt – die Arbeitslosenquote liegt etwa ein Drittel höher als im Bundesdurchschnitt. Während auf den Inseln seit dem 19. Jh. alle traditionellen Wirtschaftszweige zugunsten des Fremdenverkehrs aufgegeben wurden, prägen entlang der Küste noch Fischkutter die idyllischen Sielhäfen, weiden Kühe und blühen Rapsfelder hinterm Deich. Landwirtschaft und Küstenfischerei sind trotz erheblicher Krisen neben dem **Fremdenverkehr** wichtig für die Wirtschaft an der Küste, nebenbei tragen sie wesentlich zur Attraktivität der Region als Urlaubsgebiet bei. Die Randlage Ostfrieslands, durch die der Region viel ursprünglicher Charme erhalten blieb, bedeutet zugleich schwer wiegende Standortnachteile für die einheimische Wirtschaft; die industrielle Revolution ging seinerzeit an Ostfriesland vorbei.

Wichtigster **Industrieort** ist Emden, das sich durch den Bau des Dortmund-Ems-Kanals, der den Seehafen mit dem Ruhrgebiet verband, ab Ende des 19. Jh. zum wichtigsten deutschen Umschlagplatz für Kohle und Erze entwickelte. Größter Arbeitgeber der Region ist heute das Volkswagenwerk, dessen Beschäftigte fast die Hälfte der Industrieumsätze von ganz Ostfriesland erzielen.

Fischerei

Den Kern der Fischerei im Wattenmeer bilden **Krabbenfang** und Miesmuschelfischerei. Die Zahl der Krabbenkutter ist, verglichen mit früheren Jahren, zurückgegangen (etwa 130 Schiffe im Bereich der niedersächsischen Nordseeküste), dafür ist die Fangmenge der neueren Kutter beträchtlich gestiegen. Zum Fang werden die an etwa 8 m langen Eisenbäumen befestigten Schleppnetze beiderseits der Bordwände ausgelegt und in langsamer Fahrt ein bis zwei Stunden über den Boden der Wattströme gezogen. Zwar wird die Bodenfauna durch die relativ leichten Geschirre nicht wie beispielsweise bei der Herzmuschelfischerei zerstört, doch in dem engmaschigen Netz verfangen sich viele Jungfische – Schollen, Flundern und Seezungen. Solcher Beifang konnte durch schonende Fangmethoden in den letzten Jahren erheblich reduziert werden.

Die **Muschelfischerei** (es gibt vier niedersächsische Muschelbetriebe) ist wegen ihres Schadens für die Wattenmeerfauna umstritten. Der ›Muschelfarmer‹ nimmt Muschelbrut von Wildbänken und verpflanzt sie auf Kulturbänke. Dreijährig werden die Miesmuscheln mit Fangkörben (Muschelkurren) geerntet. Dass die Miesmuschel samt der im Bereich der Muschelbänke lebenden Tierwelt in weiten Teilen des Wattenmeeres verschwunden ist, wird der Überfischung ebenso wie Umwelteinflüssen, eis- und sturmreichen Wintern sowie

Die Krabbenkutter-Flotte von Greetsiel

dem Fraß von Eiderenten, Möwen und Austernfischern zugeschrieben.

Völlig unvereinbar mit dem Nationalparkgedanken war der Fang von Herzmuscheln. Die Fangschiffe pflügten den Wattboden mit schweren Stahlbügeln und Dredgen (Schleppnetzen) bis zu einer Tiefe von 5 cm regelrecht um. 1993 wurde der Herzmuschelfang im Bereich des Nationalparks eingestellt.

Landwirtschaft

»Ostfreesland is as ne Pannkoek, der Rand is't Best« (›Ostfriesland ist wie ein Pfannkuchen, der Rand ist das Beste‹). Der dem Meer abgewonnene Marschgürtel ist extrem fruchtbar und hat seit Anbeginn der Küstenbesiedlung zu Wohlstand und einer gesunden groß-

bäuerlichen Agrarwirtschaft geführt. Während bis zur Mitte dieses Jahrhunderts noch etwa die Hälfte der Erwerbstätigen Ostfrieslands in der Landwirtschaft beschäftigt waren, sind es heute unter 10 %. Die Zahl der Höfe schrumpft, vor allem die kleineren Betriebe geben auf, und die verbleibenden Bauernstellen bewirtschaften größere Flächen.

Fremdenverkehr

Ab Ende des 19. Jh. entwickelte sich, zunächst nur auf den Inseln, der Fremdenverkehr zum wichtigsten Wirtschaftszweig. Den Anfang machte Norderney, wo bereits anno 1797 das erste Nordseebad gegründet wurde. Das zweite Seebad folgte 1804 auf Wangerooge, als letzte Insel wurde Baltrum, das Dornröschen der Nordsee, im Jahre 1876 ›wachgeküsst‹. Der Erste Weltkrieg versetzte dem Badebetrieb einen herben Rückschlag, und auch nach dem Zweiten Weltkrieg blieben die Gäste aus. Stattdessen fanden Tausende von Flüchtlingen aus dem Osten vorübergehend Unterkunft in den weitgehend vom Krieg verschonten, nun aber leer stehenden Inselhotels und Pensionen. Erst allmählich nahm die Zahl der Gäste wieder zu, wurde auf allen Inseln das Kurangebot systematisch erweitert. Der Bauboom der 1960er- und 1970er-Jahre trug nicht überall zur Verschönerung des Ortsbildes bei, den ›rückständigen‹, spät entdeckten Inseln wie Spiekeroog und Juist kommt das damalige Desinteresse inselfremder Investoren heute zugute. Alle sieben Ostfriesischen Inseln sind mittlerweile staatlich anerkannte Nordseeheilbäder.

Seit den 1960er-Jahren haben sich auch die Küstenhäfen Greetsiel, Neßmersiel, Dornumersiel, Bensersiel, Neuharlingersiel und Carolinensiel zu beliebten Urlaubszielen gemausert. Auch sie sind fast alle staatlich anerkannte Nordseebäder bzw. Nordseeheilbäder mit einer entsprechenden touristischen Infrastruktur, Kur- und Wellnessangeboten und aufgespülten weißen Sandstränden.

Küsten- und Inselschutz

Wichtige Arbeitsplätze bieten sich im Bereich des Insel- und Küstenschutzes.

Als in den letzten Jahrhunderten vor Christi Geburt Volksstämme der Friesen und Chauken in das Gebiet zwischen Weser und Ems zogen und den fruchtbaren Marschboden entlang der Küste großflächig besiedelten, war das Gebiet – bedingt durch den damals niedrigeren Meeresspiegel – noch relativ sturmflutsicher. Mit dem Ansteigen des Wassers und den häufiger werdenden Überflutungen begannen die Menschen, ihre Häuser auf künstlich aufgeworfenen Hügeln, so genannten **Warf(t)en,** Wurften oder Wurten, zu bauen. Der römische Historiker Plinius der Ältere, der die Nordseeküste im 1. Jh. n. Chr. bereiste, zeigte angesichts der armseligen Lebensumstände der Warfenbewohner mitleidiges Erstaunen: »Dort bewohnt ein beklagenswert armes Volk hohe Erdhügel, die man so hoch aufgeworfen hat, wie erfahrungsgemäß die höchste Flut steigt. In den darauf errichteten Hütten gleichen sie Seefahrern, wenn das Meer das Land ringsumher überflutet, und Schiffbrüchigen, wenn das Wasser zurückgeflutet ist.«

Um die Jahrtausendwende aber galt bereits der stolze Spruch »Gott schuf das Meer, der Friese die Küste«. Mit der Einführung des **Deichbaus** griff der Mensch erstmals aktiv in die Küstenentwicklung ein. In der ältesten überlieferten Satzung aus der Zeit um 1100 heißt es: »Das ist ein Landrecht, dass wir Friesen eine Seeburg zu stiften und zu stärken haben, einen goldenen Ring, der um ganz Friesland liegt … Wir Friesen wollen unser Land verteidigen mit drei Werkzeugen, mit dem Spaten und mit der Schiebkarre und mit der

TATORT NORDSEE

Die Nordsee ist ein vergleichsweise flaches Randmeer mit geringem Wasseraustausch. Von acht Industriestaaten umgeben, dient sie nicht nur als Schifffahrtsstraße, Fischereigebiet und Erholungszone für die Menschen, sondern auch als Ansiedlungsgebiet für Industrie- und Kernkraftwerke, als Müllkippe, Öl- und Gasförderungsfeld, militärisches Übungsgebiet, als Straße für den Transport von Öl und giftigen Chemikalien. Mit dem Ziel, der Zerstörung des Ökosystems Nordsee entgegenzuwirken, haben sich die Anrainerstaaten im Rahmen der Nordseeschutzkonferenzen zusammengefunden. Die Beschlüsse, zu denen in der Bundesrepublik die Beendigung der Dünnsäure-Verklappung und der Abfallverbrennung auf hoher See zählen, werden von Umweltschutzorganisationen überwiegend als »wertlose Absichtserklärungen« kritisiert. So sind Bestimmungen über Grenzwerte für Einleitungen von Giftstoffen mit unzähligen Fußnoten über Ausnahmeregelungen versehen, außerdem sind bereits einige Termine, zu denen Beschlüsse umgesetzt werden sollten, ergebnislos verstrichen.

Eine enorme Gefahr für die Weltmeere geht von Chemie- und Öltankern aus. Die Gewässer der Deutschen Bucht, der Elb-, Weser- und Rheinmündung gehören zu den meistfrequentierten Schifffahrtsstraßen der Welt. Statistisch gesehen ist eine Katastrophe im Wattenmeer, das von der Schifffahrtslinie zum Ölhafen Wilhelmshaven geschnitten wird, längst überfällig. Gifte wie Blei, Cadmium und Quecksilber reichern sich über die Nahrungsketten in den Organismen der Fische und Vögel an. Als im Eiswinter 1986/87 große Teile der Nordseeküste mit einer dicken Eisschicht bedeckt waren, verendeten Tausende von Austernfischern nicht nur durch Hunger, sondern auch, weil sie durch die beim Abbau ihres eigenen Fettgewebes freigesetzten Schadstoffe vergiftet wurden.

Für die alltägliche Ölverschmutzung verantwortlich ist das permanente Einleiten von kleineren Ölmengen. Unter Umgehung hoher Entsorgungskosten lassen Schiffe ihre Ölreste auf See ab. Den Preis zahlt die Tier- und Pflanzenwelt. Öl schädigt Fischeier, vergiftet Tiere mit kleineren Wunden, verklebt das Gefieder von Seevögeln, die unrettbar verloren sind. Auch zum biologischen Kreislauf gehörende Stoffe wie die Nährsalze Phosphat und Nitrat, die das Algenwachstum fördern, stören das empfindliche ökologische Gleichgewicht in der Nordsee. Die Algen dienen zwar vielen Tieren als Nahrung und produzieren Sauerstoff, bei ihrem Absterben werden sie aber von Mikroorganismen aufgezehrt, die ihrerseits jede Menge Sauerstoff verbrauchen. Das Phänomen des totalen Sauerstoffverlustes, des ›Umkippens‹, aus Binnenseen hinlänglich bekannt, bedroht auch die Nordsee. Die Schuld liegt nicht allein bei den Landwirten mit ihrer Gülle-Einleitung und dem übermäßigen Gebrauch von Dünger, der über die Flüsse in die Nordsee gelangt. Von den etwa 400 000 t Stickstoff, die jährlich allein durch die Luft in die Nordsee gelangen, stammen über die Hälfte aus den Abgasen unserer Autos.

Forke.« Um 1300 konnte die schützende Deichlinie geschlossen werden. Aus dieser Zeit stammt der Rechtsgrundsatz: »De nich will dieken, de mut wieken!« (›Wer nicht deichen will, muss weichen‹). An der Küste wirtschaften durfte nur, wer sein Stück Deich in Ordnung hielt. Erst im Laufe des 18. und 19. Jh. wurde die Organisation des Deichbaus und der Deichpflege allmählich auf den Staat übertragen.

Die Arbeit am Deich war und ist bis heute ein Wettlauf mit dem Meer, das gerade in den vergangenen Jahrzehnten erheblich schneller gestiegen ist als erwartet. Im Verlauf der Jahrhunderte machten gewaltige **Sturmfluten** die Arbeit immer wieder zunichte. Keine hundert Jahre vergingen, ohne dass sich die Küstenlinie drastisch veränderte. So schufen u. a. die Julianenflut von 1164, die Marcellusflut von 1362 und die Dionysiusflut von 1374 die tiefen Einbrüche von Dollart und Jadebusen, Harle- und Leybucht (Karte S. 32). Bei der Weihnachtsflut von 1717 kamen im Bereich der heutigen Störtebekerstraße 11 000 (anderen Schätzungen zufolge 22 000) Menschen ums Leben, einige Inseln wurden in mehrere Teile zerschnitten, viele Überlebende verließen das verwüstete Land.

Im Gegensatz zur Festlandküste wurde auf den ostfriesischen Inseln mit dem **Inselschutz** erst in der Mitte des 19. Jh. begonnen. Um den vor allem auf den Westseiten bedrohlichen Abbruch zu verhindern, wurden massive Schutzwerke gebaut und **Buhnen** angelegt, bis zu 1,5 km lange Dämme aus Stein, Mörtel und Beton, die quer zum Ufer ins Meer hinauslaufen. Sie sollen die Sandabtragung in die strömungsstarken Seegats zwischen den Inseln verhindern, zugleich aber die Sandanlandung fördern.

Allen technischen Entwicklungen und verbesserten Küstenschutzwerken zum Trotz richteten Orkanfluten auch während des 20. Jh. große Verwüstungen an, forderten aber bei weitem nicht mehr so viele Menschenleben. Die Februarflut von 1962 tobte sich mit ganzer Kraft an den Ostfriesischen Inseln aus, die Inselschutzwerke von Norderney, Baltrum, Spiekeroog und Wangerooge wurden in Trümmer gelegt. Als Folge der Orkanflut von 1962 wurden die **Deiche** nochmals erhöht. Aus den niedrigen Erdwällen des Mittelalters sind mittlerweile breite Deichkörper mit flachen Außen- und Innenböschungen geworden, die die Macht der heranbrechenden Wellen nicht plötzlich stoppen, sondern sie allmählich auslaufen lassen. Im Zuge der letzten Deicherhöhungen gestaltete man auch die landseitige Böschung flacher, damit überlaufendes Wasser ruhiger ablaufen kann – ohne die gefürchteten ›Kappstürze‹, die den Deich von hinten her annagen. Die Deichaußenseite ist an besonders gefährdeten Abschnitten durch eine Steinböschung oder Asphaltdecke befestigt, an bestimmten Partien wird der Wellenangriff durch Buhnen gemindert.

Die letzten großen Sturmfluten im Januar 1976, im November 1981 und im Januar 1994 brachen alle bisherigen Pegelrekorde, und im Winter 1999/ 2000 zählte man an die 20 orkanartige Sturmfluten. Der Meeresspiegel steigt, die Häufigkeit der Orkanfluten nimmt zu. In welchem Umfang der Mensch durch Industrie- und Autoabgase die Erwärmung des Erdklimas und damit das Schmelzen der Polkappen forciert, ist umstritten. Im Moment sieht es danach aus, dass irgendwann auch die auf 8 m über N. N. erhöhten Nordseedeiche nicht mehr ausreichen, um Land und Inseln zu schützen.

Neben Deichbau und Küstendeckwerken dienten jahrhundertelang auch die **Landgewinnungsmaßnahmen** dem Schutz vor dem Blanken Hans. Während die Küstenbewohner bis ins späte Mittelalter ausschließlich auf die Sicherung ihres Landes bedacht wa-

ren, gingen sie ab etwa 1500 zur Landgewinnung über. Dabei handelte es sich zumeist um die Rückgewinnung des durch Sturmfluten verlorenen Landes. In den ins Land gerissenen Buchten konnte das schlickreiche Wattwasser besonders viele Sinkstoffe absetzen. Der Prozess der Verlandung wurde und wird durch künstliche Dämme und Lahnungen unterstützt. Regelmäßige **Grüppelarbeiten,** das heißt das Ausheben von parallel verlaufenden Gräben mit Erhöhen der dazwischen liegenden Wattbeete, tragen zur Entwässerung bei. Sobald sich Queller und Andelrasen ansiedeln, kann das neue

Auch Eis bedroht die Küstenbefestigung

Land als Schafweide genutzt werden. Schritt für Schritt wurden so die Harlebucht und große Teile der Leybucht eingedeicht und überall entlang der Küste neue Landflächen – **Groden** oder **Polder** genannt – dem Meer abgerungen und urbar gemacht.

Seit den 1970er-Jahren ist die Eindeichung der artenreichen Vorlandflächen und verlandenden Buchten von Naturschützern kritisiert worden, denn die **Salzwiesen** vor dem Deich sind Brut- und Rastplatz vieler Vogelarten – im Bereich der noch offenen Leybucht befindet sich mit etwa 1000 Paaren eine der größten Brutkolonien von Säbelschnäblern Mitteleuropas. Die geplante vollständige Eindeichung der Leybucht konnte erfolgreich verhindert werden (s. S. 168). Die Erhaltung ökologisch wertvoller Naturräume soll nun bei allen weiteren Küstenschutzmaßnahmen berücksichtigt werden.

Nationalpark Wattenmeer

Das Wattenmeer erstreckt sich entlang der Nordseeküste über eine Länge von 450 km von Den Helder in den Niederlanden bis Esbjerg in Dänemark. Es ist neben den Hochgebirgsregionen der Alpen die letzte großräumige Naturlandschaft Mitteleuropas. Durch Schadstoffeinleitungen und verschiedenste Nutzungsansprüche sind die für eine Vielzahl von Pflanzen und Tieren unersetzlichen Lebensräume Watt, Salzwiesen und Dünen in ihrer Existenz bedroht. Zu ihrem Schutz wurde die deutsche Nordseeküste zum National-

park erklärt: Schleswig-Holstein 1985, Niedersachsen 1986, Hamburg 1990. Westlichster Punkt an der niedersächsischen Küste ist die südliche Dollartspitze an der Grenze zu den Niederlanden. Die östliche Grenze markiert die Kugelbake an der Elbmündung bei Cuxhaven. Mit der Novelle vom Juli 2001 wurde die Fläche des Nationalparks um die Wasserflächen nördlich von Borkum und Baltrum erweitert. Hier liegen u. a. bedeutende Mauserplätze für Trauerenten.

Der Nationalpark ist in drei Zonen eingeteilt: Die **Ruhezone,** die 54 % der niedersächsischen Nationalparkfläche umfasst, genießt den höchsten Schutz, sie darf das ganze Jahr über nur auf ausgewiesenen Pfaden betreten werden. Die **Zwischenzone** umfasst 45 % des Nationalparks und ist ganzjährig zugänglich, allerdings dürfen die Salzwiesen im Deichvorland in der Zeit vom 1. April bis zum 31. Juli nur auf den markierten Wegen begangen werden, um die brütenden Vögel nicht zu stören. In der kleinen **Erholungszone** liegen die Badestrände und Kureinrichtungen. Anders als beispielsweise in Schleswig-Holstein gehören in Niedersachsen auch die Inseln außerhalb der Orte zum Nationalpark, obwohl Teile davon seit Jahrhunderten bewirtschaftet werden. Laut Bundesnaturschutzgesetz sind Nationalparks Gebiete, die »sich in einem vom Menschen nicht oder wenig beeinflussten Zustand befinden«. So kommt es seit der Gründung des Nationalparks ständig zu Konflikten zwischen Insel- und Küstenbewohnern und Naturschützern.

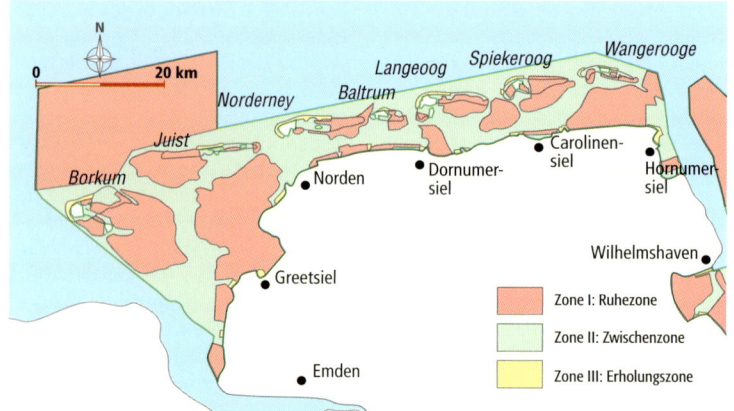

Zone I: Ruhezone
Zone II: Zwischenzone
Zone III: Erholungszone

Die Menschen im Nationalpark sehen sich zahlreichen Bestimmungen, Restriktionen und Einschränkungen ausgesetzt. Sie dürfen z. B. in einigen Bereichen nicht mehr fischen, segeln und jagen und ihre Hunde nicht mehr frei herumlaufen lassen. Auf der anderen Seite lässt die Nationalpark-Verordnung Nutzungen zu, die vielen Naturschützern ein Dorn im Auge sind. So bleibt etwa selbst die Ruhezone nur »weitgehend« nutzungsfrei: In großen Bereichen sind sowohl die hergebrachte landwirtschaftliche Nutzung als auch die gewerbliche Fischerei erlaubt. Dazu gehört zunächst auch die Beweidung der Salzwiesen, die Wattenjagd auf Wasservögel und die umstrittene Muschelfischerei. Jedoch konnten bis 1996 etwa 60 % der Salzwiesen von der Beweidung ausgenommen werden, 1993 wurde die gewerbliche Herzmuschelfischerei, Ende 1994 die Wattenjagd eingestellt. Eine neue Bedrohung sind aber zahlreiche in Inselnähe geplante und beantragte Offshore-Windparks (s. S. 196).

Ökonomische und ökologische Interessen prallen auch im Bereich des **Fremdenverkehrs** aufeinander. Der Tourismus, Haupterwerbsquelle der Insulaner, belastet die sensiblen Naturräume im Wattenmeer. Zugleich ist aber ein schonender Umgang mit der ›Ressource Natur‹ existenzbestimmend für den Fremdenverkehr. Der Schutz des Wattenmeeres und der Inseln kommt dem Fremdenverkehr zugute und dieser wiederum der Wirtschaft. Eine intakte Umwelt ist das Kapital der Küstenregion.

Seit 1993 ist das Niedersächsische Wattenmeer von der Unesco als **Biosphärenreservat** anerkannt. Nun soll das Wattenmeer Unesco-Weltnaturerbe werden. Die Auszeichnung wäre ein wichtiger Schritt für Naturschutz und Tourismus in der Region. Neue Auflagen und Einschränkungen sind damit nicht verbunden.

GESCHICHTE IM ÜBERBLICK

Freie Friesen

600–700 n. Chr.	Die Friesen wandern von Westen her in das Gebiet des heutigen Ostfriesland ein. Um 700 n. Chr. entsteht unter König Radbod das friesische Großreich, das bis in die Niederlande reicht.
Um 775 n. Chr.	Auf Befehl Karls des Großen beginnt die Christianisierung des Nordens durch die Missionare Willehad und Liudger. Dem hartnäckigen Widerstand der Friesen fällt der Missionar Bonifatius zum Opfer, der 775 in Dockum den Märtyrertod stirbt. 785 gliedert Karl der Große Friesland ins Frankenreich ein, es bildet sich kein Stammesherzogtum. 802 lässt Karl der Große die *Lex frisorum,* die friesischen Grundrechte, aufzeichnen.
9. Jh.	Unzählige Überfälle der Normannen, die sich in der Küstenmarsch festsetzen. 884 werden sie in der legendären Schlacht bei Norden vernichtend geschlagen (s. S. 183). Die Sieger teilen das zurückeroberte Land zwischen Norden und Dornum neu auf: Gründung der so genannten ›Theelacht‹, einer der ältesten heute noch bestehenden Bauerngenossenschaften Europas (s. S. 180).

Die Sicherung des Landes

Um 1000	Bis zum 9. Jh. siedeln die Küstenbewohner noch einigermaßen sicher auf künstlich aufgeworfenen Erdhügeln, den Warften oder Wurten. Das Ansteigen des Meeresspiegels sowie die Senkung der Küste sorgen für zunehmende Überflutungen. Der gemeinschaftliche Deichbau zum Schutz des Landes beginnt. Der **Goldene Ring** um Friesland entsteht.
13. Jh.	Um 1200 führen die Niederländer das Verfahren zur Backsteinherstellung in Ostfriesland ein. Im Verlauf des Jahrhunderts entstehen viele mächtige Kirchenbauten. Ab Beginn des 13. Jh. entwickeln sich autonome Landesgemeinden. Im Schutz der Deiche blühen Wirtschaft und Handel, Ackerbau und Viehzucht. Um 1250 schließen sich ostfriesische Gebiete zum *Upstalsboomverband* zusammen. Einmal im Jahr entsenden sie Abgesandte zum Upstalsboom (bei Aurich). An dieser Thingstätte wurde – im Gegensatz zum feudalistischen Europa – Demokratie praktiziert: Hier wurden Gesetze beschlossen, Streitigkeiten geschlichtet, Verträge ausgehandelt.

Die Häuptlingszeit

14. Jh.	Ab Mitte des Jahrhunderts gewinnen einzelne Bauerngeschlechter an Einfluss. Die auf politischer Gleichheit basierende Ordnung der

landesgemeindlichen Freiheit zerbricht, die Herrschaftsgewalt geht auf Häuptlinge, die Vorstände mittlerweile mächtiger Familiendynastien, über. 1362 verwüstet die zweite Marcellusflut, auch die ›Große Manndränke‹ genannt, die Küste und zerreißt die Großinsel Bant, die zur Zeit Karls des Großen die heutigen Inseln Borkum, Memmert, Juist und die Westspitze Norderneys umfasst haben soll. Der Rest war spätestens ab 1667 nicht mehr bewohnt und existiert heute nur noch als Sandbank. 1376 übernimmt Ocko I. tom Brook die Herrschaft über Brookmerland und Aurich. Die Ostfriesischen Inseln »Borkyn, Just, Burse, Osternde, Balteringe, Langoch, Spiekeroch ende Wangeroch« werden 1398 in einer Aufzählung der Besitztümer des ostfriesischen Landesherrn Widzel tom Brook erwähnt.

15. Jh. Wegen zunehmender Seeräuberei vor der ostfriesischen Küste greifen die geplagten Hansestädte ein. Sie senden Schiffe aus, um die ›Vitalienbrüder‹, eine Kampfgenossenschaft von Piraten, zu bekämpfen. In den Jahren 1400 und 1401 erleiden die mit ostfriesischen Häuptlingen verbündeten Seeräuber schwere Niederlagen gegen die Hanse. Einer ihrer Hauptleute, Klaus Störtebeker, wird vor Helgoland geschlagen und im Oktober 1401 in Hamburg hingerichtet (s. S. 174).

Sturmfluten

16. Jh. Zu Beginn des Jahrhunderts werden weite Teile der Küste durch verheerende Flutkatastrophen verwüstet. Dollart und Jadebusen reichen tief ins Land. Im Gefolge der Reformation kommt es in Ostfriesland ab 1520 zum Zerwürfnis zwischen Calvinisten und Lutheranern: Im Westen, vor allem in Emden, setzt sich unter dem

Einfluss niederländischer Immigranten die calvinistische Ausprägung des Protestantismus durch, weiter im Osten gilt die lutheranisch geprägte Kirchenordnung. Emden profitiert von den Freiheitskämpfen der Niederländer gegen die katholischen Spanier: Dank zahlreicher Glaubensflüchtlinge, die neben ihren Schiffen auch Kapital und Handelsbeziehungen bringen, gelangt die Stadt zu einer wirtschaftlichen Blüte. In der Emder Revolution 1595 lehnen sich die reichen Städter gegen den schwachen Landesherrn auf, Emden erlangt die Unabhängigkeit.

17. Jh. Um 1600 gewinnen die Cirksena, Landesherren in Ostfriesland, auch die Herrschaft über das Harlingerland. Im Jahre 1678 verleiht der Kaiser den ostfriesischen Landständen ein eigenes Wappen, das Upstalsboomwappen. Im 17. und 18. Jh. heuern viele Insulaner, allen voran die Borkumer, auf Hamburger und holländischen Walfangschiffen an (s. S. 67).

1717 Die Weihnachtsflut überschwemmt die Nordseeküste, die geschätzte Zahl der Opfer liegt zwischen 11 000 und 22 000.

Preußen, Hannover und wieder Preußen

1744 Carl Edzard, letzter Cirksena-Fürst, stirbt ohne Erben, Preußenkönig Friedrich der Große ergreift Besitz von Ostfriesland.

1797 Das erste deutsche Nordseebad wird auf der idyllischen Fischerinsel Norderney gegründet.

1807–13 Als im Verlauf der Napoleonischen Kriege der eroberungslustige Kaiser der Franzosen die Kontinentalsperre über England verhängt, die allen Handel und Verkehr mit der Kolonialmacht unterbindet, verdienen die Insulaner gut am Schmuggel zwischen dem damals britischen Helgoland und Hamburg. Nach der Niederlage Preußens gegen Napoleon gelangt Ostfriesland zunächst unter holländische, dann vorübergehend unter französische Herrschaft.

1815 Preußen tritt Ostfriesland samt sechs der Inseln an das Königreich Hannover ab (Wangerooge bleibt damit oldenburgisch). Der Regierungsbezirk Aurich entsteht. 1866 fällt Ostfriesland erneut an Preußen.

Ab 1856 Mit dem Ausbau der Eisenbahn bis Emden (1856), Norden (1883) und Norddeich (1892) steigt die Zahl der Badegäste auf den Inseln rasch an. 1856 nehmen zwei Raddampfer den regelmäßigen Fährverkehr zwischen Emden und Norderney auf. 1888 wird der Ems-Jade-Kanal zwischen Wilhelmshaven und Emden fertig gestellt. 1899 erhält Emden durch den Dortmund-Ems-Kanal Verbindung mit dem Ruhrgebiet und erlebt einen gewaltigen wirtschaftlichen Aufschwung als Massenguthafen.

In und zwischen den Weltkriegen

1914–18
Nach Kriegserklärung und Mobilmachung müssen alle Badegäste die Inseln verlassen, die Insulaner bleiben ohne Verdienstmöglichkeiten zurück. Noch vor Kriegsausbruch beginnt die militärische Befestigung von Wangerooge und Borkum.

1933–45
In der Nacht vom 9. zum 10. Nov. 1938, der so genannten ›Reichskristallnacht‹, werden jüdische Schulen und Synagogen in Brand gesteckt. Anfang der 40er-Jahre werden die letzten Juden vertrieben oder deportiert, Ostfriesland wird für ›judenfrei‹ erklärt. Wer nicht vorher emigriert ist, verschwindet in der Anonymität der Vernichtungslager. Ab 1940 werden Tausende von ausländischen Zwangsarbeitern zum Ausbau militärischer Anlagen auf die Inseln gebracht. Durch britische Bombenangriffe wird Emdens Altstadt im September 1944 völlig zerstört. Im April 1945 gehen auf Wangerooge fast 6000 Fliegerbomben nieder.

1946
Die Briten gründen das Land Niedersachsen, zu dem u. a. Ostfriesland gehört. Zwei Jahre später erhält die Institution der ›Ostfriesischen Landschaft‹ in Aurich, ursprünglich eine ständische Vertretung mit maßgeblichem staatlichen und politischen Einfluss, eine Verfassung als ›Kulturparlament‹. Die Aufgaben der 49 gewählten Abgeordneten liegen in den Bereichen Kultur, Natur und Umweltschutz. Wichtiges Ziel ist der Erhalt friesischer Traditionen und Bräuche.

Jüngste Entwicklungen

1978
Im Zuge der Gebietsreform werden Ostfriesland und Friesland zum Regierungsbezirk Weser-Ems mit Sitz in Oldenburg zusammengeschlossen. Mit der Auflösung des Regierungsbezirks Aurich erlischt die traditionelle politische Eigenständigkeit Ostfrieslands.

1986
Gründung des Nationalparks Niedersächsisches Wattenmeer.

2002
Seehundsterben: Im Mai sterben auf der dänischen Insel Anholt die ersten Seehunde an einem Staupevirus. Mitte Juli erreicht das Virus das niedersächsische Wattenmeer. Weit über die Hälfte der im Wattenmeer lebenden Seehunde fällt der Epidemie zum Opfer.

Juli 2003
Das von der Meyer Werft gebaute Kreuzfahrtschiff ›Serenade of the Seas‹ wird mit Hilfe des Emssperrwerks von Papenburg zur Nordsee überführt. Das Ende 2002 fertig gestellte Sperrwerk ist umstritten, weil es durch ein EU-Vogelschutzgebiet gebaut wurde.

Ende 2007
Nach jahrelangem Ringen wird der Beschluss gefasst: Das Wattenmeer soll UNESCO-Weltnaturerbe werden. Der Antrag soll von der Bundesrepublik gemeinsam mit den Bundesländern Hamburg und Niedersachsen sowie den Niederlanden eingebracht werden. Eine spätere Erweiterung um das dänische Wattenmeer ist möglich.

OSTFRIESLAND ZUR ZEIT DER RÖMER

Nachdem Julius Cäsar im Jahre 59 v. Chr. zum römischen Konsul ernannt worden war, machte er sich sogleich an die Eroberung des Landes, das ihm als Basis für seine politischen Ambitionen in Rom dienen sollte. Bis zu seinem gewaltsamen Tod im Jahre 44 v. Chr. waren ganz Gallien, das heutige Belgien und Südholland bis zum Rhein römische Provinzen geworden.

Unter seinem Nachfolger Augustus lagen die germanischen Feldzüge u. a. in der Hand des Drusus Germanicus. Der griechische Geograph und Schriftsteller Strabo berichtet um 7 v. Chr. über dessen Erfolge: »Zwischen Saale und Rhein fand Drusus Germanicus nach glücklichen Kriegszügen sein Ende. Er überwältigte aber nicht nur die meisten Völkerschaften, sondern auch die Inseln, an denen man vorbeifahren musste. Unter diesen war auch Byrchanis, das er nach einer Belagerung eroberte.« *Byrchanis,* später auch *Burcana* genannt, bildete den nordwestlichsten Vorposten des unbesetzten Germanien. Da sich Byrchana seinem Bericht zufolge etwa an der Stelle befand, wo früher die Großinsel Bant, heute aber die Insel Borkum liegt, ließen sich die Borkumer die Gelegenheit nicht entgehen, im Jahre 1993 sehr werbewirksam ihr 2000-jähriges Inseljubiläum zu zelebrieren.

Nach dem Tod des Augustus um 14 n. Chr. übernahm Tiberius die Nachfolge. Er befahl die Wiederaufnahme der Angriffe gegen die freien Germanen, u. a. die Volksstämme der Cherusker (nördlich des Harzes, zwischen Weser und Elbe), der Friesen (westlich der Ems an der Nordseeküste) sowie der Chauken (zwischen Ems und Elbe an der Nordseeküste). Wiederum bildete die Ems das Einfallstor nach Germanien. In einem triumphalen Siegeszug konnte der Stiefsohn des Imperators, Drusus (der Jüngere), im Jahre 15 n. Chr. die Friesen und Chauken im Mündungsgebiet zwischen Ems und Weser unterwerfen. Dieses Mal stellten die Inseln vor der Küste kein Hindernis dar. Die Chauken wurden sogar in den römischen Heeresverband aufgenommen, um im folgenden Jahr den Hauptschlag gegen das freie Germanien zu unterstützen. Tacitus schildert die umfangreichen Vorbereitungen zu dem geplanten Feldzug ebenso wie den kläglichen Untergang der riesigen römischen Flotte vor Borkum im Herbst des Jahres 16 n. Chr.: »… Anfangs rauschte das Meer vom Ruderschlag der tausend Schiffe und man fuhr unter Segel. Bald aber ballte sich schwarzes Gewölk zusammen und schüttete Hagel aus. Zugleich brachen rings von allen Seiten Regenböen los … hierauf kam … das ganze Meer in des Südwindes Gewalt. Dieser packte die Schiffe, warf sie auseinander in die offene Nordsee oder nach den Inseln hin. … Vernichtend war jene Niederlage, da sie in dem Umfange noch nie dagewesen.« Nach diesem Fehlschlag gab Rom den Plan einer Unterwerfung Norddeutschlands erst einmal auf – gedankt sei in diesem Fall weniger dem Kampfgeist der Küstenbewohner als vielmehr der Wetterlage vor Borkum. Mit dem Ende der römischen Macht versank dieses Gebiet für fast ein Jahrtausend im geschichtlichen Dunkel.

Kultur
und Leben

Schönighsches Haus in Norden

OSTFRIESISCHE LEBENSART

Die Kunst des Müßiggangs

Berühmt sind die Ostfriesen als leidenschaftliche Teetrinker. Über die Niederlande, die im 17. Jh. mit ihren Handelsschiffen die Weltmeere bis nach Fernost befuhren, kam der Tee aus China nach Ostfriesland. Als im Jahre 1777 der Preußenkönig den Ostfriesen das gesundheitsschädigende »Drachengift«, das die Küstenbewohner in »barbarischen Mengen« schlürften, per Erlass untersagte, tadelte er unter anderem, dass das Teetrinken Männer wie Frauen dazu verleite, stundenlang dem Müßiggang zu frönen. Zwei Jahre später musste das Verbot wieder aufgehoben werden, die Abwanderung von Knechten, Matrosen und Mägden in die benachbarten Niederlande stand zu befürchten. Sie waren nicht bereit, auf eine der »wahren Bequemlichkeiten des Lebens« zu verzichten.

Zu den Ursachen für die leidenschaftliche Liebe zum Tee zählt sicherlich die schlechte Qualität des Trinkwassers. Das Wasser in den häufig von Salzfluten überspülten Marschen stammte aus mit Torf verkleideten Brunnen und Zisternen und musste abgekocht und ›aromatisiert‹ werden – aus der Not machten die Ostfriesen eine Tugend. Heinrich Heine beschreibt sie als eigenwillige Menschen, die »wohlverwahrt in wollenen Jacken, herumkauern und Tee trinken«, während draußen die Nordsee gegen die Küste tobt.

Als die Nationalsozialisten während des Krieges die Lebensmittelrationierung einführten, genehmigten sie den Ostfriesen ohne lange Debatten drastisch höhere Teerationen als dem Rest der Nation. So sind sie auch in Notzeiten immer hartgesottene Teetrinker geblieben. Die alteingesessenen Tee-Importeure in Emden (Thiele & Freese, gegründet 1873), Leer (Firma Bünting, seit 1806) und Norden (Onno Behrends, seit 1887) komponieren hochgepriesene Teemischungen. Typischer Ostfriesentee ist dunkel und recht herb. Kräftige Assams aus Indien bilden die Grundlage, die – je nach Sorte – mit blumigen Tees aus Darjeeling und Ceylon (Sri Lanka) gemischt werden.

Moin, moin!

Was für eine Sprache, in der man sich so wunderbar herzlich einen schönen Tag wünschen kann. Auch wer erst ein paar Tage an der Nordsee ist, bringt lieber ein munteres ›Moin, Moin!‹ als ein artiges ›Guten Tag‹ hervor. ›Moin‹ hat übrigens nichts mit ›Morgen‹ zu tun. Es entstand aus dem Gruß ›Ik wünsch Di een moien Dag!‹, *moij* bedeutet also schön.

Bis ins 14. Jh. sprach man in Ostfriesland Friesisch, das dann durch das Niederdeutsche verdrängt wurde. Das Friesische hat sich nur noch in Nordfriesland und Teilen der Niederlande erhalten, im ostfriesischen Raum ist es ausgestorben. Das Niederdeutsche

STRANDRÄUBER UND RETTUNGSMÄNNER

Seit alters her spielte die Bergung von Strandgut eine wirtschaftlich wichtige Rolle. Der Ruf ›Schip up Strand‹ versetzte eine ganze Insel in helle Aufregung. Kein Wunder: Jahrhundertelang herrschte hier große Armut. Welch ein Glückstreffer, wenn ein hoch beladenes Handelsschiff auf die Sandbänke vor der Insel geworfen wurde. Aufgabe der seit dem Mittelalter von den jeweiligen Landesherren eingesetzten Strandvögte war es aufzupassen, dass das geborgene Gut rechtmäßig geteilt wurde: Ein Drittel der Beute für die Obrigkeit, ein Drittel für die Berger, ein Drittel für den Eigentümer der Ware bzw. des Schiffes. Nicht selten wurden angeschwemmte Güter ohne Wissen der Behörden geborgen und heimlich weggeschafft. Diese Strandräuberei galt unter den Insulanern keineswegs als unehrenhaft.

Was aber, wenn sich noch Überlebende an Bord der gestrandeten Schiffe befanden? Das Interesse der Insulaner konzentrierte sich in erster Linie auf die Ladung des Schiffes – die Schiffbrüchigen waren auf sich allein gestellt, es gab nicht einmal Rettungsboote. Ein Umdenken setzte erst ein, als beim Untergang des voll besetzten Auswandererschiffes ›Johanne‹ im November 1854 77 Menschen ums Leben kamen (s. S. 132). Schlagzeilen machte der Untergang der Brigg ›Alliance‹ vor Borkum im September 1860: Während die Besatzung auf dem Schiff erbärmlich um Hilfe schrie, sammelten die Insulaner eifrig das herantreibende Strandgut ein. Als ein Badegast entsetzt fragte, warum sich niemand um die Rettung der Seeleute bemühe, erhielt er die saloppe Gegenfrage: »Ja, wat is een Minschenleben!« Mit den letzten Wracktrümmern trieben neun Leichen an den Strand. Die Berichte über den Untergang der ›Alliance‹ in den deutschen Zeitungen, die sich auf den Badegast als Augenzeugen beriefen, erschütterten das ganze Land. Allerorten wurde der Ruf nach Errichtung von Rettungsstationen laut. Oberzollinspektor Georg Breusing schritt zur Tat, er gründete den ›Verein zur Rettung Schiffbrüchiger in Ostfriesland‹, der 1865 mit anderen Rettungsvereinen zur ›Deutschen Gesellschaft zur Rettung Schiffbrüchiger‹ (DGzRS) vereint wurde.

Von Anfang an finanzierte sich die Gesellschaft aus Mitgliedsbeiträgen, Spenden und freiwilliger Mitarbeit. Aus Strandräubern wurden Lebensretter, die oft genug ihr eigenes Leben aufs Spiel setzten – und verloren. So auch im Januar 1995, als das Borkumer Rettungsschiff ›Alfred Krupp‹ auf dem Weg zu einem Notfall in einer Grundsee kenterte. Vormann und Maschinist wurden über Bord geschlagen. Seit Bestehen der DGzRS wurden mehr als 70 000 Menschen – Seeleute und Passagiere – aus Seenot auf Nord- und Ostsee gerettet. Auf ausgemusterten Rettungskreuzern, die heute beispielsweise in Emden und auf Langeoog als Museumsschiffe fungieren, können sich Besucher ein Bild von der Arbeit der Seenotretter machen. Wichtig sind die kleinsten Einheiten der Flotte: die Sammelschiffchen. Rund 20 000 sind bundesweit im Einsatz.

wurde seinerseits in der Reformationszeit – zunächst nur als Amts- und Schriftsprache – zugunsten des Hochdeutschen aufgegeben. In den südwestlichen, calvinistisch-reformierten Bereichen Ostfrieslands ging man zum Niederländischen über, in Emden wurde sogar noch bis 1879 niederländisch gepredigt. Aus dem Niederdeutschen entwickelte sich das ostfriesische Platt mit vielen friesischen und niederländischen Wörtern und Wortformen. Vom Hochdeutschen an den Rand gedrängt, wird es heute von Kulturvereinen und Volkshochschulen wieder bewusst gepflegt und in Sprachkursen angeboten. Fremdländisch und höchst eigenwillig klingen die Namen, wobei man in vielen Fällen nicht einmal sagen kann, ob es sich um eine Frau oder einen Mann handelt.

Klootschießen und Boßeln

Die Ostfriesen, die jahrhundertelang mehr der See und dem niederländischen Nachbarn als den deutschen Landen verbunden waren, haben viele merkwürdige Bräuche und Sitten.

›Lüch up und fleu herut!‹ – ›Nimm auf und lass fliegen‹ – heißt das Motto beim **Klootschießen,** wenn Mann gegen Mann, Dorf gegen Dorf, Land gegen Land zum ostfriesischen Nationalsport antreten. Es ist ein reines Wintervergnügen, wie überhaupt die meisten der traditionsreichen Sportarten in der kalten Jahreszeit ausgeübt werden, wenn die Bauern Freizeit haben. Die Mannschaften versammeln sich hinterm Deich, von dort geht es über hartgefrorene Marschwiesen querfeldein. Das Ziel des Spiels besteht darin, den *Kloot,* eine mit Blei ausgegossene Hartholzkugel, von einem Absprungbrett so weit wie möglich zu schleudern. Ein geübter Werfer wirft gut 80 m. Nach dem Aufschlagen ›trüllern‹ die Kugeln noch 50–80 m weiter. ›Flücht un Trüll‹, der Flug und das Ausrollen, ergeben zusammen die Wurfweite.

Die Zuschauer, die ›Käkler un Mäkler‹, sind heute wie damals in großer Zahl dabei, um ihre Mannschaften anzufeuern und die Würfe zu kommentieren. Sie sind auch beim **Boßeln** auf der Landstraße dabei. Bei diesem Spiel wird eine Holz- oder Hartgummikugel mit einem Durchmesser von 9,5–12 cm vorwärts getrieben. Jede Mannschaft besteht aus vier oder fünf Spielern, die die Kugel dort wieder aufnehmen, wo sie liegen blieb, und weiterwerfen. Die Wurftechnik ähnelt der des Kegelns. Die Mannschaft, die die wenigsten Würfe für eine bestimmte Strecke braucht, hat gewonnen.

Erklärungen für die ostfriesische Wurflust gibt es einige. Vermutlich waren es zunächst einfache, aus Lehm geformte Wurfgeschosse, mit denen Angreifer vertrieben wurden. Möglicherweise haben die Küstenbewohner aber auch an langen Leinen befestigte Kugeln dazu benutzt, im Meer treibendes Gut an Land zu ziehen: Ein triftiger Grund, das Weitwerfen zu üben.

Informationen und Termine zum Boßeln und Klootschießen für Laien und aktive Friesensportler findet man unter www.friesensport.de und www.bosseln-online.de.

KUNST UND ARCHITEKTUR

Kaum jemand erwartet großartige Kunst- und Kulturschätze im kargen, von Sturmfluten geplagten, ganz und gar abgelegenen Ostfriesland. Zugegeben, einheimische Maler, Musiker, Schriftsteller oder Architekten, die über die Grenzen des Landes hinaus bekannt wurden, sind rar. Doch die Fülle kunsthistorischer Zeugnisse der glanzvollen, von hartnäckigem Freiheitswillen bestimmten ostfriesischen Geschichte ist überwältigend. Im Mittelalter nämlich konnte sich Ostfrieslands wirtschaftlicher und kultureller Reichtum durchaus mit dem der blühenden Landschaften im Südwesten Deutschlands messen.

Mittelalterliche Kirchen

Seit dem Mittelalter, ab etwa 1200, entstanden überall im Lande imposante steinerne Kirchen im romanischen Stil. Als Baumaterial nutzte man zunächst die großen Eiszeitfindlinge, aus denen man klobige Granitquader schlug. Später verwendete man für den Kirchenbau auch den leichter zu bearbeitenden Tuffstein, der per Schiff aus der Eifel herangeschafft wurde. Der Backstein, dem das raue, feuchte Küstenklima weit weniger als dem Tuff zu schaffen machte, setzte sich erst im Laufe des 13. Jh. durch. Dieses Jahrhundert gilt denn auch als der Höhepunkt des ostfriesischen Kirchenbaus. Die massiven, auf dem höchsten Punkt der Warfen errichteten Gotteshäuser boten den Menschen Schutz vor Sturmfluten und anrückenden Feinden. Viele dienten den Seeleuten jahrhundertelang als Orientierungspunkt. Der vorherrschende Bautypus war die Einraumkirche mit Kuppelgewölbe und einem frei stehenden, zwei- oder auch dreigeschossigen Glockenturm. Ein integrierter Glockenturm hätte mit seinen Schwingungen auf Dauer wohl so manches Gotteshaus ins Wanken gebracht, da die künstlich aufgeworfene Warf kein massives Fundament bot.

Wasserburgen, Schlösser und Patrizierhäuser

Eine nennenswerte weltliche Baukunst entwickelte sich erst im späten Mittelalter, als einzelne Häuptlingsfamilien an Macht gewannen. Aus den schlichten Steinhäusern der Häuptlinge im 14. und 15. Jh. entwickelten sich im 16. Jh. repräsentative **Wasserburgen,** ein- bis vierflügelige Anlagen mit Vorburg und Park, die, nachdem ihre Wehrhaftigkeit Bedeutung verlor, teilweise zu hoheitsvollen **Schlössern** umgebaut wurden. Nur wenige der Prunkbauten sind noch erhalten, so beispielsweise in Dornum, Groothusen, Lütetsburg und Pewsum. Im 16. Jh. wurden in blühenden Handelsstädten wie Emden prächtige, stark durch die niederländische Baukunst geprägte **Bürgerhäuser** aus Sandstein und Backstein errichtet. Die üppig verzierten, fensterreichen Fassa-

41

Zwillingsmühlen in Greetsiel

den demonstrieren den Reichtum eines Standes, der durch Handel zu Macht und Ansehen gelangt ist. Doch auch von diesen Bauten haben nur wenige die Jahrhunderte überdauert. Zu nennen sind das Pelzerhaus in Emden und das Schöninghsche Haus in Norden.

Mühlen

Ostfriesland ist Windland, ist Mühlenland. Die **Mühlen** wurden genutzt, um Korn zu mahlen, Öl zu pressen, Muschelkalk zu zerkleinern und Holz zu sägen. Kleinere Mühlen dienten (nach niederländischem Vorbild) als Wasserhebewerke zur Entwässerung tief gelegener Ländereien.

Der älteste bekannte Windmühlentyp ist die **Bockwindmühle.** Das gesamte auf einen Bock montierte Mühlengehäuse wird samt Räderwerk und Mahlgang um einen Ständer in den Wind gedreht (darum wird sie auch Ständermühle genannt). Bei der späteren **Kappenwindmühle** werden dagegen nur noch die Flügel mit Kappe (Haube) in die richtige Position gebracht. Da die Kappenwindmühle aus Holland stammt, wird sie auch als Holländermühle bezeichnet.

Viele der in den letzten Jahren aufwändig restaurierten, zum Teil noch funktionstüchtigen Bauwerke erfreuen sich großer Beliebtheit als Museen, Teestuben oder auch als Unterkünfte. In Ostfriesland wird die erste Windmühle bei Esens im Jahre 1424 urkundlich erwähnt. Ihre größte Zeit hatten die Mühlen gegen Ende des 19. Jh. Zu dieser Zeit sollen fast 500 Exemplare allein im Regierungsbezirk Aurich ihre Flügel in die Luft gestreckt haben.

Gulfhöfe und Fischerhäuser

Auf dem Land hat sich bis in unsere Zeit ein Gebäudetyp erhalten, der vor allem in der fruchtbaren, landwirtschaftlich geprägten Marsch gewaltige Dimensionen aufweist. Die so genannten **Gulfhöfe** wirken wie mächtige Residenzen und spiegeln den Wohlstand einer Zeit wider, als ein Großbauer noch Herrscher eines wahren Imperiums war.

Die stattlichen Höfe bergen Wohn-, Stall- und Scheunenbereich unter einem Dach. Auf beiden Seiten bis fast zur Erde hinuntergezogen, gewährt es Mensch und Vieh Schutz vor den Stürmen, die im Herbst und Winter über das platte Land fegen. Den Mittelpunkt des Hofes bildet der so genannte Gulf. Zwischen vier ein Rechteck bildenden Ständerbalken befinden sich zum Dach hin offene, hohe Räume, die der Lagerung von Heu und Futtermitteln sowie der Unterbringung des Viehs dienten.

Der Erhalt der riesigen Höfe ist kostspielig, und der Bau eines neuen Maschinenschuppens kommt heute billiger als die Bewahrung der alten Bausubstanz. So entdeckt man auf der Fahrt durch die fruchtbaren Marschgebiete auf dem Festland nicht selten verfallene Höfe mit offenen Dächern, die den Blick freigeben auf ein ausgebleichtes Gerüst verrottender Balken.

Auf den Inseln standen jahrhundertelang fast nur niedrige **Fischerhäuser** mit tief gezogenen Dächern und winzigen Fenstern. Manche Inselhäuser, **Drif-Huus** (Treibhaus) genannt, waren für den Fall einer Sturmflut mit einem Schwimmdach ausgestattet. Kam es zum Äußersten, flüchteten die Menschen auf den Dachboden. Stürzten dann die lehmgemauerten Wände bei steigender Flut ein, konnte man das Schwimmdach vom Ständerunterbau lösen. In den Giebeln fing sich der Wind, wie ein Segelschiff trieb das Dach dem Festland zu. Die malerischen Fischerhäuschen sind selten geworden, sie fielen dem Tourismus zum Opfer, der größere, moderne Wohneinheiten erforderlich machte.

OSTFRIESISCHE TRACHTEN

Im Mittelalter war (Ost)-Friesland durch Viehzucht, Schifffahrt und Fernhandel so wohlhabend, dass es sich mit den reichsten Gegenden Europas messen konnte. Nicht nur die Kirchen präsentierten weithin sichtbar Reichtum und Macht der ostfriesischen Bauern. Seit dem Mittelalter finden sich auch Hinweise auf ein in seiner Art einzigartiges Gold- und Silberschmiedekunsthandwerk und ein ausgeprägtes Schmuckbedürfnis der bäuerlichen Bevölkerung heraus. Bereits Karl der Große soll die »gemeinen Friesen« privilegiert haben, »Gold an ihren Häuptern und bis zu ihren Füßen herab zu tragen, so viel ein jeder bezahlen könne«. Im Verlauf der Jahrhunderte gerieten die Friesen in einen regelrechten Goldrausch. Dem Chronisten Eggerik Beninga zufolge sollen die Schwestern des Häuptlings Ocko tom Brook bei einem Besuch in Neapel im Jahre 1376 mit ihrem prachtvollen Schmuck die Bewunderung der Königin von Neapel geweckt haben. Nur drei Jahre zuvor war bei der verheerenden Dionysiusflut das reiche Marktdorf Westeel mit fünf Goldschmieden von der Nordsee verschlungen worden, in dem Dorf Torum im Bereich des Dollart sollen zu Beginn des 16. Jh. nicht weniger als acht Goldschmiede ansässig gewesen sein. Die Frauen dieser Gegend schmückten sich auch im Alltag mit goldenen Spangen, Ketten, Ohrringen und Armbändern.

Aus der Mitte des 16. Jh. ist ein regelrechtes ›Modejournal‹ überliefert, das uns eine lebhafte Vorstellung davon vermittelt. Der ostfriesische Häuptling Unico Manninga ließ damals in seiner ›Lütetsburger Hauschronik‹, auch unter dem Namen ›Manninga-Buch‹ bekannt, eine Reihe von Trachten farbig abbilden, denn er stellte zu seinem Bedauern fest, dass sie zunehmend aufgegeben wurden. Was für eine Pracht! Die Gewänder der Frauen aus den vornehmen Familien waren über und über mit Goldplatten besetzt, so dass sie fast einem Panzer glichen, der auch dann noch aufrecht stand, wenn man ihn abgelegt hatte. Die Frauen trugen einen goldenen Brustschild sowie ein als ›Schersson‹ bezeichnetes Geschmeide, runde oder eckige Goldplatten, mit denen die Kleider in vier bis zehn Reihen von oben bis unten besetzt waren. Ein diademartiger, mit Edelsteinen verzierter goldener Stirnschmuck, ›Pael‹ genannt, vervollständigte die kostbare Ausstattung. Über den Schultern hingen schwere Goldketten und sogar Strümpfe und Schuhe waren mit Silberschmuck, Perlen und Edelsteinen verziert. Die Frauen trugen ihr Vermögen bzw. das ihrer Männer für jeden (auch möglichen Freiern) sichtbar auf dem Leibe. Die Kleidung diente auf diese Weise gleichermaßen der Repräsentation wie der Kapitalanlage.

Erhalten geblieben ist nichts von dieser Pracht. Seit Anfang der 1980er-Jahre trägt die Volkstanzgruppe Krummhörn eine Nachempfindung der im Manninga-Hausbuch abgebildeten Tracht, die Goldplatten sind allerdings durch golddurchwirkte, reich verzierte Borten ersetzt. Auch der Auricher Heimatverein beschwört mit dieser Kleidung Erinnerungen an goldene Zeiten herauf.

ESSEN UND TRINKEN

Die Menschen an der Nordseeküste lieben deftige, bodenständige Speisen. Frische Produkte des Landes bilden die Grundlage für eine jahreszeitlich orientierte Küche. Im späten Frühjahr lockt zart-würziges Deichwiesenlamm, im Frühsommer der Matjes. Im Herbst bereichern Wildspezialitäten wie Reh, Fasan und Ente die Speisekarten der Inselrestaurants.

Typisch Küste

Überaus reich ist das Angebot an **Fisch** und **Meeresfrüchten.** Ein Großteil des angebotenen Fisches stammt aus dem Nordatlantik und wird in den beiden größten deutschen Fischereihäfen, Cuxhaven und Wilhelmshaven, angelandet. Kleinere Fischkutter gehen von den Sielhäfen in küstennahen Gewässern auf Fang und beliefern u. a. die Fischereigenossenschaften vor Ort – nirgendwo gibt es frischeren Fisch und Krabben.

Granat

heißen die Nordseekrabben an der ostfriesischen Küste, die darum mitunter auch scherzhaft ›Costa granata‹ genannt wird.

Genau genommen ist die Krabbe (lat. *crangon vulgaris)* eine Garnele. Einheimische und Urlauber lieben sie gleichermaßen, und sie können unbesorgt in großen Mengen genossen werden, denn Krabben sind nicht nur reich an Eiweiß und Mineralstoffen, sondern auch arm an Kalorien und Fett. Noch während der Fahrt, unmittelbar nach dem Fang, werden die Krabben in Nordseewasser abgekocht, erst jetzt erhalten die grauen Tierchen ihre zart rosa Färbung. Frische Krabben kauft man meist ungeschält. Eine Tüte Krabben pulen gehört zu einem Nordseeurlaub einfach dazu. Lecker sind sie auch auf Brot: Auf ein mit Butter bestrichenes Stück Schwarzbrot wird eine üppige Portion frisch gepulter Krabben gehäuft und mit einem oder zwei Spiegeleiern bekrönt.

Matjes und Maischollen

Von Mai bis Anfang Juni hat der neue **Matjes** Saison, ein wahrer Leckerbissen. Nach dem Fang wird der junge Hering etwa acht Wochen bei Temperaturen zwischen 6 und 15 °C in einer milden Salzlake herangereift. Matjes isst man traditionell so: Matjes am Schwanz fassen und ihn ›sutje in die Luke runterlassen‹. Auf der Speisekarte findet man frischen oder gebratenen Matjes mit Bratkartoffeln. Eine Delikatesse sind Matjesheringe in Sahnesoße mit Pellkartoffeln und grünen Bohnen.

Köstlich sind frische **Maischollen.** Sie werden auf vielfältige Art zubereitet: gedünstet, gedämpft, gebraten, im eigenen Saft mit leichter Senfsoße oder deftig mit Speckstippe. **Aal** kann man fast überall bekommen oder auch selbst angeln, es gibt ihn in vielen Seen und Küstengewässern. In Butter ge-

Eine Spezialität an der Küste: geräucherte Aale

braten wird er in vielen Lokalen serviert. Sehr bekannt ist der Zwischenahner Räucheraal.

Nicht lang schnacken

Mit dem ersten Frost beginnt die Saison für **Grünkohl.** Der Frost ist wichtig, denn er wandelt die Bitterstoffe des Grünkohls in Zucker um. Grünkohl-Essen stehen allerorten auf den Veranstaltungsprogrammen. Zubereitet wird der Grünkohl, auch ›Oldenburger Palme‹ genannt, regional unterschiedlich – mit durchwachsenem Speck, Kasseler oder **Pinkel,** einer geräucherten Wurst aus Speck, Zwiebeln und Hafergrütze. Um die kalorienreichen Gelage besser zu verdauen, trinkt man frischgezapftes Bier und einen hochprozen-

tigen Klaren, an der Küste auch ›**Friesenwein**‹ genannt. Gerne kippt man die beiden im Wechsel, nach dem Motto: ›Nicht lang schnacken, Kopf in den Nacken!‹

Aus Jever stammt das gleichnamige, friesisch-herbe **Bier,** das mit seiner Werbung den gelb-rot-gestreiften Leuchtturm von Pilsum berühmt gemacht hat.

Ausschließlich lang haltbare Zutaten beeinhaltet das berühmte **Labskaus,** ein traditionelles, norddeutsches Fischergericht, das auf allen Speisekarten zu finden ist: Pökelfleisch wird mit rohen Zwiebeln durch den Fleischwolf gedreht und mit gestampften Kartoffeln eingekocht (statt Pökelfleisch kann man auch Corned Beef nehmen). Dazu gibt es saure Gurken, Rote Bete und Salzheringe.

Süße ostfriesische Leidenschaften

Zu den süßen Spezialitäten Norddeutschlands zählt **Rote Grütze** mit frischer Sahne oder Vanillesoße. Auf jeder Speisekarte zu finden ist **Milchreis,** der oft mit Früchten oder Beeren serviert wird. Eine Sünde wert ist die **Ostfriesentorte** aus Biskuitboden, Sahne und in Rum eingelegte Rosinen. ›**Jeversche Leidenschaft**‹ ist ein in Brezelform gebackenes, zartes Gebäck aus süßem Blätterteig, das wie auch der in blauweißer Packung angebotene ›**Friesenkeks**‹ (trockenes Teegebäck) ein beliebtes Reisesouvenir ist.

In vielen Ausflugslokalen werden **Stuten** angeboten, das ist ein feines Weißbrot mit Korinthen oder Rosinen, häufig mit Käse belegt. Eine regionale Spezialität sind **Bookweetenschubber** – Pfannkuchen aus Buchweizenmehl, Eiern, oft angereichert mit durchwachsenem Speck und kaltem Kaffee.

Spätestens wenn im Herbst die Nebel aufkommen und der nass-kalte Wind aus Westen bläst, ist es Zeit für heiße Köstlichkeiten: **Teepunsch, Friesenfeuer, Grog:** Auf mehr und minder viel Rum kommen heißes Wasser und Zucker. An der Küste gilt das alte Grogrezept: Rum muss, Zucker darf, Wasser kann.

Berauschend ist die **Bohntjesopp,** keineswegs eine deftige Bohnensuppe, sondern ein Getränk, das – mit Branntwein, Rosinen und Kandis angesetzt – mehrere Tage zieht und zu vielen ostfriesischen Feierlichkeiten, immer aber zu Taufen und Hochzeiten, gereicht wird.

Das Nationalgetränk der Ostfriesen

Tee wird zu allen Tag- und Nachtzeiten genossen. Während der Bundesbürger im Durchschnitt 220 g Tee pro Jahr konsumiert, sind es fast sieben Pfund pro Kopf in Ostfriesland. Das Teetrinken ist eine Lebenseinstellung, ein Grundrecht, eine Zeremonie: ›Nu is teetied!‹.

Man trinkt nicht irgendeinen Tee, vor allem nicht irgendwie. Alte Sprichwörter lassen keinen Zweifel daran, wie der Tee sein muss: »Tee as Öllje, een Kluntje as'n Sliepsteen und Rohm as'n Wullkje«: So dickflüssig und goldbraun wie Öl muss er sein, das Stück Kandis so groß wie ein Schleifstein und obendrauf Sahne wie eine hingetupfte Wolke. Nicht nur die Zutaten zählen, es kommt auch auf die richtige Reihenfolge an. Zuerst gibt man ein Stück Kandis in eine Tasse aus feinem Porzellan. Darüber wird der heiße Tee gegossen, so dass der weiße Kristall knisternd und knackend zerspringt. Es folgt die Sahne, die sich einer Wolke gleich spielerisch verbreitet. Und das weiß jedes Ostfriesenkind: Umrühren ist Todsünde und vernichtet den Genuss. Teetrinken ist ein Fest der Sinne in mehreren Etappen: zuerst die milde, kühle Sahne, dann der heiße, bittere Tee und schließlich die aufsteigende himmlische Süße. Auf den verbliebenen Kandis wird wieder Tee gegossen, im Idealfall reicht er für alle Tassen. »Dree ist Ostfreesenrecht« – und drei Tassen Tee werden einem mindestens angeboten. Erst danach ist es erlaubt, den Löffel in die Tasse zu stellen.

Tipps für Ihren Urlaub

Burgen bauen am Strand

›SIEBEN INSELN UND EINE KÜSTE‹ ALS REISEZIEL

Die südliche Nordsee ist ein Land für Menschen, die das Meer und die Natur lieben, die durchatmen möchten unter einem hohen Himmel. Es ist ein Land zum Spazierengehen und Radfahren, im Sommer natürlich auch zum Baden. Jede Jahreszeit hat ihren Reiz. Bezaubernd sind die frostklaren Tage, wenn der Deich mit glitzerndem Raureif überzogen ist. Im Frühling grasen Schafe mit ihren Lämmern auf grünem Deich, im Frühsommer überziehen Löwenzahn und Raps das Land mit gelbgoldenen Feldern. In der Hitze des Sommers dösen die Seehunde mit ihren Jungen auf den Sandbänken im Wattenmeer, bunte Strandkörbe laden zum Nichtstun ein. Im Herbst sammeln sich Abertausende von Zugvögeln im Vorland der Deiche, um vor ihrem Flug in den Süden im Wattenmeer nach Nahrung zu suchen.

Besondere Highlights in Natur und Kultur

Wattwanderungen gehören zu den schönsten Urlaubsbeschäftigungen. Im Rahmen der Führungen, die auf allen Inseln angeboten werden, erfährt man nicht nur Naturkundliches, sondern häufig auch viele Anekdoten über die Insel und ihre Bewohner.

Ein Muss während eines Urlaubs an der Westküste ist eine **Fahrt zu den Seehundbänken,** häufig kombiniert mit einem **Schau-Fischfang.** Kinder lieben das Gewusel der Meerestiere, das der Schiffer aus dem triefenden Fangnetz in eine mit Meerwasser gefüllte Kiste schüttet. Nicht nur betrachten, sondern teilweise auch anfassen, darf man Seesterne, Quallen … Während der Fahrt erfahren die Gäste viel Wissenswertes über den Nationalpark, die Seehunde und den Krabbenfang.

Ein Ausflug zur roten Felseninsel **Helgoland** wird von allen Häfen angeboten. Naturschätze wie die Lange Anna und der Lummenfelsen sind atemberaubend, der Einkauf an Bord ist immer noch zollfrei.

Die ganze Küste ist mit kleinen **Sielhäfen** ›gespickt‹ – einst Heimat prächtiger Segelschiffe, die die Weltmeere befuhren. Die Zeiten der Windjammer sind lange vorbei, doch zu den zahlreichen Regatten und Hafenfesten tauchen sie wieder auf, mit geölten Holzplanken, dicken Tauen und rauen, kräftigen Segeln. Die Perlen unter den Sielhäfen sind Greetsiel, Neuharlingersiel, Carolinensiel und Hooksiel. Im Binnenland bieten malerische **Warfendörfer** trutzige mittelalterliche Kirchen und Orgeln, die im Gottesdienst und zu Konzerten erklingen. Sie sind Etappenziele auf verschiedenen, die Ostfriesische Halbinsel kreuz und quer durchziehenden **Radwanderfernwegen** wie etwa die internationale ›Nordsee-Fahrradroute‹ oder die Friesenroute ›Rad up Pad‹.

Pauschal oder individuell?

Fast alle Touristikbüros bieten eine breite Palette von Pauschalreisen, die häufig mit einem interessanten Aktiv- oder Wellnessprogramm kombiniert sind. Vor allem, wer außerhalb der Saison einen Kurzurlaub einlegen will, ist gut beraten, sich nach dem Angebot zu erkundigen, das häufig auch im Internet zu finden ist.

Wer mit der Familie einen ganz normalen Sommerurlaub plant und seine Aktivitäten und Ausflüge nach Wind, Wetter und Laune ausrichten möchte, sollte sich besser auf eigene Faust ein passendes Quartier suchen. Das Angebot ist riesig, bei der Auswahl helfen die reich bebilderten und informativen Gastgeberverzeichnisse. Für die Hochsaison muss man lange im Voraus buchen, um eine Unterkunft seiner Wahl zu bekommen. In der Vor- und Nachsaison ist es dagegen möglich, spontan anzureisen, in der Regel findet sich eine freie Wohnung, ein freies Bett (zu Engpässen kann es natürlich in Jahrhundertsommern wie 2006 kommen). Auf freie Zimmer/Ferienwohnungen verweisen Schilder an der Straße.

Strände

Alle ostfriesischen Inseln verfügen über traumhafte, weite **Sandstrände** zur offenen Nordsee. An der Festlandküste überwiegen von Natur aus **Grünstrände.** In den meisten größeren Bade- bzw. Fährorten entlang der Küste gibt es allerdings **aufgespülte Sandsträn-de.** Bemerkenswert ist der Trockenstrand bei Upleward in der Krummhörn. Hier wurde ein breiter Sandstrand hinter dem Deich aufgeschüttet.

Trubel oder Ruhe

In der Hochsaison im Sommer sind die Inseln in der Regel ausgebucht, was aber nicht heißt, dass man ständig von Menschen umgeben ist. An sonnigen Tagen, wenn die meisten Urlauber am Strand sind, ist das Inselinnere oft wie ausgestorben. Von allen Badeorten ist es nur ein Katzensprung in die Natur, ins Watt oder zu stillen Dörfern im Hinterland, in denen man ganz für sich sein kann.

Wer **Nachtleben** und **Shopping** liebt, sollte nach Norderney oder Borkum fahren. Hier gibt es die meisten Discos, Kneipen und Boutiquen. Auf den anderen Inseln geht es weitaus beschaulicher zu. Auf dem Festland bietet Emden ein ausgesprochen vielfältiges Nachtleben. Außer Discos gibt es jede Menge gemütlicher Kneipen und mehrere Kinos.

Urlaub mit Kindern

Wer mit Kindern schöne Ferientage erleben möchte, ist auf den Ostfriesischen Inseln und an der Küste genau richtig. Ebbe und Flut bestimmen den Alltag am Meer. Bei Niedrigwasser kann man zwar nicht baden, dafür aber auf dem Meeresboden spazieren gehen, nach Lust und Laune schaufeln und Gräben ziehen, Muscheln suchen, mit dem Kescher in Prielen nach Krabben und Krebsen fischen.

In den meisten Gastgeberverzeichnissen wird gesondert auf familienfreundliche Unterkünfte hingewiesen. Die Fülle an Veranstaltungen für Kinder – viele von ihnen kostenlos – ist überwältigend, grandios die Ausstattung der **Kinderspielhäuser** – sowohl auf den Inseln als auch entlang der Küste. Vielerorts gibt es mehrstündige, mitunter sogar kostenlose **Kinderbetreuung.** Alle Inseln und auch viele Nordsee(heil)bäder an der Küsten bieten ganzjähriges Badevergnügen – unabhängig von Ebbe und Flut, Wind und Wetter – in **Spaß-** und **Erlebnisbädern.**

Immer etwas zu entdecken gibt es in den bunten **Fischerhäfen.** Von jedem Hafen werden Fahrten zu den Seehundbänken angeboten. In kindgerechten Ausstellungen des Nationalparkamtes lernen die Kleinen die Natur und das Wattenmeer kennen. Die Welt der Seehunde können sie in der **Seehundaufzucht- und -forschungsstation** in Norddeich entdecken. Auch in der **Kunsthalle Emden** ist an die Lütten gedacht: Der Kreativ-Service der Malschule bietet für Kinder und Familien verschiedene Kurse an: Malerei im Atelier, Gestalten am Computer, Steinbildhauerei, Theaterspiel.

Sportliche Aktivitäten

Angeln

Das Angeln in der Nordsee ist kostenlos. Von allen Inseln und Küstenhäfen werden Kutterangelfahrten angeboten.

Für das Angeln in Binnengewässern ist ein Berechtigungsschein erforderlich, der meist in den Kurverwaltungen erhältlich ist – allerdings nur gegen den Nachweis der Sportfischerprüfung.

Baden

Das Baden in der Nordsee ist abhängig von Ebbe und Flut. Das bedeutet, dass das Wasser an heißen Sommertagen nicht unbedingt dann da ist, wenn man es sich am meisten wünscht. Den Tidekalender mit Hoch- und Niedrigwasserzeiten erhält man in der jeweiligen Kurverwaltung. Man sollte sich aber immer nach einem Tipp umhören: Wo ist ein Wasser führender Priel, wo kommt das Wasser zuerst wieder? Auf der Seeseite der ostfriesischen Inseln geht das Meer zwar stark zurück, aber es bleibt zumindest genug Wasser stehen, um sich an heißen Sommertagen nass zu machen (s. auch S. 218).

Golf

Das Spielen hat auf den Inseln so seine Tücken: Der starke Wind vertreibt so manchen gut gezielten Ball. Auf Norderney gibt es einen landschaftlich sehr reizvoll gelegenen 18-Loch-Golfplatz.

Radfahren

Fahrräder sind auf den Inseln das Fortbewegungsmittel Nummer eins (nur auf Baltrum und Spiekeroog sind sie nicht erwünscht). Ausgewiesene Rad- und Wanderwege erleichtern auf den Inseln wie auch an der Küste die Orientierung.

Die ostfriesische Halbinsel bietet sich für Fernradtouren an. Die ›Nordsee-Fahrradroute‹ – **North Sea Cycle Route** – führt durch sieben Länder einmal um die Nordsee: Schottland, England, Niederlande, Deutschland, Dänemark, Schweden und Norwegen. Ihre Länge beträgt ca. 5500 km, Routenlänge in Deutschland 907 km. Beschilderung im ostfriesischen Wegenetz als Routensignet North Sea Cycle Route; Info im Internet www.northsea-cycle.com.

Ein Radwanderrundweg vom Feinsten ist die 290 km lange ›**Friesenroute Rad up Pad**‹. Sie ist gekennzeichnet mit dem Symbol ›Rad up Pad‹. Ausstattung: Kunst- und kulturhistorische Tafeln, Rastplätze mit pavillonartiger Schutzhütte. Etappen der Tour sind: Norden, Norddeich, Dornumersiel, Aurich, Wiesmoor, Emden, Greetsiel, Norden; Info: Ostfriesland Touristik (s. Auskunft S. 220). – Radwanderführer zu diesen und anderen Radtouren kann man auch im Internet finden und bestellen: www.ostfriesland.de.

Reiten

Niedersachsen ist Pferdeland. **Reiterhöfe** gibt es u. a. auf Borkum, Juist, Norderney, Spiekeroog sowie an vielen küstennahen Orten auf dem Festland. Sie bieten Unterricht und Ausritte, einige sogar Unterkunft für Reiter und Pferd an. In der Regel muss man vor dem ersten geführten Ausritt erst einmal Probereiten, um sein Können unter Beweis zu stellen. Aber dann kann es losgehen zum Ritt über die Heide, durch die Dünen, über den Strand an der brandenden Nordsee entlang. Die Adressen der Reiterhöfe sind in den Gastgeberverzeichnissen aufgelistet.

Tennis

Tennis wird auf allen Inseln gespielt, und überall werden in der Saison Turniere ausgetragen.

Wandern

Wandern ist Trumpf auf den Inseln und an der Küste. Nur zu Fuß kann man sich auf den kilometerlangen Sandstränden, auf der Deichkrone und durchs trockengefallene Watt bewegen. Auf allen Inseln ist das Wander- und Radwegenetz hervorragend gekennzeichnet.

Immer am Deich entlang verläuft die Störtebekerstraße von Leer nach Wilhelmshaven (187 km) und weiter nach Hamburg. Mögliche Streckenabschnit-

Der lange Lauf

Der achttägige EWE-Nordseelauf führt im Juni durch Deich-, Insel-, Watt- und Wiesenlandschaften zwischen Cuxhaven, einigen der Inseln und Greetsiel. Alle Einzeletappen sind offene Volksläufe, an denen sich sowohl Jogger als auch Walker beteiligen können. Möglich ist die Teilnahme an einem Einzellauf, an mehreren Einzelläufen oder an der ganzen Tour. Infos in den Touristinformationen und Kurverwaltungen oder auch unter www.bremerhaven-tourism.de.

In den vielen Heimatmuseen wird Geschichte greifbar

te für Wanderer und Radfahrer: Leer – Emden 35 km, Emden – Greetsiel 39 km, Greetsiel – Norddeich 19,5 km, Norddeich – Dornumersiel 24,5 km, Dornumersiel – Harlesiel 23 km, Harlesiel – Hooksiel 22 km, Hooksiel – Wilhelmshaven 24 km.

Überall stehen **Wattwanderungen** – manche auch speziell für Kinder – auf dem Programm.

Wassersport

Im Bereich der Ostfriesischen Inseln liegen traumhafte **Surf-** und **Segelreviere.** Alle Inseln verfügen über Yachthäfen, Segel- und Surfschulen mit Kursen für Anfänger und Fortgeschrittene. Auf einigen Inseln ist der Verleih von Surf-

brettern nur in Verbindung mit einem Kurs möglich. Wer auf eigene Faust segelt oder surft, sollte beachten, dass weite Gebiete des Nationalparks den Vögeln und Seehunden vorbehalten sind. Unerlässlich ist die Anschaffung eines Tidenkalenders, in denen die Zeiten von Ebbe und Flut verzeichnet sind.

Mit **Kanu, Kajak** und **Motorboot** lässt sich die von vielen Wasserläufen durchzogene ostfriesische Halbinsel erkunden. Auf dem Ems-Jade-Kanal, der seit 1888 Wilhelmshaven mit Emden verbindet, kann man Ostfriesland sogar ganz durchqueren. Eine gute Übersicht mit vielen Informationen und interessanten Links findet man im Internet: www.nordwestreisemagazin.de in der Rubrik Outdoor/Bootstourismus.

Reisezeit

Dank der vom Wind übers Meer herangeführten keimfreien und mineralstoffreichen Luft wirkt ein Spaziergang an der Nordsee zu jeder Jahreszeit gesundheitsfördernd. **Saison** ist von den Osterferien bis zu den Herbstferien, in dieser Zeit haben alle Museen, Schwimmbäder, Hotels und Pensionen geöffnet. Die beliebteste Reisezeit liegt natürlich in den Bademonaten Juli und August. Für Vogelfreunde empfehlen sich die Monate März/April oder September/Oktober, wenn die Zugvögel im Wattenmeer rasten.

Für Radtouren an der Küste ist die Zeit der Rapsblüte zwischen Mai und Juni am schönsten. Ab August blühen Strandaster und Strandflieder auf den Salzwiesen, und im Herbst bietet das Quellerwatt eine unglaubliche Farbenpalette, die von leuchtendem Gelborange bis zu tiefem Purpurrot reicht.

Ein sehr schöner Reisemonat ist der September, wenn das Meer noch warm genug zum Baden ist, der Hauptschwung der Gäste aber schon abgereist ist. Im Oktober wechseln windstille sonnige Tage mit Sturmtagen, an denen sich die Wolken am Himmel zu Gebirgen auftürmen und die Brandung auf den Strand peitscht.

Und auch der **Winter** hat seine Reize – nicht nur, wenn Eis und Frost den Dünengürtel und das Wattenmeer in eine Märchenlandschaft verwandeln. Viele Betriebe haben geschlossen, die Insulaner sind weitgehend unter sich. In den Gaststuben dampfen die Groggläser, die Einheimischen haben Zeit zum Klönen.

Pack die Badehose ein …

Sowohl an der Küste als auch auf den Inseln bläst fast permanent ein raues Lüftchen, bei dem man oft vergisst, dass die Sonne auch im April schon intensiv brennen kann. Ohne **Sonnenschutz** geht es nicht. Vor allem Kinder brauchen unbedingt einen Sonnenhut, und sie müssen eingecremt werden, am besten mit einem hohen Lichtschutzfaktor – 20 oder 30. **Strandkörbe** bieten Schutz vor Sonne und Wind – sowohl an Sand- wie auch an Grünstränden. Kostengünstiger ist es, ein Strandzelt und/oder einen Sonnenschirm von Zuhause mitzubringen. Angenehm für die Kleinsten ist auch ein leichtes Tuch, das man über den Kinderwagen hängen kann, wenn Hitze und Lärm zu viel werden.

Auch im Sommer gehören **Regenzeug,** Wollpulli und feste Wanderschuhe ins Gepäck, in der Vor- und Nachsaison lange Unterwäsche, Schal und Handschuhe ebenso wie ein Sonnentopp und Sonnencreme für überraschend sonnige, tropisch warme Stündchen in einem Strandkorb oder im Windschutz einer Düne.

Zu keiner Jahreszeit sollte man das **Badezeug** und Saunahandtuch vergessen, die Schwimmbäder auf den Inseln und der Küste sind wahre Wellnessoasen. Wer eine **Wattwanderung** mitmacht und empfindliche Füße hat, sollte dicke Socken oder alte Turnschuhe anziehen. Gummistiefel laufen im Priel schnell voll. Am schönsten aber ist natürlich das Barfußlaufen im Sand.

UNTERWEGS
INSELN UND KÜSTE

Ein Leitfaden für die Reise und viele Tipps für unterwegs.

Genaue Beschreibungen von Städten und Dörfern, Sehenswürdigkeiten und Stränden, Ausflugszielen und Reiserouten.

Die ostfriesischen Inseln und Nordseeküste erleben: Ausgesuchte Hotels und Pensionen, Cafés und Restaurants.

Backsteinhäuser
auf Spiekeroog

Die westlichen Inseln

BORKUM

Spaziergang über die Strandpromenade zum Neuen Leuchtturm, dem Wahrzeichen der Insel • Auf den Spuren der Walfänger ins ›Dykhus‹ und zu den Gräbern am Alten Leuchtturm • Wanderung durch die Greune Stee, Besichtigung des Feuerschiffs Borkumriff • Zum Vogelparadies Tüskendörsee und zu den Bauernhöfen im Ostland.

Reiseatlas: S. 232

Zwei Stunden ist die tideunabhängige Fähre von Emden nach Borkum unterwegs zur westlichsten und größten Ostfriesischen Insel, die als einziges Eiland in der südlichen Nordsee Hochseeklima bietet. *Mediis tranquillus in undis* – ›Ruhig inmitten der Wogen‹ heißt es in ihrem Wappen, das neben einem roten Leuchtturm zwei Wale schmücken. Sie erinnern an die Blütezeit Borkums im 18. Jh., als auf der Insel wohlhabende Kommandeure ihre schmucken Häuser mit Zäunen aus mächtigen Walknochen umgaben.

Inselgeschichte

Zunächst machte Borkum nur als Teil einer wesentlich größeren Insel namens *Bant* Schlagzeilen. Durch die Berichte griechischer und römischer Geschichtsschreiber, die um die Zeitenwende Truppen der Römer auf ihren Eroberungszügen gegen Britannien und das freie Germanien begleiteten, tritt Bant – von den Römern *Burchana*

genannt – das erste Mal ins Licht der Weltöffentlichkeit. Der Geograph und Schriftsteller Strabo beschreibt um 7 v. Chr. den Kriegszug des älteren Drusus, der Burchanis »nach einer Belagerung eroberte« (s. S. 35). Kaum zu glauben, dass sich ein römischer Feldherr die Mühe gemacht haben soll, eine der Sandinseln vor der Küste zu erobern. Doch auch der Schriftsteller und Geograph Plinius der Ältere (23–79 n. Chr.) erzählt, dass die 23 der friesischen Küste vorgelagerten Inseln den römischen Soldaten »durch Krieg bekannt« wurden und erwähnt, dass die berühmteste von ihnen *Burchana Fabria,* die ›Bohneninsel‹, genannt werde.

Erst zur Zeit der Kreuzzüge hören wir wieder etwas von Borkum. Um 1227 sammelte sich hier die Flotte der friesischen Kreuzfahrer zum fünften Kreuzzug, um Friedrich II. (1194–1250) im Kampf um das Heilige Land zu unterstützen. Mit ihrer Hilfe – und viel diplomatischem Geschick – wurde der Staufer im Jahre 1229 zum König von Jerusalem gekrönt. Auch zum weniger erfolgreichen siebten Kreuzzug unter

Ludwig IX. (1214–70) sammelte sich das friesische Kontingent anno 1269 vor Borkum.

Im 12. und 13. Jh. zerschlugen, so vermutet man, mehrere schwere Sturmfluten die Großinsel Bant und ließen die Restinseln *Borkyn, Juist, Bant, Buise* und *Osterende* entstehen. In einer Lehensurkunde aus dem Jahre 1398, die die Besitztümer des Häuptlings Widzel tom Brook aufzählt, werden sie urkundlich erstmals erwähnt (s. S. 32). Im 16. Jh., der Zeit von Reformation und Religionswirren, entwickelte sich Emden zur blühenden Hafenstadt, der Schiffsverkehr auf der Ems nahm stark zu. Um den fremden Schiffsführern den Weg durch die gefährlichen Gewässer des Wattenmeeres zu weisen, wurden Seezeichen immer wichtiger. Unter anderem erhöhte man den Borkumer Kirchturm – mit Ziegeln, die ursprünglich für den Bau des neuen Emder Rathauses vorgesehen waren. Schon vorher waren auf Borkum drei Kaaps als Landmarken für die Schifffahrt errichtet worden (das heute noch vorhandene Kleine und das Große Kaap wurden erst im letzten Drittel des 19. Jh. gebaut).

Die Insulaner selber profitierten kaum von ihrer strategisch bedeutsamen Lage. Erst zu Beginn des 18. Jh. tat sich ihnen eine Möglichkeit auf, Ruhm und Reichtum zu erwerben. Sie heuerten auf Walfangschiffen an, die Kaufleute in Emden, Hamburg und den Niederlanden ausrüsteten. Die goldene, mit viel Leid erkaufte Ära währte jedoch kein Jahrhundert, und ihr folgte eine Zeit großen wirtschaftlichen Elends.

Strandpromenade mit Leuchtturm

BORKUM

0 — 600 m

Nordsee

28

27

N o r d d ü n e n

Aussichtsdüne

Kurklinik
Borkum-Riff

18

Hindenburgstr.

Waterdelle

14 17

30 31 33

Knappschafts-
Kurklinik

Ehem.
Wasserturm

16

Barbaraweg

Nordbad

Kaapdelle

Boedighausstr.

Engel'se Pad

Geert-Bakker-Str.

Hindenburgstr.

Upholmstr.

Blanke Fenne

Binnen-

29

Upholm Deich

1 Am Westkaap
2 Gorch-Fock-Str.
3 Viktoriastr.
4 Strandstr.
5 Bubertstr.
6 Am neuen
  Leuchtturm

Norderreihe

Kaapstr.

Richthofenstr.

J.-Calvin-Str.

Upholmstr.

wiesen

22

20

8

6

2

Ev.-luth.
Kirche

Hindenburgstr.

Kirchstr.
Wilh.-Bakker-Str.

11
Kath. Kirche

3

5

21

1

9

Bhf

24 12 19

13

M

4

Franzosenschanze

Kurhalle
am Meer

Bismarckstr.

Goethestr.

Gartenstr.

Gezeitenland
Freizeitbad &
Wellnesscenter

23

10

Wester-str.

Neue Str.

Süderstr.

Wiesenw.

Reedestr.

Gezeitenland
Kulturinsel

Spielinsel

Kurpark

Westdünen

Am Langen Wasser

Deichstr.

Süderreihe

Wulde-gapstr.

Julianen-str.

Reedestr.

7

6

von-Frese-Str.

Süderstr.

Isdobbenstr.

15

32

Haltepunkt

7 W.-Schol-Pfad
8 Strandstr.
9 Bahnhofspfad
10 Bahnhofstr.
11 Fr.-Habichtstr.
12 Süderstr.
13 Rektor-Meyer-Pfad
14 Alte Schulstr.

26

Emsstr.

Kiebitzdelle-
Westdüne

Kiebitzdelle-Leegte

Greune-Stee-Weg

25

S ü d d ü n e n

Südstrand

Aussichtsdüne

Während auf Norderney schon 1797 Deutschlands erstes Nordseebad etabliert worden war, tauchten auf Borkum Badegäste erst in den 1840er-Jahren auf. Die Insel erfreute sich jedoch bald zunehmender Beliebtheit bei Erholung Suchenden, denen Norderney entweder zu teuer oder zu vornehm war. Ein Chronist der Ostfriesischen Zeitung preist 1850 die Vorzüge des Borkumer Badelebens: »In Borkum lebt man für wenig Geld gut und ungeniert. Hier fühlt man den Druck der so genannten Etikette nicht. Hier kleidet sich jeder, wie es ihm beliebt. Hier haben Nachtmütze, Schlafrock und Pantoffeln mit Hut, Frack und Stiefeln gleichen Wert. Hier gilt, gottlob, ein nicht geschorener Bart dem glatt rasierten Kinn völlig gleich …«.

Borkum

Reiseatlas: S. 232, A3
Vom Borkumer Hafen im Süden der Insel fährt die historische Inselbahn in das 7,5 km entfernte Städtchen Borkum. Der Zug quert das Wattenmeer auf einem Damm und passiert die Woldedünen, in denen der berühmte Seeräuber Klaus Störtebeker seine Schätze vergraben haben soll. Der 1888 erbaute Inselbahnhof liegt im Herzen der Stadt.

Strandpromenade

Borkums zum großen Teil moderne, bunt zusammengewürfelte Architektur findet in der Reiseliteratur kaum Erwähnung. Um so überraschter entdeckt man dann an der Strandpromenade edle, blendendweiße Hotelfassaden aus der Zeit um 1900. Auf der breiten Promenade oberhalb des ausgedehnten, weißen Sandstrandes mit den bunten Strandzelten sollte man den Bummel beginnen. Die ›**Kurhalle am Meer**‹ wurde Ende der 1990er-Jahre renoviert und zu einer ›Erlebnismeile‹ mit Galerie, Malschule, Fitnesscenter, edlen Cafés und Restaurants umgestaltet. Die **Schlangen- und Reptilienausstellung** [1] fasziniert nicht nur Kinder (März–Dez. Di–So 10–17 Uhr, Tel. 93 23 77). Schräg gegenüber werden im Pavillon im Sommer regelmäßig Konzerte gegeben, denen man auf den Seeterrassen der Promenadencafés lauschen und dabei die Aussicht über den Badestrand und die weiten, vorgelagerten Sandflächen bis zur Seehundbank ›Hohes Riff‹ genießen kann. Von der Promenade zweigt die Strandstraße ab zur Kurverwaltung und zu dem von einer freien Dünenwiese umgebenen **Neuen Leuchtturm** [2], dem Wahrzeichen Borkums. Der 60 m hohe Turm wurde im Jahre 1879 in einer Rekordzeit von nicht einmal sieben Monaten erbaut. Genau 315 Stufen sind bis zur Aussichtsplattform zu erklimmen. Bei klarem Wetter reicht der Blick bis zum 20 km entfernten Festland (in der Saison tgl., sonst 3 x wöchentlich, unregelmäßig geöffnet).

Altdorf

Vom Leuchtturm führen mehrere Straßen ins Altdorf. Auf dem Weg dorthin passiert man in der Wilhelm-Bak-ker-Straße am evangelisch-reformierten Pfarrhaus, kurz vor dem Alten Leuchtturm, einen Gartenzaun aus mächtigen altersgrauen Knochen – den Kinnladen von Walen. Solche außergewöhnlichen Zäune gab es früher viele, um 1900 zählte man noch mehr als 600 Walkinnladen auf Borkum. Die schwergewichtigen Knochen waren keineswegs nur als Andenken gedacht. Da sie eine Menge Tran enthielten, der nur langsam heraustropfte, wurden sie auf der Rückfahrt an den Mast gebunden, der Tran lief in daruntergestellte Eimer und brachte dem Kapitän einen guten Zusatzverdienst ein.

Im 18. Jh. stand hier das Haus des Walfang-Kommandeurs Roelof Gerritz Meyer, der auf 42 Grönlandfahrten mit seiner Mannschaft 270 Wale erlegte. Als er im Jahre 1765 von einer besonders glücklichen Fahrt mit der enormen Beute von 15 Walen zurückkehrte, schenkte er seiner Gemeinde zwei silberne Abendmahlsbecher, die bis heute in Gebrauch sind.

Alter Leuchtturm

Trutzig erhebt sich der 42 m hohe **Alte Leuchtturm** [3] auf der historischen Kirchwarf. Hier stand bis 1903 die Inselkirche mit dem Friedhof, auf dem allerdings die letzten Toten schon im Jahre 1873 begraben wurden. Bei den erhaltenen, von verwitterten Walknochen umstandenen Grabsteinen mit eingravierten Totenköpfen handelt es sich nicht um die letzte Ruhestätte ruchloser Piraten, sondern um Gräber der Borkumer Walfänger. Eine in die Westwand des Turms eingelassene

Gartenzaun aus Walkinnladen

Sandsteintafel berichtet in lateinischer und holländischer Sprache über den Bau des damals wichtigen Seezeichens, das von Emder Kaufleuten in Auftrag gegeben und finanziert wurde. Anno 1817 wurde der Kirchturm zum Leuchtturm umgerüstet. Als er im Februar 1879 ausbrannte, war der Neue Leuchtturm bereits in Planung. Der alte Turm wurde dennoch wieder instandgesetzt, stand aber ab 1948 (nachdem er zwischenzeitlich als Wetterstation, militärischer Beobachtungsposten und Seenotfunkstelle der Deutschen Gesellschaft zur Rettung Schiffbrüchiger gedient hatte) leer, bis er auf Initiative des Heimatvereins Borkum Anfang der 1980er-Jahre renoviert und der Öffentlichkeit zugänglich gemacht wurde. Gut 150 Stufen sind es bis zur Aussichtsplattform (unregelmäßige Öffnungszeiten, s. Aushang).

Heimatmuseum im Dykhus

Am Alten Leuchtturm vorbei führt die Roelof Gerritz Meyer-Straße zum Heimatmuseum im **Dykhus** 4, das noch bis 1958 als Wohnhaus diente. Das für Ostfriesland typische Gulfhaus, in dem Wohnräume, Stall und Scheune unter einem gemeinsamen Dach vereint sind, steht auf einer Warft am Fuße des ersten Deichs, der auf Borkum gebaut wurde. Die einstigen Wohnräume sind liebevoll mit historischen Möbeln und Gerätschaften überwiegend aus der zweiten Hälfte des 19. Jh. eingerichtet. Die Küche ist reich mit Fliesen der holländischen Manufakturen aus der

Zeit zwischen 1680 und 1840 geschmückt. Ein Raum ist dem Borkumer Walfang zwischen 1700 und 1800 gewidmet. Beeindruckend: die Ausstellung des 15 m langen Skeletts eines 35 t schweren Pottwals in der Walhalle (in der Saison meist Di–So 10–12, 15–17 Uhr, Tel. 48 60 oder 49 05).

Franzosenschanze und Upholm-Deich

Ein schmaler Weg führt südöstlich des Alten Leuchtturms von der Reedestraße abzweigend ins Grünland hinein. Hier liegt die **Franzosenschanze** 5, eine von breiten Wassergräben gesäumte, U-förmige Wallanlage, die heute ein Einfamilienhaus schützend umgibt. Sie wurde 1811 auf Befehl Napoleons errichtet. Mit der Stationierung französischer Truppen auf den Ostfriesischen Inseln wollte er den zur Zeit der Kontinentalsperre blühenden Schmuggel mit englischen Waren unterbinden. Ein Schild weist auf das Bauwerk hin, das auf einem Privatgrundstück liegt, von der Straße aber gut zu sehen ist.

An der Schanze vorbei führt der Weg direkt auf den **Upholm-Deich** zu. Von hier aus bietet sich ein reizvoller Blick über ausgedehnte Wiesen, auf denen Pferde und Kühe weiden, und auf die Stadt mit ihren hohen Türmen. Um 1600 wurde der Deich zum Schutz der fruchtbaren Binnenwiesen gebaut. Da er zunächst nur etwa zwei Meter hoch war, gingen alle höheren Sturmfluten über ihn hinweg. Bei der großen Flut im Jahre 1643 brach er gleich an fünf Stellen. Zeugnisse solcher Deichbrüche sind die so genannten Kolke (Wasser-

löcher) an der Binnenseite des Deiches. Diese tiefen, heute von dichtem Schilf gesäumten Gewässer, umging man beim Wiederaufbau des Deiches, um Erde zu sparen. Aus diesem Grund verläuft der Deich in einer Schlangenlinie durch das grüne Weideland. Eine schöne Einkehrmöglichkeit mitten im Grün am alten Deich bietet das Upholmcafé. Über die Upholmstraße gelangt man in die Stadt zurück.

Ausflüge

Südstrand und Greune Stee

Reiseatlas: S. 232, A/B4
Borkum verfügt, im Gegensatz zu den meisten anderen Ostfriesischen Inseln, über einen weiten, schlickfreien **Südstrand.** Zu erreichen ist der Bade- und Zeltstrand auf der breiten Strandmauer, die um das gesamte Westende der Insel herumläuft. Direkt an der asphaltierten Promenade im nördlichen Bereich des Strandes liegt das **Nordsee-Aquarium** 6. In 26 kleinen Becken ist die Tier- und Pflanzenwelt der Nordsee zu sehen, die auch Kinder begeistern werden (in der Hauptsaison tgl. 10–12 und 14–17 Uhr). Auf dem Weg Richtung Süden passiert man den rotweiß gestrichenen, 35 m hohen **elektrischen Leuchtturm,** der 1888 erbaut wurde. Damals war der Neue Leuchtturm im Ortszentrum noch mit Öllampen ausgestattet.

Ein Vergnügen ist es, die **Greune Stee** (›Grüne Stelle‹), einen von üppigem Dickicht, stellenweise auch offenen Wasser- und Schilfflächen durch-

INSULANER AUF WALFANG

»Up Moord und Dootslag!«, mit diesem Abschiedsgruß fuhren die Inselfriesen zwischen Sylt und Borkum im 18. Jh. auf den Schiffen Emder, Hamburger und Amsterdamer Kaufleute auf Walfang in den hohen Norden. Von den Ostfriesischen Inseln stellte Borkum das Hauptkontingent für den Walfang. Die seegewohnten Insulaner verdingten sich überwiegend in führenden Stellungen. In einem Bericht über die Borkumer Walfänger heißt es im Jahre 1767: »… ein Borkumer gibt nicht gern einen einfachen, schlichten Matrosen ab, sondern bewirbt sich lieber um ein Officium auf den Schiffen, welches sie unter sich Officiers nennen, es sei Commandeur, Harpunier, Bootsmann etc.« In einem Jahrhundert zählte man rund 100 Kommandeure (das heißt Kapitäne) aus Borkum.

Mitte März bis Anfang April zogen die Walfänger aus, um fast ein halbes Jahr den rauen Naturgewalten im eisigen Nordmeer zu trotzen. Nach mehrwöchiger Reise erreichten sie den Packeisgürtel oberhalb von Spitzbergen. Die Jagdgebiete befanden sich östlich von Grönland im Nordatlantik oder in der Davidsstraße zwischen Kanada und Grönland. Ziel der Jagd war der heute ausgerottete Grönlandwal, der bis zu 18 m lang wurde, und der wesentlich kleinere Nordkaper. Im August ging es dann mit fünf bis sechs, manchmal auch zehn und mehr geschlachteten Tieren in die Heimat zurück.

Der Walfang – die Tiere wurden von kleinen Schaluppen aus mit Handharpunen gejagt und mit Lanzen getötet – war lebensgefährlich. Jedes Jahr fehlten bei der Rückkehr ein oder zwei Mann, die bei schwerer See über Bord gefallen, vom Mast gestürzt, von den wütenden Schwanzschlägen der um ihr Leben kämpfenden Wale zerfetzt oder durch die vitaminarme Ernährung vom Skorbut dahingerafft worden waren. Um 1750 fehlte in 40 von 120 Borkumer Familien der Haupternährer.

Für die in bitterer Armut lebenden Witwen und Waisen wurde gesorgt, so gut es ging. Nach einer erfolgreichen Jagd versäumte es kein heimkehrender Kommandeur, eine beträchtliche Summe für die Armenkasse zu spenden. Auch wurde den Armen der von der Fahrt übrig gebliebene Proviant zugeteilt, der immer reichlich bemessen war, da die Walfänger im Fall des Falles für eine Überwinterung im Packeis gerüstet sein mussten. Nach einer erfolglosen Fangsaison sollen die Armen der Insel mehr zum Beißen gehabt haben als die Walfänger.

Durch Überfischung und den Ausbruch des Seekriegs zwischen Holland und England 1780 fand der Walfang für die Friesen ein schnelles Ende. Die vernachlässigte Landwirtschaft reichte jedoch bei weitem nicht aus, um die in den goldenen Jahren des Walfangs gewachsene Bevölkerung zu ernähren – nackte Not zwang die Hälfte der Borkumer, die Insel zu verlassen. Zählte man 1774 noch 852 Einwohner, so waren es 1806 nur noch 406. An die ebenso glorreiche wie leidvolle Ära erinnern auf Borkum neben einigen Relikten im Heimatmuseum nur noch die mittlerweile rar gewordenen Zäune aus grauen, verwitterten Walkinnladen.

Die Greune Stee

drungenen Inselwald zu durchstreifen. In dieses Gebiet kann bei höheren Fluten Salzwasser eindringen, so dass hier vielfältige Übergänge von der Salzwiesen- zur Süßwasservegetation zu finden sind. Hier brüten Sumpfvögel wie beispielsweise die Rohrweihe und die Löffelente. An trockenen Standorten überwiegen Kiefern, ansonsten dünnstämmige Erlen, Weiden und Birken. Verschiedene schmale Pfade winden sich durch das Grün. Über sumpfige Stellen führen Knüppelwege, die nur für Fußgänger zugänglich sind. Breitere, zum Teil gepflasterte Wege sind auch für Radfahrer zugelassen.

Von einer Aussichtsdüne in den nahen **Woldedünen** bietet sich ein schöner Blick über die Greune Stee. Südlich des Inselwaldes und des hügeligen Dünengebietes erstreckt sich die **Ronde**

Plate, eine große Sandfläche, die nur bei höheren Fluten überspült wird. Hier brüten im Frühjahr und Frühsommer verschiedene seltene Seeschwalbenarten und Sandregenpfeifer (Infostand der Nationalparkverwaltung, März bis Okt.).

Hafen

Reiseatlas: S. 232, B4
Zum **Hafen** gelangt man quer durch das Wattenmeer und ausgedehnte Salzwiesen über einen Damm, auf dem die Autostraße, die Gleise der Inselbahn und ein Wanderpfad dicht nebeneinander verlaufen. Die Fähre legt im Alten Hafen an, der im Jahre 1888 neben einer festen Landungsbrücke auch den Gleisanschluss zum Ort erhielt. Der **Neue Hafen** wurde von 1937 bis 1942 als Marinestützpunkt erbaut. Nach dem Krieg sollte er wie alle anderen militärischen Anlagen zerstört werden, blieb dann aber als Schutzhafen für die Emsschifffahrt erhalten. Bei Unwetterwarnung suchen hier viele Küstenmotorschiffe und Fischkutter Schutz. Größte Attraktion im Hafen ist das knapp 54 m lange, leuchtend rote **Feuerschiff ›Borkumriff‹** [7]. Feuerschiffe sind Seezeichen, die in problematischen Navigationsgebieten verankert sind und heute mehr und mehr durch Leuchttürme ersetzt werden. Hundert Jahre lang, von 1888 bis 1988, sicherten Feuerschiffe das durch wechselnde Strömungsverhältnisse und sich ständig verlagernde Sandbänke schwierige Fahrwasser am Borkumriff 18 Seemeilen nordwestlich der Insel. Im Mai 1989 wurde das letzte

Feuerschiff als Schiffs- und Küstenfunkmuseum – 1900 war auf einem seiner Vorgänger die erste Küstenfunkstelle der Welt in Betrieb genommen worden – sowie als **Nationalparkschiff** mit einem Informationszentrum zum Wattenmeer und Naturschutz reaktiviert. Eine Führung durch das Feuerschiff gibt einen lebendigen Einblick in das beengte Leben der zwei je 13-köpfigen Besatzungen, die einander im Zwei-Wochen-Rhythmus ablösten (Tel. 20 30, Führungen finden April–Okt. Di–So 9.45, 10.45, 11.45, 13.45, 14.45, 16.45 Uhr statt). Der östliche Teil des Hafens war bis 1996 der Bundesmarine vorbehalten. Als der Standort trotz heftiger Proteste aufgelöst wurde, verloren die Borkumer einen wichtigen Arbeitgeber, der, neben dem Fremdenverkehr, den zweitgrößten Wirtschaftsfaktor der Insel dargestellt hatte.

Waterdelle und Tüskendör

Reiseatlas: S. 232, A/B3
Zwischen West- und Ostland liegen zwei Naturschutzgebiete, Waterdelle und Tüskendör. Beide Gebiete befanden sich einst im Bereich des Meeresdurchbruchs, der Borkum bis 1864 in zwei Inseln teilte. Die **Waterdelle,** ein vogel- und pflanzenreiches Feuchtgebiet, ist neben dem Ostland eines der Grundwassergewinnungsgebiete der Insel. Was das Trinkwasser angeht, ist Borkum Selbstversorger: Es wird der durch Niederschläge immer wieder aufgefüllten Süßwasserlinse entnommen. Durch die Wasserentnahme fällt die Waterdelle allerdings zunehmend trocken.

Der die Inseln trennende Wasserarm, durch den die Gezeiten strömten, wurde **Tüskendör** genannt, was soviel wie ›zwischendurch‹ bedeutet. Das weite Gebiet mit Flughafen, Außenweiden und Tüskendörsee erstreckt sich südlich des Hinterwalls bis zum Watt. Der Hinterwall, ein breiter, dicht mit Heckenrosenbüschen bewachsener Dünendamm, der sich entlang der Straße vom West- zum Ostland zieht, verbindet seit Mitte der 1860er-Jahre die ehemals getrennten Inselteile. Der unter Naturschutz stehende Tüskendörsee ist ein ehemaliger Baggersee, der erst 1975/76 durch die Sandentnahme für den Deichbau entstand. Die umliegenden Feuchtwiesen sind ein wichtiges Brutgeländ für Uferschnepfe, Rotschenkel, den Großen Brachvogel und die selten gewordene Bekassine. Betreten darf man das Geländ nur im Rahmen geführter Wanderungen.

Ostland

Reiseatlas: S. 232, B3
Am Flughafen vorbei führt die Autostraße zu den Bauernhöfen im **Ostland.** Schon von weitem sieht man die roten Dächer der fünf über 200 Jahre alten Gehöfte leuchten. Im Dezember 1752 wurde erstmals die Erlaubnis erteilt, im Ostland eine Schafhürde zu errichten. Die erste Besiedlung des Ostlandes fiel in die Blütezeit des Walfangs, als sich innerhalb weniger Jahre die Einwohnerzahl Borkums verdoppelt hatte und der Bedarf an Lebensmitteln drastisch gestiegen war. Leicht war das Leben im Osten zu keiner Zeit. Der Boden war sandig und wenig fruchtbar,

zudem machten häufige Deichbrüche den Siedlern zu schaffen. Die Bewirtschaftung des Ackerbodens brachte erst nach Einführung des Kunstdüngers nennenswerte Erträge, die fast ausschließlich auf dem eigenen Hof verfüttert wurden. Verkauft wurden Milch, Butter, Käse und Fleisch. Als ein bei Wanderern und Radfahrern äußerst beliebtes Ausflugsziel, das auch in der Saison vom Landauer und vom Bus angefahren wird, setzen die Ostländer heute auf den Tourismus, in zwei Lokalen mit großen Gartenterrassen werden Ausflügler bewirtet.

Hinter den Bauernhöfen verläuft der Weg zwischen bewachsenen Dünen und flachem, vogelreichem Wiesenland weiter nach Osten. Am Ende der Dünenkette führt der Wanderpfad um die **Sternklippendünen** herum an den Nordstrand. Südlich der Sternklippendünen erstrecken sich hoch gelegene Strandwiesen und -heller mit reichem Vogelleben. Nach Nordosten breiten sich zum Meer hin weite, vegetations-

lose Sandflächen aus. Wer möchte, kann bis zum östlichsten Inselzipfel am **Hoge Hörn** weiterwandern. Ein durch Pfähle markierter Pfad führt um das Hörn herum. Die Hornsbalje trennt Borkum von der 2 km entfernten Vogelinsel **Lütje Hörn,** deren Existenz bereits für das Ende des 16. Jh. belegt sind.

Für den Rückweg bieten sich mehrere Möglichkeiten an. Wer nicht auf dem selben (kürzesten) Weg ins Ostland zurückkehren möchte, kann entweder am Nordstrand direkt am Wasser entlangwandern oder auf dem neuen Deich am Wattrand im Süden der Insel. Im Inselinneren ist die Chance allerdings am größten, eines der Rehe zu erspähen, die 1955 auf der Insel angesiedelt wurden.

Vorwahl: 0 49 22.
Postleitzahl: 26757.
Touristen-Information und **Unterkunfts-vermittlung** gegenüber dem Bahnhof, Am Georg-Schütte-Platz 5, Tel. 0 18 05/ 80 77 90 (0,14 €/Min.), Fax 93 31 04, www.borkum.de. Geschäftszeiten: Mo–Fr 8.30–12.30 und 14–17.30 Uhr, während der Saison erweiterte Öffnungszeiten.
Unterkunftsnachweis des Inselvereins Borkum e.V: Tgl. 18–21, Mo–Fr 9.30–11.30 Uhr, Tel 8 84, www.borkuminfo.de.
Kurbeitragskasse: Goethestr. 25, Tel. 93 31 28, www.borkum.de.
In der kostenlosen Broschüre ›Borkum (er)leben‹ sind Veranstaltungen, Öffnungszeiten und Tidekalender zu finden. Viermal wöchentlich erscheint die ›Borkumer Zeitung‹ mit Inselereignissen, aber auch News aus aller Welt.

Hotels und Pensionen
Seehotel Upstalsboom [8]: Viktoriastraße 2, Tel. 91 50, Fax 71 73, www.

Bauernstuben

[31] Ausflugscafé im Osten. Viele Spielmöglichkeiten für Kinder, u. a. Tiere zum Streicheln: Ziegen, Schafe, Hasen und Ponys. Ein Highlight für die Kleinen ist das Ponyführen. Außerdem: bodenständige, ostfriesische Spezialitäten, ab 9 €, auch Vegetarisches und hausgemachte Kuchen. Im Sommer tgl. 10–21, im Winter 10–18 Uhr, www.hauptsachen.com.

Tipps und Adressen

upstalsboom.de. Luxuriöse Residenz im klassizistischen Stil der Jahrhundertwende mit nostalgischem Charme, vis-à-vis zum Neuen Leuchtturm, 200 m vom Strand, 39 Zimmer. EZ 88–98, DZ 78–88, Eck-/Turmzimmer 88–103 €.

Nordsee-Hotel 9: Bubertstr. 9, Tel. 30 80, Fax 30 81 13, www.nordseehotelborkum.de. Feudales Haus mit 100-jähriger Tradition in bester Lage und mit Blick aufs Meer. Es bietet eine integrierte Privatklinik, die Badelandschaft ›Friesentherme‹, Restaurant Burchana, Je nach Saison: EZ 48–88, DZ 55–73, Suiten 80,50–92,50 €.

Villa Ems 10: Am Georg-Schütte-Platz 9, Tel. 911 80, Fax 34 45, www.villa-ems.de. Hotel garni in zentraler Lage gegenüber dem Bahnhof, hier begegnet man noch dem Flair von 1900, Schwimmbad, Sauna und kleiner Fitnessraum. EZ 48–65, DZ 46–64, Suiten 54–78, Ferienwohnungen und Appartments für 2–4 Pers. 86–98 €.

Villa Müller-Scharpius 11: Kirchstr. 32, Tel. 24 40, im Winter 0 43 21/158 17, www.villa-mueller.de. Traditionsreiche Pension in ruhiger Lage 600 m vom Hauptstrand, mit einem schön angelegten großen Garten. EZ 39–41, DZ 43–46 € (bei einer Belegung mit 2 Pers.), Betriebsferien Nov.–Feb.

Teerlingshafen 12: Neue Straße 10, Tel. 28 35, Fax 99 08 70, www.borkum-zimmer.de. Nichtraucherhaus mit Garten in ruhiger, zentraler Lage, Einzel- und Doppelzimmer, EZ 36–39, DZ 31–38 €.

Villa Harmonie 13: Neue Straße 11, Tel. 92 91 10 und 99 05 15, Fax 92 91 13, www.hotelharmonie.de. Liebevoll geführtes Appartementhaus mit Frühstücksservice, Nichtraucher. Ferienwohnungen für 1–5 Pers. 70–150 €. Sauna, Solarium, kleiner Fitnessbereich.

Unter'm Reetdach 14: Bantjedünen 25, Tel. 34 33, Fax 932 69 09, Mobil 01 70/2 94 86 91, www.unterm-reetdach.de. 5

Ferienwohnungen mit Terrasse für 2–3 Pers. in Borkums einzigem, reetgedeckten Haus, 63 €, Nichtraucher.

Jugendherberge ›Am Wattenmeer‹ 15: Reedestr. 231, Tel. 99 00 70, Fax 71 24, www.jugendherberge.de. 530 Betten in einer ehem. Marine-Kaserne am Hafen, 5 Min. vom Anleger, nette Herbergsleitung, Betriebspause Mitte Okt.–Mitte März, nur Vollpension möglich; nicht ohne schriftliche Buchung anreisen. Café und Kneipe Backpackers.

Camping

Insel-Camping-Borkum 16: Hindenburgstraße 114, Tel. 10 88, Fax 42 34, www.insel-camping-borkum.de. Ein ›Dorf im Dorf‹, sehr moderner, kinderfreundlicher Komfort-Campingplatz am nordöstlichen Stadtrand mit Minimarkt, Restaurant, Sauna, Solarium, Fahrradverleih, Spielplatz, in den Sommermonaten Kinderanimation, Mietwohnwagen.

Camping-Aggen 17: 5 km vom Ort entfernt, Ostland 1, Tel. 22 15, Fax 29 57. Entfernung zum FKK-Strand ca. 15 Gehminuten. Eher etwas für Naturfreunde, die die Ruhe lieben, inmitten ruhiger Dünen- und Wiesenlandschaft auf einem der letzten bewirtschafteten Bauernhöfe der Insel, in der Nähe des Deiches und der Vogelschutzgebiete, Platz für Autos und Caravan.

🍴 Viele Gourmetrestaurants der gehobenen Preisklasse liegen etwas abseits, Tischreservierung erforderlich:

Fischerkate 18: Hindenburgstr. 99, Tel. 38 44. Hier gibts nur Fisch, den aber vom Feinsten. Vorspeisen und kleinere Leckereien ab 9,50, Hauptgerichte ab14 €.

Restaurant Valentin`s 19: Neue Str. 12, Tel. 12 34, www.hauptsachen.com. Mediterane Köstlichkeiten, freundliches Ambiente 8–20 €. Empfehlenswert ist auch das Restaurant **Kartoffelkäfer** 20 in der

Kurhalle am Meer, alles rund um die Kartoffel 5–15 €.

Am Strand stehen mehrere ›**Buden**‹ mit Holzterrassen, hier erhält man kleinere Gerichte – deftige Eintöpfe, rote Grütze, Hefeklöße, Pommes, Eis – ideal für zwischendurch, wenn man erst abends im Hotel oder der Ferienwohnung warm isst.

Cafés

Grandcafé Panorama 21: Siehe Tipp.

Matrix 22: Café-Bistro bei der Kurhalle, auch für jüngere Leute vor abends, Snacks und Kleinigkeiten 3,50–7 €.

Etwas versteckt und vor allem bei schlechtem Wetter gemütlich sind das **Borkumer Teestübchen** 23 mit dreißig verschiedenen Teesorten im Bahnhofspfad und das **Kaffee-Pöttchen** 24 in der Alten Schulstraße. Das Nichtraucher-Café **Hertha** 25, Greune-Stee-Weg 43, liegt etwas abseits hinter den Dünen des Südstrandes, ist aber immer gut besucht, Do–Mo 14–17 Uhr.

Ausflugslokale (Meer und Strand pur) Am Südstrand ist die **Heimliche Liebe** 26 für Strandläufer ein gern angesteuertes Ziel, Hauptgerichte ab 10 €, im Norden sind es **Café Sturmeck** 27 und **Café Seeblick** 28, Hauptgerichte ab 9 €.

Auf dem Weg gen Osten bietet sich das **Scheunenrestaurant Upholm** 29 am alten Deich für eine Rast, aber auch für ein erlesenes Abendessen an, großer Biergarten, Kinderspielplatz, Mittagskarte 8–12, Abendkarte ab 10,50 €.

Bekannt für große Stücke Kuchen ist der **Geflügelhof** 30, Bantjedünen 27, Hauptgerichte 9–14 €.

Im Ostland

Bauernstuben 31: Siehe Tipp S. 70.

Im äußersten Inselsüden liegt das **Yachthafen-Restaurant** 32 mit einem schönen Kinderspielplatz, Hauptgerichte 9–17 €.

Café Ostland 33 mit freiem Blick über Weiden und Salzwiesen, Spezialität sind Dicke Milch, Fisch und Fleisch 8,50–17 €.

Naturkostladen **Natura,** Neue Straße 19, Tel. 79 73: Obst, Gemüse, Käse, Wein aus kontrolliert biologischem Anbau.

Die beiden Discos ›**Inselkeller**‹ und ›**Kajüte**‹ liegen in der Bismarckst. Die ›**Strandschlucht**‹ in der Viktoriastraße ist Treffpunkt für gemischtes Publikum ab 25 Jahre.

Viele Veranstaltungen, Vorträge und Ausstellungen finden in der **Kulturinsel** statt, Goethestr. 25. Dort befindet sich auch die **Arche-Bücherei,** Mo 16–19, Mi 15–19, Fr 15–18 Uhr.

Die Kurhalle beherbergt die Malschule **Atelier am Meer,** Tel 99 05 55.

Kino: Kulturinsel (ehemal. Kurhaus), Goethestr. 25, automatische Programmansage: Tel. 91 81 21.

Spielbank: Georg-Schütte-Platz 6, Tel 9 18 00. Jede Menge Glücksspielautomaten, elektronisches Roulette, Mini Roulette und Video-Games, Zutritt ab 18 Jahre, der Eintritt ist gratis, kein Spielzwang.

Mai: Borkumer Jazztage: Jazzfestival und Kneipennacht.

Juli/Aug.: Flugpaltzfest, Straßenfest rund um den Alten Leuchttturm, Kleinbahnfest.

Caféhausmusik

und viel Flair bietet das **Grandcafé Panorama** 21 in der Kurhalle auf der Promenade mit Blick übers Meer tgl. ab 9 Uhr, Baguette, Pfannkuchen, Salate, Suppen ab 4 €.

Badezeiten und Wassertemperaturen auf Borkum

Promenadefete mit Livemusik und Höhenfeuerwerk.

Sept.: Drachenfestival.

Okt.: Borkumer Museumsnacht am 2. Okt.

Dez.: Lütje-Markt: Winterlicher Kunst- und Handwerkermarkt vom 28.–30. Dez.. Blues Nights: Blues-Festival mit Kneipennacht, Ende Dez.

Kurkonzerte: Mai-Sept.

Borkumer Kirchenkonzerte: Mai-Okt.

Kunst & Kultur: Wechselnde Kunstausstellungen in der Kulturinsel, Juli-Sept.

Schiffsausflüge: Mit dem Schiff zu den Seehundbänken, auf Krabbenfang, nach Juist, Norderney, Groningen (über Eemshaven), ›Fahrten in See‹ mit zollfreiem Einkauf, auf Krabbenfang, nach Helgoland. Abfahrt: Borkum-Bahnhof, Veranstalter Borkumer Kleinbahn, Tel. 30 90.

Busfahrten: Die Insel bequem per Bus kennen lernen, ab Busbahnhof, in der Saison tgl., Info Inselrundfahrten Ebeling, Tel. 49 59.

Ortsführungen mit Bucki Begemann: Di und Fr 10 Uhr, ab Telefonhäuschen Kurverwaltung, Info Tel. 01 71/7 68 49 75.

Radtouren mit Bucki Begemann: So 10 Uhr, Treff: Verleih Schuhmacher, Fauermannspad 5, Dauer ca. 2,5 Std., Info Tel. 01 71/7 68 49 75.

Bade- und Strandleben

Es gibt sowohl im Norden als auch im Süden der Insel wunderschöne weite Sandstrände. Der FKK-Strand mit **Strandsauna** liegt etwa 5 km vom Ort entfernt, Strandsauna April–Okt. tgl. 11–17, Mi, Fr und Sa 11–20 Uhr, Tel. 17 29.

Strandzelt-, Strandkorb- und Kabinenanmietung an allen Stränden möglich:

Vermietung über den Verein Borkumer Strandzeltvermieter e.V., Fax 93 21 57, für die Hochsaison am besten im Voraus, spätestens 6 Wochen vor Reiseantritt, s. Bestellkarte im Gastgeberverzeichnis.

Gezeitenland – Wasser und Wellness: In seiner Bauweise einem Ozeandampfer nachempfunden, mit Erlebnis-, Wellness- und Saunadeck. Attraktionen sind die Riesenrutsche, die Indoor-Surfanlage FlowRider und das Saunieren mit Blick auf die Nordsee. Goethestr. 27, Tel. 93 36 00; www.gezeitenland.de, Erlebnis-/Saunadeck Hauptsaison tgl. 10–21, Nebensaison Di, Mi 15–21, Do–So 10–21 Uhr; Wellnessdeck Hauptsaison Mo–Fr 8–20, Sa, So 10–20, Nebensaison Mo–Fr 8–19, Sa, So 10–19 Uhr; im Jan. einige Wochen wegen Wartungsarbeiten geschlossen.

Angeln: Freies Fischen von den Buhnen, im Hafen und auf Angelfahrten. Für das Vereinsgewässer Hoppschlott ist eine Gastkarte nötig, www.sportfischervereinborkum.de.

Drachenfliegen: Am Nordstrand ist ein Drachenstrand ausgeschildert, an allen anderen Badestränden gilt Flugverbot.

Fitness-Center: Krafttraining im Fit& Juicy in der Kurhalle, Cardio- und Kraftgeräte, individuell abgestimmte Trainingspläne, Tel 99 04 34.

Indoor-Klettern: Unter professioneller Anleitung können verschiedene Routen erklettert werden: in der Jugendherberge, Reedestr. 231, Tel. 91 01 62. Dort auch Halfpipes und **Inline-Skaten.**

Reiten: Ausritte, Unterricht für Anfänger und Fortgeschrittene in der Halle und im Freien sowie Pensionsstallungen: Reitstall der Kurverwaltung, Norddünen, Tel. 91 01 44. Weitere Anbieter Tel. 0 18 05/80 77 90 (0,14 €/Min.).

Sportprogramm am Strand: Juni–Sept. tgl. Strandgymnastik für Kinder und Erw. am Nord- und Südstrand.

Strandsegeln: Schulung, Verleih und Segelscheinprüfung, am Nordstrand, Tel. 23 61, www.strandsegelschule.de.

Tennis: ›Tennis-Insel‹, Anlage an der Bismarckstr. mit 4 Aschen- und 2 Hallenplätzen, ganzjährig geöffnet, Tel. 5 29.

Wassersportzentrum am Nordstrand – Windsurfing Borkum: Wind- und Kite-Surfen, Kitebuggy- und Windsurfschule; Segeln, Kurse für Ein- und Aufsteiger, Materialvermietung, viele Regatten im Juni, Juli, Aug. Teilnahme möglich, Tel. 22 99, www.beachnet.de.

Kinder: Im Sommer wird Kindern viel geboten: Puppenspiele, Wattwanderungen, Kreativkurse, Kinderkurkonzerte, Laternenumzüge, Rollerrennen am Strand. Auch eine Reihe von Regentagen lässt sich hier aushalten: In der **Spielinsel** (Goethestr. 25) können sich Kinder jeden Alters in den Tischtennis-, Spiel-, Lese- und Bastelräumen tagsüber die Zeit vertreiben. Die Nutzung ist kostenlos, bei Bastelkursen wird das Material berechnet.

Kinderkiste: Wer Lust hat, einmal in aller Ruhe alleine eine Strand- oder Wattwanderung zu machen oder in die Sauna zu gehen: Betreuung von Kurgastkindern (3–7 Jahre) während der Anwendungen, April–Sept. Anmeldung am Tag zuvor erforderlich, Tel. 93 32 94.

Babysitter-Service: Diejenigen, die abends etwas ohne die Kleinen unternehmen möchten, können sich an die Erzieherinnen im Kinderspielhaus wenden, Auskunft: Tel. 93 32 94.

 Flug: Vom Flughafen Emden 5 x tgl., Flugzeit ca. 15 Min., s. S. 218 (Anreise).

Bahn: Mit der Bahn nach Emden, in der Saison direkt bis zum Borkum-Anleger, s. S. 217 (Anreise).

Fährverbindung: Abfahrtshäfen der Reederei AG ›Ems‹ sind **Emden** und **Eems-**

haven/Niederlande. Ab Emden Fahrtdauer mit der Autofähre 2–2,5 Std., je nach Saison 2–5 x tgl.; Fahrtdauer mit dem Katamaran ›M/S Nordlicht‹ ca. 1 Std., in der Saison 1–2 x tgl. Ab Eemshaven Fahrtdauer mit der Autofähre ca. 50 Min., je nach Saison 1–4 x tgl.

Schiffsinfo und KFZ-Anmeldung bei AG Ems in

… Emden: Tel. 0 18 05/18 01 82 (0,14 €/Min.), www.ag-ems.de.

… Eemshaven: Tel. 00 31/5 96/51 91 91.

Inselbahn: Vom Anleger ›Borkum Reede‹ verkehrt ganzjährig die **Borkumer Kleinbahn** (7,5 km, Fahrt im Fährpreis enthalten) zwischen dem Anleger Borkum-Reede und dem Bahnhof mit Zwischenhaltestelle am Jakob-van-Dyken-Weg.

Gepäckbeförderung vom Anleger in Emden bzw. Eemshaven zur Unterkunft auf Borkum. Info: AG Ems, Tel. 0 18 05/18 01 82 (0,14 €/Min.).

Der **Bus** fährt mehrmals täglich vom Busbahnhof zum Hafen, Flugplatz, FKK-Strand und zum Ostland. Von Oktober bis März wird das Ostland nur an Samstagen sowie an Sonn- und Feiertagen angefahren. Fahrpläne in der Tourist-Information oder am Fahrkartenschalter der Borkumer Kleinbahn, Tel. 30 90.

Fahrradverleih: Räder sind das Hauptverkehrsmittel auf Borkum. Mehrere Verleihbetriebe, einer direkt am Bahnhof, an der Endhaltestelle der Inselbahn. Verboten ist das Radfahren in den Fußgängerzonen und auf den Strandpromenaden.

Taxen: Tel. 10 01. Taxen stehen am Bahnhof bzw. nach 23 Uhr am Busbahnhof; am Anleger und am Flugplatz.

Autofahren

Parken: Autos können zwar mit auf die Insel genommen werden, es wird aber geraten, sie auf dem Festland zu lassen: Die Borkumer Stellplätze und Garagen in Emden liegen etwa 300 m vom Borkum-An-

leger, in Eemshaven ca. 20 m von der Schiffsanlegestelle entfernt.

Parkplätze auf Borkum sind rar, auf fast allen öffentlichen Straßen besteht Parkverbot. Man sollte sich – sofern vorhanden – beim Vermieter einen Parkplatz sichern. Öffentliche Parkplätze: Am langen Wasser (teilweise gebührenpflichtig), Ankerstraße, Oppermanns Pad, FKK-Strand, Anleger.

Fahren auf Borkum: In der Saison ist der Autoverkehr auf Borkum stark eingeschränkt, nur außerhalb der Stadt ist es möglich, ein paar Kilometer ohne Einschränkungen zu fahren. Sondergenehmigungen für die Fahrt zur Unterkunft zum Aus- und Einladen des Gepäcks am Tag der An- bzw. der Abreise erhält man bei den Fahrkartenschaltern der Reederei AG ›Ems‹ in Emden und Eemshaven, Ausnahmegenehmigungen für Gehbehinderte im Rathaus Borkum, Tel. 303 222.

Ärztliche Versorgung: Neben gut einem Dutzend Ärzten verschiedener Fachrichtungen gibt es Zahnärzte, Apotheken, ein halbes Dutzend Rehabilitationseinrichtungen und Fachkliniken, 4 Häuser für Mutter- und Kindkuren sowie einen Tierarzt. Die Adressen sind im Gastgeberverzeichnis aufgelistet.

Krankenhaus Borkum: Gartenstr. 20, Tel. 93 00 15 (ambulante Versorgung, internistische Belegabteilung).

Krankentransporte: Tel. 91 92 22.

Polizei: Strandstr., Tel. 110 oder 918 60.

Post: Bismarckstraße.

Internet: Terminals stehen gegen Gebühr zur Verfügung: in der Kurhalle am Meer, in der Kulturinsel (ehem. Kurhaus), Goethestr. 25 und im Gezeitenland.

Internet-Hotspot: U. a. im Gezeitenland, in der Kulturinsel sowie im Grand Café Panorama.

Borkumer Zeitung: 4 x wöchentlich, Tel 9 12 40, www.borkumer-zeitung.com.

JUIST

Bummel durch das hübsche Hauptdorf mit den Pferdekutschen • Auf der Wattseite in den Ortsteil Loog und zum Küstenmuseum • Ins Naturschutzgebiet Bill und um den idyllischen Hammersee • Sand pur am Westende • Richtung Osten am Goldfischteich und der Wilhelmshöhe vorbei zum Kalfamer

Reiseatlas: S. 232–233, A–F1

Wie eine Illustrierte aufgrund einer Umfrage herausfand, zählt *dat Töwerland*, das Zauberland, wie Juist von seinen Einwohnern liebevoll genannt wird, neben Hawaii zu den zehn schönsten Inseln der Welt. Kühne Worte – aber nicht einmal so fern der Wahrheit, findet doch die mitten durch die Dünen führende Strandpromenade nicht ihresgleichen in der südlichen Nordsee.

Juist ist mit über 17 km Länge die längste der Ostfriesischen Inseln, ist aber extrem schmal: Sie misst an keiner Stelle mehr als 1100 m von Strand zu Strand, an manchen Stellen sogar nur 500 m. Der außergewöhnlich breite Sandstrand ist sogar noch ein gutes Stück länger als die Insel selbst, weil er an ihrem West- und Ostende um die Spitzen herumgreift. Das Hauptdorf liegt an der schmalsten Stelle, etwa in der Mitte des Eilandes.

Inselgeschichte

Der Ursprung des Namens Juist liegt im Dunkel. Vermutlich steht er im Zu-sammenhang mit dem plattdeutschen Wort *güst,* das bedeutet ›trocken, unfruchtbar‹. Urkundliche Erwähnung findet die Insel erstmalig im Jahre 1398 in einer Aufzählung der Besitztümer des Ostfriesischen Landesherrn Widzel tom Brook (s. S. 32). Im Verlauf ihrer Geschichte hat Juist – wie alle Inseln – immer wieder Land, Kirchen und Dörfer dem Blanken Hans opfern müssen. Zu Beginn des 16. Jh. war sie nur etwa halb so lang, dafür aber wesentlich breiter als heute. Die Bewohner betrieben Ackerbau und Viehzucht. Ab dem letzten Drittel des 16. Jh. ging durch Sturmfluten immer mehr Weideland verloren. Aus dieser Zeit stammt auch eine Notiz über ein Gerichtsurteil in Ostfriesland. Es ist die Rede von 31 verbrannten Hexen, darunter »3 ex insula Juest« – drei verurteilte Frauen, und das in einer Zeit, als es auf der Insel kaum mehr als zwei Dutzend Haushalte gab. Möglicherweise ist der romantisch anmutende Beiname Juists, der in einem alten Matrosenlied zu finden ist, auf diese Begebenheit zurückzuführen und bezieht sich auf eine *töverhekse,* eine ›Zauberhexe‹.

Den Juistern blieben mit der erzwungenen Aufgabe ihres Weidelandes nur die Fischerei und die Handelsschifffahrt als lukrative Erwerbszweige. Eine tiefe natürliche Fahrrinne ermöglichte die Passage bis in die Nähe des Dorfes, daher nahm die Handelsschifffahrt auf Juist einen höheren Stellenwert als auf den anderen Ostfriesischen Inseln ein. Den Juistern ging es also wirtschaftlich relativ gut, bis im Jahre 1651 die große Petriflut die Insel in zwei Hälften teilte. Sie verwandelte die Gemeindewiese, den Hammer, in eine öde, bei jeder höheren Flut überspülte Sandfläche und zerstörte das Dorf. Zwar verlegten die Insulaner ihre Häuser einige hundert Meter weiter nach Osten, doch von nun an fraß sich die Nordsee gierig immer weiter ins Land. Winde trieben die zerstörten Dünen vor sich her, die für die Schifffahrt notwendige Fahrrinne versandete. 1685 musste auch das neue Dorf aufgegeben werden. Es entstanden jetzt zwei Dörfer mit je einer Kirche. Einige der Vertriebenen siedelten im Loog, das Hauptdorf aber baute man in der Bill im Westen der Insel. Es ging in der großen Flut am Heiligabend 1717 samt Kirche unter, nur ein einziger Bewohner überlebte. Das Loogdorf blieb zwar weitgehend unbeschädigt, doch viele seiner Bewohner waren auf dem Heimweg vom Weihnachtsgottesdienst in der Billkirche von einer riesigen Flutwelle verschlungen worden. In den folgenden Jahren kamen die Fluten auch dem Loogdorf bedrohlich näher. Im Jahre 1742 klagt der Inselvogt, dass der klägliche Rest von Juist bei der nächsten höheren Flut wohl endgültig untergehen werde. Neue Häuser wurden von nun an überwiegend weiter östlich, im heutigen Juister Ortsgebiet, gebaut.

Nachdem der erste Vorstoß, aus Juist ein Seebad zu machen, im Jahre 1783 von der königlich-preußischen Regierung in Aurich zurückgewiesen worden war, unternahmen die Juister erst 1840 einen erneuten Versuch. Zu diesem Zweck erwarb man drei im Seebad Norderney ausrangierte Badekarren – das war auch schon der ganze Komfort. Bettzeug, Kochgeschirr und Lebensmittel mussten die Gäste selbst mitbringen. Die Reise von Norden nach Juist gestaltete sich in diesen frühen Jahren recht abenteuerlich und dauerte je nach Wind einen halben, einen oder auch mehrere Tage. Aus dieser Zeit stammt der Ausspruch: ›Twee Tie unnerwegens un noch neet up Juist‹ (›Schon zwei Tiden – also 12 Stunden – unterwegs und immer noch nicht auf Juist‹). Da kein Anleger vorhanden war, mussten die häufig seekranken, fast immer durchnässten Reisenden mit Kind und Kegel im Juister Watt in hochrädrige, von Pferden gezogene Fuhrwerke umsteigen.

Im Jahre 1858 war das Unternehmen ›Seebad Juist‹ gescheitert, es kamen keine Gäste mehr. Erst um 1870 investierten die Juister etwas entschiedener: Sie richteten Fremdenzimmer ein, stellten Strandzelte auf, befestigten die Strandwege, richteten getrennte Badestellen für Damen und Herren ein und kümmerten sich um die Verbesserung der Verkehrsverbindung zum Festland. Der Durchbruch als Seebad erfolgte, nachdem Norden 1883

Reetdachhaus auf Juist

einen Eisenbahnanschluss erhalten hatte. Im darauffolgenden Jahr entfiel mit der Errichtung eines Anlegers das umständliche Ausbooten. Ab 1898 wurden die Gäste dann per Schienenbahn ins Dorf gebracht, die bis zur Einweihung des ortsnahen neuen Hafens Anfang der 1980er-Jahre in Betrieb war. Die Anreise nach Juist ist heute entschieden einfacher als früher, doch auch jetzt noch erlaubt der tidenabhängige Fahrplan täglich höchstens zwei Verbindungen. Tagesgäste stellen sich selten ein. Wer hierher kommt, bleibt meist länger.

Juist

Reiseatlas: S. 233, D1
Am Hafen begrüßt der 1992 errichtete Leuchtturm **Memmertfeuer** die Ankommenden. Es ist die 14 m hohe Nachbildung des ehemaligen Leuchtturms der Vogelschutzinsel Memmert.

Das aus dem Jahre 1939 stammende Laternenhäuschen ist allerdings original, es wurde vom stillgelegten Leuchtturm auf Memmert abmontiert und vom Juister Heimatverein erworben. Nachts schickt der Turm sein buntes Feuer über die Insel, nach Westen einen roten, nach Norden einen weißen und nach Osten einen grünen unterbrochenen Strahl (Besichtigung im Sommer möglich).

Vom Hafen gelangt man in wenigen Minuten in den modernen, von zwei bis höchstens vierstöckigen roten Backsteinbauten geprägten Hauptort, der mit einer bunten Palette an Geschäften, Cafés und Restaurants zum Schlendern verlockt. Gleich hinterm wattseitigen Deich am Ortseingang bietet das **Nationalpark-Haus** im alten Bahnhof am Kurplatz kindgerecht zusammengestellte Informationen über den Lebensraum Nordsee und das Wattenmeer mit den Bereichen Strand, Dünen, Salzwiesen und Watt (Carl-Stegmannstr. 5, Tel.15 95, www.natio nalparkhaus-juist.de, April–Okt. Di–Fr 9.30–12.30, 15–18, Sa, So 15–18 Uhr; Nov–März Mi 15–18 Uhr).

Der **Kurplatz** mit Musikpavillon lädt zum Verweilen ein. Die Kinder können im Schiffchenteich Boote fahren lassen, während die Eltern in den umliegenden Cafés einen Cappuccino trinken und zuschauen, wie die mit Gepäck und Gästen beladenen Pferdekutschen vorbeitraben. Stiller geht es am **Janusplatz** zu. Die kleine Grünanlage mit schönen Rosengewächsen trägt ihren Namen nach dem Pfarrer Janus, der sich Ende des 18. Jh. als Erster dafür einsetzte, auf Juist ein

Lütje Teehuus

Die gemütlichste Adresse zum Teetrinken auf Juist. Selbst gebackener Kuchen, inseltypische Speisen, Herzhaftes ab 8 €. Am Janusplatz, Tel. 84 02.

Seebad einzurichten. Hier findet man einige der wenigen erhaltenen Insulanerhäuser aus der ersten Hälfte des 19. Jh. In einem ist die gemütliche Teestube Lütje Teehuus untergebracht.

Es gibt zwei Kirchen auf Juist. In der 1964 errichteten **evangelischen Kirche** in der Wilhelmstraße hängt eine große Tafel mit der bewegten Geschichte der Juister Kirchen; diese Kirche allein hatte schon fünf Vorgänger. Die Kanzel von 1732 stammt aus der nicht mehr erhaltenen Kirche im Loog (tagsüber geöffnet).

Die **katholische Kirche** in der Dünenstraße wurde 1910/11 erbaut und 1960/61 um ein Halbrund im Westen verlängert. Ein um 1911 angefertigtes Fresko stellt den hl. Ludger als Verkünder des Christentums auf der ehemaligen Großinsel Bant dar (tagsüber geöffnet).

Strandpromenade

Wie ein Wahrzeichen überragt der im Volksmund auch ›Doornkaatbuddel‹ genannte, fast 17 m hohe **Wasserturm** den Ort (die alte ostfriesische Schnapsmarke, die es heute nicht mehr gibt, wurde früher in ähnlich aussehenden Geneverkrügen aus Ton abgefüllt).

1927 erbaut, dient er heute als Zusatzwasserspeicher für die Insel, sein Vorratsbecken umfasst ca. 250 m^3 (keine Besichtigung). Von der 20 m hohen Düne genießt man einen weiten Blick über den Ort. Die Rundumsicht ist nur Richtung Osten und Westen durch die 1960 und 1970 errichteten Bauten der Kurhalle und des Wellenschwimmbades eingeschränkt.

Diese Bauwerke liegen direkt an der Juister **Strandpromenade,** die etwa 15 m über den Strand als breiter Klinkerpfad durch die weißen Dünen führt. Als um 1900 auf den anderen Inseln repräsentative Strandpromenaden mit protzigen Hotels angelegt wurden, war Juist an seiner Nordseite durch starke Dünenabbrüche bedroht. So wurden alle Bauwerke weit hinter dem schützenden Dünenwall errichtet und der Bau eines Dünenschutzwerkes in Angriff genommen. Zwischen 1913 und 1929 entstanden eine 1400 m lange Strandmauer und sieben die Kraft der Wellen brechende Buhnen. Durch veränderte Strömungsverhältnisse und sich verlagernde Sandbänke kam es schon während der Bauzeit zur Sandanhäufung und Dünenbildung vor dem Schutzwerk, das heute völlig vom Sand bedeckt ist. Ebenfalls unter den Dünen verschwand eine vom alten Kurhaus zum Strand hinabführende herrschaftliche Freitreppe.

Das um 1897/98 entstandene **alte Kurhaus** beherbergte im Jahre 1912 den König von Sachsen mit seinem Gefolge. Das stattliche Gebäude stand viele Jahre leer und verfiel, bevor mit dem Umbau zu einer exklusiven Hotel- und Appartementanlage mit hauseigenem Restaurant begonnen wurde. Nach historischem Vorbild rekonstruiert, blieb auch der fürstliche ›weiße Saal‹ mit Säulen und Stuckornamenten erhalten.

Loog

Reiseatlas: S. 232/233, C/D1
Ruhig und beschaulich geht es im zweiten Dorf der Insel zu – im **Loog.** Man erreicht es über die wattseitige Uferstraße, die von einer um 1935 entstandenen Siedlung mit zwei Reihen weiß verputzter Häuser gesäumt ist. Loog (plattdeutsch: ›Dorf‹) war einmal der Hauptort von Juist. Obgleich es heute eher verschlafen wirkt, verfügt es mit dem ›Loogster Huus‹ über ein eigenes Haus für Veranstaltungen; außerdem findet man hier eine Töpferei sowie das **Küstenmuseum,** dessen Besuch wärmstens zu empfehlen ist. Auf einer Fläche von über 500 m^2 sind Geschichte und Entwicklung von Juist und den anderen Ostfriesischen Inseln dargestellt. Die breite Themenpalette reicht vom Alltagsleben an der Küste, u. a. veranschaulicht durch eine friesische Wohnstube, über die Schifffahrt, die Geschichte der Seenot-Strand-Rettung, Deichbau und Küstenschutz. Auch eine Dokumentation über die Erdöl- und Gasbohrungen in der Nordsee sowie die damit verbundenen ökologischen Probleme ist zu sehen. Dem Museum ist eine **Kunstgalerie** angeschlossen, die wechselnde Sonderausstellungen präsentiert (Loogster Pad 21, Tel. 14 88, in der Saison Di–Fr 9.30–13, 14.30–17, Sa

INSEL DER WILDPFERDE

Über die Straßen von Juist traben kräftige Pferde mit mächtigen Mähnen und klobigen Hufen. Geduldig warten sie, wenn Getränkekästen, Baumaterial oder Koffer verladen werden, lassen sich ruhig anstaunen und gern von Kindern streicheln. Könnten sie die Nachfahren jener leichtfüßigen Wildpferde sein, die Henricus Ubbius in einem Bericht über Juist erwähnt? Der spätere ostfriesische Kanzler notiert im Jahr 1530: »Auf der Insel Juist gibt es eine kleine Pferderasse, die sich nur von den Kräutern oben an den höchsten Dünenkuppen unter freiestem Himmel ernährt. Sie hat sich noch nicht an den Anblick der Menschen gewöhnt, geschweige dass sie ihre Annäherung duldet. Sie sind ungewöhnlich schnellfüßig und lassen sich nur durch ausgespannte Seile fangen und in andere Länder abführen.«

Wann diese Pferde auf Juist ausgesetzt wurden, ist nicht bekannt. Sicher ist, dass die pferdebegeisterte ostfriesische Häuptlingsfamilie der Cirksena auf Juist ein Gestüt unterhielt. Die Pferde, deren Zahl auf hundert Tiere geschätzt wird, liefen das ganze Jahr über frei auf der Insel herum, standen aber unter der Kontrolle eines Pferdewärters, der zehn Reichstaler als Jahresgehalt erhielt. Im Herbst wurden die Jungtiere mit Hilfe der Insulaner eingefangen. Als Lohn stand ihnen »nach alter Gewohnheit« ein Fass Bier zu. In den Jahren 1615 und 1616 waren es je 24, zwei Jahre später 20, 1618 dann nur noch 16 Fohlen, die mit dem Schiff nach Bensersiel und von dort weiter nach Esens gebracht wurden. Für die Verladung der Pferde wurde im Jahre 1619 in Greetsiel eine neue Verladerampe gebaut. Auch Futter – Hafer, Gerste, Bohnen und für den Winter Heu – musste auf die Insel verfrachtet werden. Aller Wahrscheinlichkeit nach waren es die durch Transportschwierigkeiten bedingten Probleme in der Futterversorgung, die nach dem Tode Ennos III. (1599–1625) zur Auflösung der Zucht führten. Schwierig wird die Versorgung der Pferde vor allem im Winter gewesen sein, wenn Schnee und Eis das Anlaufen der Insel oft tagelang unmöglich machten. (Noch heute ist das Juister Watt auch bei Flut nicht immer passierbar. Zuletzt blieb 1991 ein erfahrener Juister Kapitän mit der ›Frisia II‹ just am Heiligen Abend auf einer Sandbank hängen und war gezwungen, den Abend mit 280 Passagieren an Bord zu verbringen. Im Winter 1995/96 war Juist an 45 aufeinander folgenden Tagen wegen Vereisung der Fahrrinne nicht mit dem Schiff zu erreichen.)

Im 17. Jh. erwies es sich als unmöglich, die Pferde weiter zu versorgen. Sturmfluten nagten an der Insel, aus den aufgerissenen Dünen peitschte der Sand über die Insel und verschüttete Gärten und Weideflächen. Auch die normale Viehhaltung musste drastisch eingeschränkt werden. Um 1655 gab es auf Juist mit seinen 23 Haushalten noch 160 Kühe und Ochsen, 50 Kälber und Fohlen, 14 Pferde, 176 Schafe und 287 Lämmer. Im Jahre 1701 besaß man nur noch eine Kuh pro Haushalt, die verbliebenen Weideflächen reichten auch ohne Gestüt kaum zur Versorgung des Viehs.

Der Hammersee

Die schönste Insellandschaft. Um den von hohen Dünen eingefassten Süßwassersee schlängelt sich ein schmaler, sandiger Pfad zwischen Sanddorn-, Erlen- und Weidengebüsch hindurch. Am westlichen und am südwestlichen Ende liegen zwei Aussichtsdünen. Für die 3,5 km Rundwanderung sollte man etwa 1,5 Stunden veranschlagen.

9.30–14, So 14.30–17 Uhr, außerhalb der Saison Di, Sa 14.30–17 Uhr).

Ausflüge

Naturschutzgebiet Bill

Reiseatlas: S. 232, B/C1
Das bereits unmittelbar hinter dem Ortsteil Loog beginnende Naturschutzgebiet Bill umfasst den gesamten Westteil der Insel. Hier findet man eine wildromantische Dünenlandschaft mit dem Hammersee, dem größten Süßwassersee der Ostfriesischen Inseln. Der Name Hammer stammt aus dem Friesischen und bedeutet: ›niedrig gelegene, feuchte Wiese‹.

Dort, wo sich heute das lang gestreckte, von einem Dickicht aus Weiden, Erlen, Heckenrosen und Pappeln gesäumte Binnengewässer befindet, strömten früher die Meeresfluten durch das so genannte Hammergatt, das als Folge der verheerenden Petriflut im

Jahre 1651 entstand, die Juist in zwei Teile riss. Durch Sandablagerungen verringerte sich im Verlauf der Jahrhunderte der Abstand zwischen den beiden Inselhälften wieder, bis vor gut 200 Jahren mit der Eindeichung der südlichen Dünenhälfte begonnen werden konnte. Um die Insel wieder zu einen, wurde zwischen 1927 und 1932 der nördliche Dünendeich angelegt, der aber noch während des Baus in einem Sturm brach, so dass Meerwasser auf den eingedeichten Strand strömte. Angereichert und versüßt durch Regen- und Grundwasser, entstand so der ursprünglich 1,8 km lange, aber nur etwa 1 m tiefe Hammersee. Heute ist der nur noch knapp 1 km lange See in der Verlandung begriffen. Durch das Absterben von Wasserpflanzen, die absinken und neue Triebe hervorbringen, droht der See im seichten Uferbereich zu vermooren. Eine breite, urwüchsige Uferzone mit Sumpf- und Moorpflanzen – darunter das dominierende Schilfrohr – engt den See zunehmend ein. Er wird wieder zu einem ›Hammer‹ werden. Auf dem See wimmelt es von Wasservögeln, darunter verschiedene Enten- und Möwenarten, Wasserrallen und Blesshühner.

In die bereits 1899 zum Naturschutzgebiet erklärte **Bill,** den westlichsten Teil der Insel, gelangt man entweder über den mitten durch die zum Teil feuchten, mit Buschwald bestandenen Dünentäler führenden Wanderpfad vom Westende des Hammersees oder vom Loog aus über den wattseitigen Fahrweg südlich der Hammerdünen. Die Bill, einst Zentrum der Insel, blieb nach der Weihnachtsflut von

1717 jahrhundertelang menschenleer. Erst Ende des 19. Jh. nahm sich der Lehrer und Naturschutzpionier Otto Leege der sandigen Einöde an und begann mit dem Aufforsten der Dünentäler.

Der wattseitige Weg ist an sonnigen Tagen dicht von Fußgängern und Radfahrern bevölkert. Linker Hand erstreckt sich der von Entwässerungsgräben durchzogene Heller. Auf dem weiten Heller, der sich bis zum Watt hin ausbreitet, weiden nur noch die Pferde der Juister Fuhrbetriebe, Pensionsvieh vom Festland gibt es schon seit 1970 nicht mehr. Etwa auf halbem Weg zur Domäne Bill liegt die 1975 errichtete vollbiologische Kläranlage, deren Ab-

wässer ins Meer fließen. Mehrere schmale Pfade zweigen von der Fahrstraße ab und führen in die in Dünentäler eingebetteten Billwälder. Zu jeder Tageszeit hoppeln hier Kaninchen herum und sogar Hasen, die 1890 eingeführt wurden und Dünentäler und Heller bewohnen. Seltener zu entdecken sind die scheuen Rehe.

Von der Domäne Bill geht der Fahrweg noch etwa einen halben Kilometer weiter. In der Nähe des ausgedienten, aus rotem Backstein errichteten Bootsschuppens der Rettungsstation Bill muss man sich endgültig von seinem Fahrrad trennen, von hier an gibts nur noch Sand. Die **Haakdünen** bilden in einem weiten Bogen das wunderbar

Domäne Bill

sandige Westende der Insel, das hier keinerlei Buhnen und betonierte Uferbefestigungen aufweist. Vor den Dünen erstreckt sich das aus mehreren ausgedehnten Sandbänken bestehende **Billriff.** Bei ablaufendem Wasser werden hier riesige Muschelbänke mit einer verlockenden Vielfalt von verschiedenen Muscheln und Schneckenhäusern freigelegt. Auf dem Riff rasten häufig große Scharen von Mantelmöwen und sonnen sich Seehunde. Über das Billriff verläuft seit Mitte der 1970er-Jahre eine unterirdische Pipeline, durch die Erdgas vom norwegischen Gas- und Erdölfeld ›Ekofisk‹ nach Emden geführt wird.

Im Norden der Haakdünen hat sich die Nordsee schon tief in den schützenden Dünengürtel gewühlt. An den steilen Abbrüchen lässt sich gut die zerstörerische Gewalt des Meeres erkennen. Entlang der bedrohten Randdünenkette hat man Buschzäune gesetzt, um den treibenden Sand festzuhalten, damit sich die Dünen langsam wieder aufbauen können. Hier im Westen, wo einst drei Dörfer untergegangen sind, ist Juist am stärksten bedroht. Im Gegensatz zu den anderen Inseln hat es aber den Vorteil, dass der Wind in manchen Jahren auch neue Sandmassen heranweht oder sich ein Sandrift von draußen an den Strand heranschiebt.

In den vergangenen Jahren musste der Bereich zwischen Bill und Westende allerdings mit Sand aufgefüllt und durch Halmanpflanzungen befestigt werden. Richtung Westen schweift der Blick hinüber nach Borkum mit seinen hohen Türmen.

Insel Memmert

Reiseatlas: S. 232, B2

Von Juist nur durch die Juister Balje getrennt, liegt die Vogelschutzinsel **Memmert** mit dem stillgelegten Leuchtturm und dem einsamen Haus des Vogelschutzwarts, das wegen der Westwanderung der Insel (seit 1750 ist die Westflanke bereits um 2 km nach Osten versetzt worden) schon zweimal inselwärts verlegt werden musste. Vor 400 Jahren war auf Karten im Gebiet der heutigen Insel nur freier Seeraum verzeichnet. Zu Beginn des 17. Jh. taucht der Name Memmert das erste Mal in Verbindung mit einem Sandhaken an der Insel Juist auf. Dieser hatte sich gegen Ende des 19. Jh. von Juist gelöst und soweit erhöht, dass mit der ersten Pflanzenansiedlung die Dünenbildung einsetzen konnte.

Als der Juister Lehrer und Naturschutzpionier Otto Leege 1888 das erste Mal die etwa 10 ha große Sandplate betrat, zählte er dort sechs Pflanzenarten. Durch Anpflanzungen von Strandhafer und den Bau von Sandfangzäunen förderte er die natürliche Dünenbildung. 1907 wurde auf Memmert eine Vogelschutzkolonie eingerichtet, 1924 wurde die Sandbank zum Naturschutzgebiet erklärt, das, vom Fremdenverkehr weitgehend unbeeinträchtigt, als Brut und Rastplatz für Vögel besonders wertvoll ist.

Goldfischteich

Reiseatlas: S. 233, D1

Noch vor 300 Jahren befand sich das Ostende von Juist etwa dort, wo heute das Ostdorf endet. Seither ist die Insel um mehr als 4 km gewachsen. Erste Etappe auf dem Weg Richtung Osten ist der in einem windgeschützten Dünental gelegene **Goldfischteich,** eine Viertelstunde Spazierweg vom Dorf. Das lang gestreckte Gewässer, das von einem kleinen Wäldchen umgeben ist, wurde zu Beginn des 20. Jh. angelegt. In der Bill im Westen der Insel wurden Samen schöner Blütenpflanzen wie Weidenröschen, Ginster und Grasnelken gesammelt und in der Umgebung des Teiches ausgesät. Im Zweiten Weltkrieg verschwand die liebvoll gehegte, mittlerweile üppig blühende Pracht um den Goldfischteich. Auf Juist wurden Flak-Einheiten stationiert, Bäume und Sträucher mussten Geschützständen und Baracken weichen. Die allerletzten Büsche fielen in dem harten Winter nach Kriegsende, als Heizmaterial knapp war, der Axt zum Opfer. Erst durch die Neuanpflanzung von Zwergkiefern, Holunder, Birken, Sanddorn und Pappeln wurde die Idylle wieder hergestellt. Die befestigten Wege um den Teich, auf dem sich Schwäne und Enten tummeln, laden mit vielen Ruhebänken zu erholsamen Spaziergängen ein.

Zum Ausflugslokal **Wilhelmshöhe** gelangt man entweder auf einem schmalen Fußpfad, der sich durch die Dünen schlängelt, oder aber auf der gepflasterten Flughafenstraße, auf der neben den Radfahrern auch die Pferdefuhrwerke Richtung Flughafen unterwegs sind. Das Café liegt auf einer fast 20 m hohen Düne, von der sich ein weiter Rundblick bietet: über die weiße Dünenkette zum offenen Meer im Nor-

den und den grünen Heller zum Watt im Süden.

Kalfamer

Reiseatlas: S. 233, F1
Die Fahrstraße zum Flughafen verläuft an der Grenze zwischen den bis zu 18 m hohen grauen Dünen und dem flachen, von schnurgeraden Entwässerungsgräben durchzogenen Heller mit seinem reichen Vogelleben. Dieses Gebiet steht unter Naturschutz und darf das ganze Jahr über nicht betreten werden. An sonnigen Sommerwochenenden, wenn fast ohne Unterlass kleine Propellermaschinen starten, ist der Geräuschpegel erheblich: Mit 40 000 Starts und Landungen pro Jahr liegt Juist, was die Flugbewegungen angeht, in Niedersachsen an zweiter Stelle hinter Hannover-Langenhagen.

Am Flugplatz vorbei führt der Wanderweg zum **Kalfamer,** dem Ostende der Insel. Dieser seltsame Name stammt aus dem Friesischen: *Kalv* bedeutet Kalb, *Hammer* niedrig gelegene feuchte Wiese, also Kalf-Hammer – Kalfamer = Kälberwiese. Um die auf dem Kalfamer rastenden oder brütenden Vogelarten wie die vom Aussterben bedrohte Zwergseeschwalbe nicht zu stören, ist nur ein kleiner Bereich des Ostzipfels das ganze Jahr über zugänglich. Ein grün markierter Wanderpfad führt in einem weiten Bogen um die Ostbake herum und zweigt dann Richtung Norden zum Strand ab. Der nicht gekennzeichnete Pfad um die Südostseite des Kalfamers ist – von gelegentlichen Führungen abgesehen – nur in der Zeit von November bis

Auf dem Weg zum Kalfamer

März freigegeben und dann auch nur bei Niedrigwasser begehbar. Am Ostende der Insel fällt das Ufer verhältnismäßig steil zum Norderneyer Seegatt ab. Am Horizont zeichnet sich die blendendweiße Skyline von Norderney gegen den Himmel ab.

Vorwahl: 0 49 35.
Postleitzahl: 26571
Auskunft: Kurverwaltung Juist, Postfach 1464, 26560 Juist, **Kataloganforderung:** 809 106 und 107, Fax 80 92 33.
Zimmernachweis/Zimmervermittlung: Tel. 80 92 22; **Töwerland-Service:** Tel. 80 91 05, www.juist.de.

Die **Töwer-Card,** eine Service-Karte in Form einer Chipkarte, ersetzt das Fähr- oder Flugticket wie auch die Kurkarte. Vorbestellung im Internet unter www. juist.de, Menüpunkt ›Service-Töwercard‹. Von April–Okt. wird das Info-Journal ›De **Strandlooper**‹ herausgegeben. Es gibt Auskunft über laufende Veranstaltungen, Badezeiten usw.

Hotel Achterdiek: Wilhelmstraße 36, Tel. 80 40, Fax 17 54, www. hotel-achterdiek.de. First Class-Hotel in ruhiger Lage hinterm Deich zum Wattenmeer, mit Hallenbad, Saunen, Solarium, Beautyfarm und Kinderspielraum. Hotelhalle mit offenem Kamin. Zimmer und Suiten, 130–185 € pro Pers.; im Restaurant ›Gute Stube‹ vorzügliche, hochgelobte Küche.

Strandhotel Kurhaus Juist: Strandpromenade 1, Tel. 91 60, Fax 91 62 22, www.kurhaus-juist.de. Großräumige Suiten im 1898 erbauten ›Weißen Schloss am Meer‹, Nordseite mit Blick zum Meer, Südseite mit Wattenmeer-Aussicht, Sauna, Wellness- und Fitnessbereich, Thalasso-Kur-Verfahren mit Meerwasser. Für die Kleinen gibt es den Kindertreff, Übernachtung pro Pers. 87–160 €.

Gästehaus Weberhof: Dünenstr. 13 b, Tel. 244, Fax 82 55, www.weberhof-juist. de. Schön, ruhig und zentral. Übernachtung mit Frühstück 68–88 €, reetgedeckte Ferienhäuser für 4–5 Pers. 205–220 €.

Haus AnNatur: Dellertstr. 14, Tel. 918 10, Fax 12 36, www.annatur.de. Die beste Chance auf Juist, etwas für sich zu tun: Vollwertkostpension, Nichtraucherhaus. Gesundheitsseminare, Naturkosmetik. Übernachtung pro Pers. im EZ, DZ oder Wohnstudio im Junge-Leute-Nest unterm Dach 78–98 €. Ferienwohnung für Familie mit 1–3 Kindern 208–268 €, alle Preise inkl. Halbpension.

Villa Charlotte: Wilhelmstr. 9, Tel. 216, Fax 17 90, www.villacharlotte.de. Kinderfreundliches, zentral gelegenes Haus mit Elternkind- und Doppelzimmern, 47–54 € pro Pers., Babysitter, Strandspielzeug, alle Preise inkl. Halbpension.

Café Wilhelmshöhe: Flugplatzstr. 21, Tel. 249, Fax 91 41 20. Sehr einfache Zimmer mit Dusche und WC in traumhafter einsamer Lage mit Blick auf beide Meere, 25–35 €, im Winterhalbjahr geschlossen.

Jugendherberge: Loogster Pad 20, Tel. 929 10, www.jugendherberge.de. Im Loog, 294 Betten, 4 Familienzimmer, Jan.–Okt.

Camping und Zelten ist auf Juist nicht möglich.

Restaurants und Cafés

›**Weißer Saal**‹ im Strandhotel Kurhaus Juist, Strandpromenade 1, Tel. 91 60, ab 18 Uhr. Regionale Spezialitäten in edler Umgebung, ab 16 €.

Restaurant Garbeljürge: Gräfin-Thedu-Straße 3, Tel. 10 07. Hochgepriesenes Kellerrestaurant, Fisch- und Lammspezialitäten vom Feinsten, frische Hummern und Austern aus hauseigenen Seewasserbecken, leckere Desserts, ab 11 €, keine Vorbestellung möglich.

Lütje Teehuus: Siehe Tipp S. 79.

Café Baumann's: Am Kurplatz, Tel. 99 02 33. Hier am Kurplatz kommt man immer mal vorbei, Kaffee, Kuchen, aber auch kleine Speisen, 4–11 €, Wein und Bier.

Eiscafé Valentino: Wilhelmstraße 11, Tel. 17 16. Typisch italienisch: selbst gemachtes Eis, nicht nur die Kinder genießen die freundliche Bedienung.

An der Promenade

Strandhalle: Strandpromenade 3, Tel. 80 54 80. Von morgens bis abends durchgehend warme Küche, eigene Konditorei, Pfannkuchen, Salate, Pasta, Fisch, 6–18 €. Windgeschützte Sonnenterrasse zum Meer und eine Spielecke für Kinder.

Ausflugslokale

Domäne Loog: Tel. 12 50, Do Ruhetag: Café/Restaurant am Loog-Westrand. Leckere gefüllte Lammkeule, ganze Flugenten auf Bestellung, Hauptgerichte 9–15 €.

Domäne Bill: Siehe Tipp S. 88.

Im Osten

Flughafen-Restaurant: Tel. 92 14 14, Selbstbedienungsrestaurant mit großer Südterrasse und Blick über den Flugplatz zum Wattenmeer, Pasta ab 6,50 €, Fisch und Fleisch 9–17 €.

Café Wilhelmshöhe: Flughafenstr., Tel. 249, Di Ruhetag (außer Juli und Aug.). Einfach eingerichtetes Ausflugslokal ohne

Domäne Bill

Das beliebteste Ausflugslokal der Insel, berühmt für frisch gebackenen Rosinenstuten. Bei gutem Wetter muss man lange für ein kühles Bier anstehen. Die Kinder können unterdessen die Kutschpferde streicheln, die auf die Rückkehr zum Dorf warten. Mi ist Ruhetag; damit niemand den Weg gen Westen ›umsonst‹ macht, sind die Öffnungszeiten der Domäne Bill auf einem Schild am wattseitigen Weg angeschlagen.

besondere Küche im Osten der Insel, Kaffee, Kuchen und kleine Gerichte.

 Börnie: Wilhelmstr. 57, Tel. 7 37, Applewoi und Weizen vom Fass, Di Ruhetag.
Die Spelunke: am Kurplatz, Tel. 3 19.
Die Welle: Wilhelmstraße 13, Tel. 16 72, Kneipe im Keller des Hotel Bracht, hausgemachter Sanddornsaft.
Disco: Giftbude, von den Einheimischen Zappel genannt, Strandpromenade 7, Di–So ab 23 Uhr, im Winterhalbjahr geschlossen (Ausnahme Weihnachten und Neujahr), viele Veranstaltungen z. B. Beach Party, Popcornparty, Oldieparty, Singleparty …, am Wochenende Eintritt.
Jugenddisco im Haus des Kurgastes jeden Freitag 19–22 Uhr, Eintritt frei.

 Öffentliche Büchereien: der kath. Kirche, April–Okt. Mo, Do 16–18 Uhr; im Loog, Loogster Huus, April–Okt. Mo, Do 16–17.30 Uhr.
Kino: Insellichtspiele auf Juist, Friesenstr. 24, Tel. 6 77. In der Saison tgl. 3–5 Vorstellungen.

 Ausflüge: Mit dem Schiff zu den Nachbarinseln Borkum, Norderney und Baltrum, zu den Seehundsbänken, auf Krabbenfangfahrt. Info: Reisebüro Kiesendahl, Strandstr. 2, Tel. 91 40 80.
Kutschfahrten: Ausflüge mit der Einzelkutsche zur Domäne Bill, zum Küstenmuseum und Hammersee, Inselrundfahrten usw. Fuhrbetriebe sind: Reit- und Kutschbetrieb Heyken, Fuhrmannshof Kannegieter, Tel 4 98, Tel 6 64; Fuhrunternehmen Murnier, Tel 3 92; Fuhrbetrieb Schwips, Tel 4 03.
Führungen: ›Über die Insel mit Poppy‹, geführte Fahrradtour, Dauer ca. 2 Std., im Sommerhalbjahr Mi ab 10.30 Uhr, Treffpunkt ev. Kirche, Auskunft Tel. 91 10 00.
Wattwanderungen mit Heino und Ino Behring: Nicht nur Wissenswertes über Wattwurm und Wattenmeer, sondern auch über die Insel, ihren Alltag und Geschichte, Tel. 911 40.

Bade- und Strandleben

Von jedem Punkt der Insel erreicht man Sandstrand in fünf bis zehn Minuten. Auf Juist gibt es keinen FKK-Strand, auch keinen ausgewiesenen Hundestrand.
Strandkörbe und Strandzelte kann man direkt am Badestrand mieten, Vorbestellungen sind nicht möglich.
Im Kurmittelhaus auf der Düne ist das **Meerwasser-Erlebnisbad** ›mit Aussicht auf zwei Meere‹ untergebracht, mit großer Rutsche sowie Solarium, Café usw. Tgl. geöffnet.

Drachen: Es gibt zwei ausgewiesene Strandbereiche zum Drachensteigenlassen: Ca. 800 m östlich des Ostbades sowie im Loog zwischen den Strandaufgängen Siedlung und Loogbad. Im Juli findet ein großes Drachenfest statt.
Reiten: Juist ist eine Pferdeinsel. Ab Osterferien bis Ende Okt. geführte Strandausritte, Unterricht in der Reithalle,

Kannegieter, Flugplatzstr. 13, Tel. 4 98; Strandausritte, Ponyreiten, Kinderkurse (mit Reiten, Spielen, Verkleiden und Lernen): Heyken, Tel. 664.

Tennis: Tennisschule Laux, Tel. 528, Fax 588, www.tennislaux.de, 5 Kunstrasenplätze, Gruppen- und Einzelunterricht für Erw. und Kinder, Schläger- und Schuhverleih, im August Bäderturnier.

Wassersport: Windsurfen, Windsurfschule; Grundkurse und Kite-Surfen im Juli und Aug., Info: Nordseehotel Freese, Tel. 80 10.

Kinder: Sowohl im Loogster Huus im Loog als auch im Haus des Kurgastes sind Spielzimmer vorhanden, dort ebenfalls Tischtennis, Pool-Billard. In den Ferienzeiten Kinderprogramm am Strand, direkt am roten Turm (Rettungsturm Nr. 2, unterhalb des Meerwasser-Erlebnisbades).

Spielverleih: In der Servicestelle des Rathauses kann man gegen Vorlage der TöwerCard Spiele ausleihen.

Flug: Im Sommer bis zu 10 x tgl. von Norddeich nach Juist. Zu allen Ankunfts- und Abflugzeiten in Juist Pferdebusanschluss, Buchung: Flughafen Norden-Norddeich, Tel. 0 49 31/933 20, günstige Kombi-Tickets Schiff-Flug, s. auch S. 218.

Bahn: Die Züge fahren direkt bis Norddeich-Mole, dem Fährhafen. Vom Bahnhof bis zur Fähre sind es nur ein paar Schritte. Info s. auch S. 217.

Fährverbindung: Ab **Norddeich** 1–2-mal pro Tag, tideabhängiger Fahrplan, daher täglich zu verschiedenen Zeiten. Tagesfahrten sind alle 14 Tage möglich. Fahrzeit ca. 90 Min. Auskunft: Frisia, Aktiengesellschaft Reederei Norden-Frisia, 26506 Norden, Tel. 0 49 31/98 70, Fax 987 11 31; auf Juist Tel. 910 10, Fax 91 01 14 34, www.reederei-frisia.de.

Gepäck: Gepäckzustellung bzw. Abholung erfolgt durch den Gepäckdienst Fuhrmannshof Kannegieter, Flugplatzstr. 13, Tel. 12 35. Bei der Abreise muss man den Gepäckdienst mindestens 24 Std. vorher bestellen.

Bei Ankunft der Fähre auf Juist stehen private Gepäckträger bzw. der Pferdebus (Mitte Juni–Mitte Sept.) am Hafen (privater Gepäckdienst: Rufus Handschuh, Tel. 9 18 40).

Parken: Juist ist eine autofreie Insel. Stellplätze und Garagen in Norddeich. Dem Hafen am nächsten liegen die Frisia-Garagen, 5 Min. Fußmarsch (oder Zubringerbus). Wer am Flugplatz parkt, kann sein Auto auf Wunsch zu den Frisia Groß-Garagen überführen lassen und umgekehrt. Frisia Groß-Garagen Tel. 0 49 31/9 87 11 66; Flugplatzgaragen Tel. 0 49 31/9 33 20. Bequem ist es, das Auto direkt am Kurzzeitparkplatz am Hafen einem Parkservice zu übergeben.

Fahrrad: Das Hauptverkehrsmittel auf der lang gestreckten Insel, es gibt mehrere Fahrradverleihe im Dorf, in Ostdorf und im Loog.

Ambulante Betreuung: Diakonie-Pflegedienst Tel. 91 40 16; **Ärztliche Versorgung:** Zwei Allgemeinärzte, ein Zahnarzt.

Polizei: Carl-Stegmann-Str. 1, Tel. 12 10.

Post: Friesenstr. 12.

Getränkedienst: Folgende Betriebe bieten kostenlosen Bringservice für Getränke an (Bestellung auch schon vor der Anreise möglich): Altmanns & Co, Tel. 10 90, Fax 18 26; Lebensmittel Hasbargen (Lieferung nur im Ostdorf), Tel. 10 23; Looger Koopmann, Tel. 14 38, Fax 14 24.

Internet: Im Haus des Kurgastes im Dorf gibt es ein Internet-Camp mit E-Mail-Abholdienst, auch verschiedene Computerkurse, Infos unter Tel. 9 21 96 77, www.jcamp.de.

NORDERNEY

Vom eleganten Kurplatz mit historischem Flair zum Fischerhausmuseum im Argonner Wäldchen und zur einzigen Windmühle auf den Ostfriesischen Inseln • Umrundung des vogelreichen Südstrandpolders • Baden und Sonnen an der Weißen Düne • Wanderung zum bunt bemalten Wrack an der Rattendüne

Reiseatlas: S. 234–235, A–D1

Die einstige Sommerresidenz des Hannoverschen Königshauses gilt als die Grande Dame der Nordsee. Heinrich Heine und Theodor Fontane dichteten hier, hochkarätige Politiker wie Otto von Bismarck und Fürst von Bülow frönten auf Norderney dem Glücksspiel und dem unbeschwerten Müßiggang – und machten Politik. Zwar wurde die asphaltierte Strandpromenade in den 1950er- und 1960er-Jahren ohne große Hemmungen mit modernen, kantigen Betonkästen verunstaltet, der Ort selbst mit einigen unschönen Zweckbauten angereichert, doch das Zentrum mit dem eleganten Kurhaus von 1840, dem gepflegten Kurpark und den belebten Cafés hat seinen königlichen Charme nicht verloren. Viel verblichene, doch darum nicht weniger bezaubernde Schönheit ist noch in den Biedermeiergässchen zu entdecken, in denen sich altmodische weiß gestrichene Gästehäuser mit verglasten Frühstücksveranden und stilvolle Restaurants aneinander reihen, ebenso wie in den stillen Seitenstraßen mit altehrwürdigen Krankenhäusern und prächtigen Kurheimen in solidem rotem Backstein. Eine in der Hauptsaison schier überquellende Stadt zum Bummeln, zum Sehen und Gesehenwerden und natürlich zum Konsumieren. Norderney ist berühmt für sein vielfältiges, festivalähnliches Kulturleben, das auch in der Nebensaison Besucher vom Festland auf die Insel lockt.

Inselgeschichte

Im 13. Jh. lag zwischen Juist und Baltrum die Insel *Buise,* die vermutlich während der großen Marcellus-Flut von 1362 in zwei Teile brach. Der westliche Teil wurde im Verlauf der Jahrzehnte ständig kleiner und ging in der Petri-Flut von 1651 endgültig unter, während der östliche Teil langsam an Substanz gewann. Als ›Osterende‹ wird die jüngste der bewohnten Ostfriesischen Inseln erstmalig im Jahre 1398 urkundlich erwähnt, 1549 heißt sie dann ›Norder-Nye-Oog‹ (Nordens neue Insel). Da auf dem unfruchtbaren Dünensand kaum Landwirtschaft möglich war, suchten die Inselbewohner ihren

Geschichte

Lebensunterhalt auf dem Meer, zunächst als Fischer, im 18. Jh. auch als Schiffer. Für Emder, Bremer, Hamburger, aber auch holländische Handelshäuser übernahmen sie Kauffahrten in die Nord- und Ostsee bis nach Russland. Um 1800 zählte die Norderneyer Kauffahrteiflotte etwa 50 seetüchtige Segelschiffe, deren Bemannung den vierten Teil der Insulaner umfasste, und die Norderneyer Fischereiflotte zählte 80 Kutter. In den napoleonischen Kriegen zu Beginn des 18. Jh. gingen fast alle Frachtschiffe verloren, so dass den Insulanern nach dem Friedensschluss nur die Rückkehr zum Fischfang blieb, da es billiger war, Fischkutter zu bauen als größere Frachter. In erster Linie wurde Fang auf Schellfisch und Scholle betrieben, von Bedeutung waren aber auch Kabeljau, Rochen, Steinbutt, Aal, Makrele und Seezunge. Ab Mitte der 1880er-Jahre verdrängten die in der modernen Hochseefischerei verstärkt eingesetzten Dampfschiffe die Fischkutter. Heute gibt es auf Norderney keinen einzigen Fischkutter mehr.

Die einzige Alternative war und ist der Fremdenverkehr. Bereits im Mai 1797 wurde grünes Licht für die Errichtung eines Seebades auf der idyllischen Fischerinsel gegeben. Nach einem völligen Erliegen des mittlerweile florierenden Badelebens während des napoleonischen Krieges ging es nach Kriegsende schnell wieder bergauf. Im Jahre 1819 war Norderney wieder

Charme der Gründerzeit: Hotel König

Norderney

Sehenswürdigkeiten

1 Nationalparkhaus
2 Kurplatz
3 Kurhaus/Spielbank
4 Kurtheater/Haus der Insel
5 Kaiser-Wilhelm-Denkmal
6 Georgshöhe
7 Rettungsbootmuseum
8 Fischerhausmuseum
9 Bademuseum
10 Napoleonschanze
11 Wasserturm
12 Windmühle Selden Rüst
13 Leuchtturm

Übernachten

14 Strandhotel Pique
15 Inselhotel König
16 Landhuis am Denkmal
17 Villa Felicitas
18 Haus Stefanie am Nordstrand
19 Jugendherberge
    Am Dünensender
20 Jugendherberge Norderney

Essen und Trinken

21 Restaurant Lenz
22 Old Smuggler
23 De Leckerbeck
24 Zur Mühle
25 Landhuis am Denkmal
26 Central-Café
27 Café Marienhöhe
28 Surfcafé
29 Milchbar am Meer
30 Giftbude
31 Meierei
32 Weiße Düne
33 Café Oase

Staatsbad, das vor allem nach der Eröffnung der Spielbank im Jahre 1822 die feine Gesellschaft aus ganz Europa anzog. Einen großen Aufschwung nahm das ehemalige Fischerdorf, als anno 1836 der hannoversche Kronprinz und Herzog von Cumberland, der spätere König Georg V., seine Sommerresidenz nach Norderney verlegte.

Norderney

Reiseatlas: S. 234, A1/2

Norderney ist die urbanste und meistbesuchte Ostfriesische Insel. 6200 Einwohner sind hier mit erstem Wohnsitz gemeldet. Rund 300 000 Gäste und über 3 Mio. Übernachtungen zählt man pro Jahr, an sonnigen Sommerwochenenden herrscht Gedränge auf der Insel. Spätestens dann nerven die Autos, die – obwohl in ihrem Bewegungsdrang streng gegängelt – zu Tausenden auf die Insel geschifft werden. Kein Pferdegetrappel bei der Ankunft, Busse und Taxis stehen für die Ankommenden bereit.

Vor der Fahrt in die Stadt (oder aber vor der Rückreise) lohnt ein Besuch im hervorragend ausgestatteten **Nationalparkhaus Norderney** [1], nur ein paar Meter vom Anleger entfernt. Mit einer Dauerausstellung, einem Strandaquarium und einem in der Saison alle halbe Stunde gezeigtem Film über das Wattenmeer erhalten auch Kinder einen Einblick in die spannende Welt des Wattenmeeres mit seinen vielfältigen Lebensräumen (Am Hafen 1, Tel. 20 01, www.nationalparkhaus-norderney.de).

Kurplatz

Unbestrittener Mittelpunkt von Norderney ist der **Kurplatz** [2] mit seinen blendendweißen Prunkbauten aus der Gründerzeit der Insel. Glanzpunkt ist das 1840 im klassizistischen Stil errichtete Konversationshaus, heute das **Kurhaus** [3] mit seinem eleganten, von Säulen gesäumten Laubengang. Es beherbergt seit 1978 die Spielbank der Insel, in der man sich im Winter allerdings mit Spielautomaten zufrieden geben muss; nur in der Saison rollt die Roulettekugel. Für Georg V. und fürstliche Gäste entstand das ›Große Logirhaus‹, heute das Kurhotel. Im 1890 erbauten **Kurtheater** [4] neben dem ›Haus der Insel‹ gibt die Landesbühne Niedersachsen-Nord regelmäßig Gastspiele. Hinter dem modernen Eingangsvorbau, der auch für Kunstausstellungen genutzt wird, verbirgt sich ein wunderschönes altes Hoftheater mit roten Kordsamtsesseln, Logen und zweigeschossigen Rängen (keine Besichtigung möglich, nur zu Veranstaltungen geöffnet).

Strandpromenade

Vom ›Haus der Insel‹ führt der Herrenpfad Richtung Strandpromenade. An der Kreuzung zur Knyphausenstraße, direkt neben der katholischen Kirche St. Ludgerus, stößt er auf das imposante, 1898 errichtete **Kaiser-Wilhelm-Denkmal** [5], von den Norderneyern schlicht ›Klamottendenkmal‹ genannt. Die 13 m hoch aufragende Pyramide, die an die Gründung des Deutschen Reiches im Jahr 1871 erinnert, besteht aus rohen, unterschiedlich großen Steinblöcken, die von 75 Städten aus dem gesamten Deutschen Reich nach Norderney geschickt wurden. Einige der grauen Quader entstammen historischen Bauwerken wie dem Frankfurter Römer. Das Denkmal zierte einst eine Büste Kaiser Wilhelms, an seiner Stelle breitet heute eine weiße Möwe ihre Schwingen aus.

Nördlich des Zentrums, an der Strandpromenade, bietet sich von der **Georgshöhe** 6, benannt nach König Georg V., ein schöner Rundblick über Stadt, Meer und Promenade. Diese und das Deckwerk wurden in den letzten Jahren auf einer Länge von 5 km im Norden und im Westen erneuert, erhöht und verstärkt: Im Gegensatz zu früher wurden schöne Naturmaterialien wie Granit und Sandstein verwendet.

Zwischen **Strandpromenade** und der parallel verlaufenden Kaiserstraße erstrecken sich breite Wiesenstreifen. Die Kaiserstraße säumen überwiegend moderne weiße Hotelanlagen. Nur am Weststrand finden sich noch einige historische Bauten unmittelbar an der Strandpromenade. Dort liegt auch das kleine **Rettungsbootmuseum** 7 ›Fürst Bismarck‹ (7, April–Okt., unregelmäßige Öffnungszeiten).

Fischerhaus-
und Bademuseum

Abseits der bevölkerten Einkaufsstraßen finden sich im Süden und Osten des Zentrums noch Oasen der Ruhe. Versteckt im Argonner Wäldchen, zwischen Kurmittelhaus und Freibad, liegt das **Fischerhausmu**seum 8. Das alte Fischerhaus aus der Zeit um 1800 stand ursprünglich in der Winterstraße und wurde noch bis in die 1930er-Jahre als Wohnhaus genutzt. Das Museum veranschaulicht die Wohn- und Arbeitswelt der alten Norderneyer. Der First des Hauses, in dem mehrere Generationen zusammenlebten, trägt ein Zierbrett mit nordischen Symbolen und Runen, die vor Krankheit und Gefahren bewahren sollten. Den Mittelpunkt des Hauses bildet die große Wohnstube mit dem schönen, mit Delfter Fliesen geschmückten Kamin. Die ›Fischerwerkstatt‹ gibt Auskunft über die Norderneyer Angelfischerei und seemännische Traditionen. (Tel. 17 91, Mai–Sept. Mo–Sa 15–17 Uhr, So 10–12 Uhr, im Winterhalbjahr reduzierte Öffnungszeiten).

Im alten Freibad Am Weststrand 11 wurde das **Bademuseum** 9 eingerichtet, das die Geschichte der Reise- und Badekultur sowie die Entwicklung Norderneys vom Fischerdorf zum Nordseeheilbad zeigt. Ganzjährig gibt es Sonderausstellungen, beispielsweise die Juden auf Norderney oder Sand am Meer – Materie-Inseln-Küstenschutz über die 6 Jahre dauernden Baumaßnahmen zur Erhöhung und Verstärkung des Uferschutzwerkes auf Norderney, die 2007 abgeschlossen wurden (www.museum-norderney.de, Di–So 11–16 Uhr).

Napoleonschanze

Von der Janusstraße führt ein geruhsamer Spazierweg durch eine grüne, mit vielen Bänken versehene Parkanlage zum Schwanenteich und zur **Napo-**

HEILKRÄFTE DER NORDSEE

Als Dame und Herr, keusch voneinander getrennt und in Badekarren vor frechen Blicken geschützt, erstmals ihre entblößten Zehen in das salzige Nass der südlichen Nordsee hielten, war schon beträchtliche Überzeugungsarbeit für die Gründung eines deutschen Seebades geleistet worden. Den Weg bereitet hatten Philosophen wie Jean-Jacques Rousseau, der im 18. Jh. die Rückkehr zum einfachen Leben in Naturverbundenheit propagierte, und Johann Wolfgang von Goethe, der ausgerufen hatte: »Das freie Meer befreit den Geist!«

Zu den wirkungsvollsten Argumenten für die Errichtung eines Seebades zählten die Heilkräfte der Nordsee. In einem Schreiben an den Preußenkönig Friedrich den Großen plädierte Pastor Otto Christoph Janus, der von 1771 bis 1789 auf Juist wirkte, für die Einrichtung eines Inselbades: »Es ist bekannt, dass die Seeluft immer mit den feinsten Salzteilen angefüllt ist, welche den menschlichen Körper sowohl durch Einhauchen als auch von außen durchdringen und durch ihre auflösende Kraft das Unreine aus demselben wegschaffen können.« Sein Anliegen wurde höflich beantwortet, aber entschieden abgewiesen. Mehr Gehör fand der Göttinger Philosoph und Mathematik-Professor G. C. Lichtenberg (1742–99), der auf mehreren Reisen das englische Badeleben kennen gelernt hatte. In zahlreichen Zeitungsartikeln forderte er die Einrichtung eines Seebades in Deutschland und unterließ es nicht, immer wieder darauf hinzuweisen, dass auch die englische Königsfamilie das Badeleben wohl zu schätzen wisse. Am 17. Mai 1797 genehmigten die ostfriesischen Landstände 5000 Reichstaler zur Anschaffung einiger Badekutschen und zum Bau eines Badehauses, »da man sich allseits überzeugt hält, dass ein Seebad bei verschiedenen Krankheiten sehr vielen Nutzen leistet, auch selbst hiesige Eiländer den wohltätigen Einfluss der Seebäder auf die Gesundheit bereits aus Erfahrung kennen gelernt haben, da ferner nach Anlegung eines Seebades die kostbaren Reisen nach ausländischen Seebädern … erübrigt sein können …«. Das Argument der Kostenersparnis zählt im Zeitalter der Dumpingpreise für Fernreisen nicht mehr, immer noch aber besteht die heilende Kraft des Nordseeklimas und der Natur. Wind, Wellen und Sandstrand machen nach wie vor den eigentlichen Reiz eines Inselurlaubs aus.

Verglichen mit heute nahm das Badevergnügen in der Frühzeit des Badetourismus einen geringen Raum ein. Es gab einen Strand für die Damen, der streng von dem der Herren getrennt war (daran erinnern noch die Straßennamen wie Herrenpfad und Damenpfad). Die teilweise über 1000 trennenden Meter durften von niemandem betreten werden. Dabei hätte es kaum etwas zu entdecken gegeben. Die Badekleidung unterlag strengen Vorschriften, die Badenden mussten ein dunkles Kostüm tragen, das den ganzen Körper bis zum Knie bedeckte.

Zum Baden wurden Karren, die an einer Seite offen waren, ins Wasser geschoben. Im Schutz aufgezogener Segel oder Markisen ließen sich die Herren auf die

Knie fallen und zwei bis drei Wellen über sich ergehen, während die Frauen in Form eines artigen Hofknickses in die Fluten tauchten. Man tat es nicht um des Spaßes, sondern um der Gesundheit willen. Aus diesem Grund wurden auch warme Seewasserbäder in Wannen sowie häusliche Abreibungen mit Salzwasser angeboten. Erst im Juli 1899 wurde per Erlass der ›Familienbadestrand‹ eingeführt. Nun durften Kinder und Eltern zur gleichen Zeit am selben Strand spielen, Sandburgen bauen und gemeinsam in den Strandkörben sitzen, die Anfang der 1890er-Jahre zum Schutz gegen Wind und Sonne entwickelt worden waren.

leonschanze ⑩. In der frei zugänglichen militärischen Anlage aus den napoleonischen Kriegen, als auf Norderney etwa 200 bis 300 französische Soldaten stationiert waren, werden seit
1912 evangelische Freiluft-Gottes-
dienste abgehalten. Das Gotteshaus
besteht bis auf einen bescheidenen Al-
tar nur aus dem baumbestandenen,
von Wällen umgebenen Innenraum der
Schanze. (Die Gottesdienste finden bei
gutem Wetter zwischen Juni und August jeden Sonntag morgen statt.)

Nordöstlich der Schanze ragt der
42 m hohe **Wasserturm** ⑪ auf. Der
schlichte Bau aus rotem Backstein ist
eines der Wahrzeichen der Insel (keine
Innenbesichtigung möglich). Von der
Napoleonschanze führt die Mühlenstraße nach Süden in wenigen Minuten
zu einer reetgedeckten einstöckigen
Windmühle ⑫, der einzigen auf den
Inseln. Sie war 1862–1962 in Betrieb
und trägt den sinnigen Namen ›Selden
Rüst‹ (›Selten Ruhe‹). Heute beherbergt
sie das gemütliche und immer gut besuchte Restaurant ›Zur Mühle‹.

Ausflüge

Der Nationalpark

Reiseatlas: S. 234, B1–235, D1
In Anbetracht der langen Touristentra-
dition verfügt Norderney über eine bemerkenswert intakte und artenreiche
Natur. Das dicht bebaute, im äußersten Westen von Norderney gelegene
Stadtgebiet nimmt etwa ein Sechstel
der Insel ein. Einer Ausbreitung der
Stadt nach Osten sind gesetzliche

Grenzen gesetzt: Östlich der alten
Meierei darf nicht mehr gebaut werden.
Wie auf den anderen Inseln prägen
ausgedehnte Dünengürtel, Salz- und
Strandwiesen die Landschaft.

Von der Stadtgrenze bis etwa zur Inselmitte erstreckt sich die Zwischenzone des Nationalparks, in der – mög-
lichst dezent in die Dünenlandschaft
eingebettet – die Jugendherberge, einige Campingplätze, Ausflugslokale, ein
Hotel, der Flughafen und der Leuchtturm zu finden sind. Der 1872 fertig gestellte **Leuchtturm** ⑬ ist mit 54,6 m
das höchste Gebäude der Insel. Nach
253 Stufen kann man den fantastischen
Rundblick genießen (Mai–Okt. tgl., unregelmäßig geöffnet lt. Aushang).

Am Parkplatz Ostheller endet die
Auto- und Kutschstraße, hier beginnt
die Ruhezone des Nationalparks, die
fast die Hälfte der Insel einnimmt. Zur
Ruhezone gehört neben der Ostspitze
der Insel auch der **Südstrandpolder,**
ein von Wasserflächen durchzogenes
Vogelschutzgebiet östlich des Hafens.
Ursprünglich sollte auf diesem 140 ha
großen Gebiet, das erst 1940/41 eingedeicht und aufgespült wurde, ein Mi-
litärflugplatz entstehen. Er wurde nie
fertig gestellt, das Areal lag zwei Jahrzehnte lang brach. In dieser Zeit entwickelte sich ein einzigartiger Lebensraum für Pflanzen und Tiere. Bereits
1961 unter Naturschutz gestellt, wurde
der Südstrandpolder 1986 Teil des Nationalparks. Durch zunehmende Ver-
buschung von der Verlandung bedroht,
verlor der Polder jedoch immer mehr
seine Bedeutung als Brut- und Rast-
revier. 1987/88 gelang es, durch Sandentnahme, die Anlage neuer Teiche mit

Flachwasserzonen und eine vorsichtige Entbuschung die ursprüngliche Bedeutung des Polders für die Seevögel wieder herzustellen. Über 40 verschiedene Vogelarten, darunter Nachtigallen, Rohrdommeln, Wasserrallen und Teichrohrsänger, brüten hier. Auch eine Vielzahl rastender Enten-, Gänse- und Watvögel findet in dem von Schilf und Sträuchern bestandenen Schutzgebiet Nahrung. Das Betreten des Südstrandpolders ist verboten. Einen schönen Einblick in das Vogelparadies erhält man aber von dem etwa 4,5 km langen Wanderweg, der auf dem Deich um das Gelände herumführt. Von der Schutzhütte im südwestlichen Bereich lassen sich auch bei schlechtem Wetter die Vögel vortrefflich beobachten.

Heller

Reiseatlas: S. 234, C1

Der **Ostteil der Insel** mit seiner noch weitestgehend natürlichen Dünenlandschaft ist nur zu Fuß zu erkunden. Südlich des ausgedehnten Sandstrands schließen sich weiße und graue Dünen an. Einmalig auf den Ostfriesischen Inseln sind die durch Windausblasungen entstandenen, zum Teil bis auf Grundwasserniveau ausgepusteten Dünentäler, in denen sich Süßwasser gesammelt hat. In den Dünen brüten neben verschiedenen Möwenarten auch die Brandgans und der Große Brachvogel. Südlich des Dünengürtels erstrecken sich weite Salzwiesen bis ans Watt. Der vogelreiche **Heller** liegt außerhalb der schützenden Deiche und kann bei Sturmfluten überspült werden. Die Salzwiesen bilden ein wichtiges Brut-

Das Wrack an der Rattendüne

Ein viel besuchtes Wanderziel am sandigen Ostende der Insel. Das von Wind und Wellen angenagte Wrack ist der klägliche Rest eines Muschelbaggers, der 1968 bei dem Versuch, ein auf der Sandbank festsitzendes Schiff freizuschleppen, unrettbar strandete. Das liegen gebliebene Schiff aber konnte sich später selbst befreien.

gebiet für selten gewordene Vogelarten wie den Rotschenkel. Im Herbst begegnet man bei Wanderungen riesigen Schwärmen von Austernfischern, Alpenstrandläufern, Großen Brachvögeln, Brandenten und Silbermöwen.

Vorwahl: 0 49 32.
Postleitzahl: 26548.
Staatsbad Norderney GmbH: PF 1355, Tel. 89 1-0, Fax 89 11 22, www.norderney.de.
Service-Center: Am Kurplatz 3. Hier gibt's alle wichtigen Infos. In einem Gebäude befinden sich neben Verwaltung von Stadt und Staatsbad Norderney sowie Fundbüro folgende Einrichtungen:
NorderneyCard-Service-Stelle: Tel. 8 91-1 31, -1 32, ncservice@norderney.de.
Reisebüro Norderney: Tel. 8 91-1 54 und -1 55, info@reisebuero-ney.de, u. a. Verkauf von Schiffsausflugsfahrten.
Urlaubsservice-Vorbestellungen: Tel. 8 91-1 80, vorbestellung@norderney.de.
Veranstaltungsbüro: Tel. 8 91-1 80.
Zimmervermittlung: Tel. 8 91-3 00, Fax 89 13 20, zimmervermittlung @norderney.de. Gemeinsame Faxnummer 89 11 35.

BISMARCK AUF NORDERNEY

Im Sommer 1844 hat der damals neunundzwanzigjährige Gutsherr Otto von Bismarck nach fünf Jahren auf seinem pommerschen Gut Kniephof das einsame Landjunkerleben entschieden satt. Er notiert: »… ich … kämpfe mit mir, ob ich mich wieder im Staatsdienst beschäftigen oder auf weit ausschauende Reisen gehen soll. Einstweilen treibe ich willenlos auf dem Strome des Lebens ohne anderes Steuer als die Neigung des Augenblicks …« Um seiner deprimierenden Situation zu entfliehen, beschließt er, das hannoversche Seebad Norderney aufzusuchen, von dem man sich erzählt, dass dort die ganze Hofgesellschaft und viel Adel versammelt seien. Seine Tage, deren »einförmige, aber gesunde Lebensweise« er schnell zu schätzen lernt, vergehen mit Baden, Spazierengehen, Kegeln, Whistspielen, Tanzen und Jagen. In einem Brief an seine Schwester schreibt er: »Mit der See habe ich mich … sehr angefreundet; täglich segle ich einige Stunden, um dabei zu fischen und nach Seehunden und Delphinen zu schießen, von letzteren habe ich nur einen erlegt: ein so gutmütiges Hundegesicht mit großen, schönen Augen, daß es mir ordentlich leid tat.« Übermütig schildert er die Ungezwungenheit der Hofgesellschaft: »Gestern machten wir im dicksten Nebel eine Landpartie in die Dünen, kochten draußen Kaffee und späterhin Pellkartoffeln, sprangen wie die Schuljungen von den Sandbergen, und obgleich incl. Prinzessin nur vier Paare, tanzten wir, bis es finster wurde, auf dem Rasen und machten wie die Tollen bockspringende Ronden um unser Feuer …«

Bismarck, den man aus den Geschichtsbüchern nur als eisernen, strengen Kanzler kennt, gibt sich als leidenschaftlicher Genießer zu erkennen. Nicht nur die Gesellschaft liebenswerter blaublütiger Damen, sondern vor allem das Baden im Meer erfüllt ihn mit prickelnder Lebensfreude: »Wenn ich bis an die Knie im Wasser stehe, so kommt eine haushohe Welle …, dreht mich zehnmal rundum und wirft mich 20 Schritt davon entfernt in den Sand, ein einfaches Vergnügen, dem ich mich aber täglich con amore so lange hingebe, als es die ärztlichen Vorschriften irgend gestatten.«

Neun Jahre später reist Bismarck, mittlerweile preußischer Reichstagsgesandter, zum zweiten Mal nach Norderney. Es ist keine reine Urlaubsreise, ihn erwartet der hannoversche Ministerpräsident. Die unvermeidlichen politischen Gespräche verleiden ihm den obendrein verregneten Inselaufenthalt, der ihn zunehmend melancholisch stimmt. In einem Brief vom 21. August 1853 klagt er seiner Gattin: »Kalte, kahle Häuschen, Regen und wieder Regen, jeder hockt in seinem Bau ohne irgendeinen Vereinigungspunkt, und mit Ausnahme der Viertelstunde, die ich im Wasser zubringe, finde ich es so melancholisch, daß ich nicht einmal den Entschluß zum Arbeiten fassen kann, und am liebsten vom Morgen bis zum Abend im Bett liegen möchte und Romane lesen.« Wie tröstlich, dass es auch einem zukünftigen Reichskanzler so ergehen kann.

Tipps und Adressen

In der Saison wird monatlich der ›**Bade-kurier Norderney**‹ mit Veranstaltungsprogramm herausgegeben. Täglich erscheint die ›**Norderneyer Badezeitung**‹.

Strandhotel Pique 14: Am Weststrand 3–4, Tel. 939 30, Fax 93 93 93, www.hotel-pique.de. Feinste Lage am Badestrand, großzügiger Spaß- und Wellnessbereich mit Meerwasserschwimmbad, Restaurant/Café mit Seeterrasse, Übernachtung im EZ und DZ 80–134 €.

Inselhotel König 15: Bülowallee 8, Tel. 80 10, Fax 80 11 25 , www.inselhotel-koenig. de. Zentraler geht's nicht, komfortabel, luxuriös mit nostalgischem Charme, Übernachtung 70–100 €. Zum König gehört dazu: Café, Restaurant, Disco.

Landhuis am Denkmal 16: Friedrichstr. 21, Tel. 938 30, Fax 93 83 30, www.landhuis-norderney.de. Kleine, feine Hotel-Pension in der Fußgängerzone, wenige Minuten vom Strand und Stadtzentrum, Zimmer im Landhausstil eingerichtet, Übernachtung im EZ und DZ 40–75 €, Familien-Appartment bis 290 €.

Villa Felicitas 17: Damenpfad 15, Tel. 571, Fax 10 65, www.villa-felicitas.de. Wohnungen für 2–5 Personen in einer romantischen Villa in Strandnähe, 70–100 € pro Übernachtung.

Haus Stefanie am Nordstrand 18: Luciusstr. 31, Tel. 30 19, www.haus-stefanie.de. Ferienwohnungen mit seperater Küche für 2–6 Pers., 65–108 € (nur Nichtraucher, keine Haustiere), zentral und strandnah, 120 m vom Nordstrand entfernt, Mindestbuchzeit 1 Woche, ganzj.

Jugendherberge 19: Am Dünensender 3, Tel. 25 74, Fax 832 66. Mitten in den Dünen in der Inselmitte liegt die JH Dünensender (144 Betten), 1 Std. zu Fuß vom Zentrum, zum Strand nur 20 Min. (viele Jugendgruppen, daher nicht unbedingt familiengeeignet), aber wen's nicht stört …

Jugendherberge Norderney 20: Mühlenstr. 1, Tel. 84 09 00, Fax 84 04 77, www.jugendherberge.de. Das 262-Betten-Haus ist ganzjährig geöffnet. 2-, 4-, 6- und 8-Bettzimmer und Familienappartements im Dachgeschoss. 10 Min. zu Fuß zum Strand, 20 Min. Zu Fuß vom Hafen.

Camping: Camping Booken: Waldweg 2, Tel. 4 48, Fax 4 78, www.campingbooken.de, ganzjährig geöffnet. 10 Min. Fußweg ins Zentrum, 350 m zum Nord-Badestrand.

Camping Eiland: Am Leuchtturm 10, Tel. 21 84, www.camping-eiland.de. Camping auf einem bis Anfang der 1970er-Jahre bewirtschafteten Hof. 1 km nördlich vom Leuchtturm, 6 Min. Fußweg zum Strand (auch FKK), Kiosk, Mietwohnwagen.

Campingplatz Um Ost: Tel. 618 oder 710, Fax 841 55, www.campingplatz-um-ost.de. Größter Platz der Insel: auf der Südseite der Insel, Nähe FKK-Strand, ›Weiße Düne‹ und Leuchtturm. Restaurant, Kinderspielplatz und Kiosk.

Jugendzeltplatz: Am Dünensender 4, Tel. 16 14, Fax 99 18 48. Neben der Jugendherberge Dünensender liegt ein moderner Platz in den Dünen, Zelter müssen Jugendherbergsmitglieder und jugendlich sein.

Restaurant Lenz 21: Onnen-Visser-Platz, Benekestr. 3, Tel. 22 03, Di–So 17.30–23 Uhr. Hier gibt's köstliche Fischspezialitäten und Fleischgerichte, 15–22 €.

Restaurant Old Smuggler 22: Birkenweg 4, Tel. 35 68, www.oldsmuggler-norderney.de, Do–Di 11–14 und ab 17 Uhr. Das urige, maritim geprägte Restaurant hat viele Stammgäste. Große Auswahl gutbürgerlicher Gerichte von Rind, Schwein und Geflügel, fangfrischer Fisch, 12–22 €.

De Leckerbeck 23: Schmiedestr. 6: Ostfriesische Spezialitäten, die auch Einheimische zu schätzen wissen; Dicke Boh-

101

nen, Snirtjebraten, Schnippelbohnen, Labskaus, 10–20 €.

Zur Mühle 24: Marienstr. 24/Ecke Mühlenstr., Tel. 20 06, Do–Di 11–23 Uhr. Hier bleibt so mancher auf dem Weg gen Osten hängen. Nachmittags ist es fast immer voll, und wer hier abends essen möchte, sollte vorbestellen, Hauptgerichte ab 10 €.

Landhuis am Denkmal 25: Bistro, Café, Restaurant, freundlich-stilvolles Ambiente in Teak, auch schön zum Draußensitzen, netter Service, Pasta, Steaks, Fisch, Lamm ab 8 €.

Central-Café 26: Wilhelmstr. 1–3. Frühstück ab 9 Uhr, 5–10 €, Hauptgerichte 7–14 €. Ein Klassiker mitten im Zentrum, dort, wo die City am schönsten ist und es am meisten zu sehen gibt.

Café Marienhöhe 27: Siehe Tipp S. 103.

Strandlokale

Surfcafé 28: Am Januskopf 9, www.surfcafe.info, tgl 10–22 Uhr. Auf der Promenade am Übergang zum Surfstrand mit grandioser Aussicht aufs Meer. Treffpunkt für Surfer und junge Leute. Kleine Snacks, Sanddornspezialitäten, Norderneyer Seeluftschinken. Sehr verlockend: der Picknickkorb für 2 Pers. inkl. Besteck und Decke.

Milchbar am Meer 29: Damenpfad 35, www.hotel-haus-am-meer.de. Schönes, modern-klares Bistro mit Sonnenterrasse und Meeresblick, ein Top-Platz zum Sonnenuntergang. Außer Milchgetränken gibt es alles von Pasta bis Paella, ab 7 €.

Giftbude 30: Am Weststrand 2, www.giftbude.de, 11–22 Uhr. Edles und gemütliches Café-Restaurant am Weststrand. Pasta, Fisch und Fleisch 7–19 €.

Café Marienhöhe

Ausflugslokale im Osten (alle sind für Rollstuhlfahrer zugänglich)

Meierei ③: Lippestr. 24, Tel. 818 24. Kinderfreundliches Café-Restaurant am östlichen Stadtrand. Kuchen und Torten, aber auch Kräftiges wie Krabben, gefüllte Scholle, 10–22 €.

Weiße Düne ③: Am Übergang zum Ostbadestrand. Ganzjährig geöffnet, auch abends. Ein wunderbares Strand-Restaurant, hell mit viel natürlichen Materialien und freundlichen Menschen. Es gibt Beachburger und Wiener Schnitzel, aber auch Salate und köstlichen Schokokuchen mit Mandeleis, ab 9 €.

Café Oase ③: Idyllisch im Schutze der weißen Dünen am Durchgang zum FKK-Strand gelegen, immer gut besucht, Suppen, Salate ab 3,50 €, Fisch und Fleisch 7–14 €.

Kneipen und Discos

Cinema: Wedelstr. 3, www.cinemanorderney.de, tgl. ab 16 Uhr. Bistro und Bierbar, modernes, ungezwungenes Ambiente, Dart.

Möpken: Poststr. 10, www.moepkennorderney.de, tgl. 18–2 bzw. 3 Uhr. Kneipenklassiker für junge Leute, Dart, Billard, Kicker, große Auswahl an Baguettes und Salaten, auch Livemusik,gegenüber der Post, Eingang in der kleinen Passage.

Orange: Ebenfalls Poststr. 10 in der kleinen Passage, www.orange-norderney.de. Gut besuchte Kneipe.

Beach Club: Sandstr. 2, Di–So ab 21,30 bzw. 22–6 Uhr. Tanzbar auch für die Älteren, gute Cocktails, kleine Nachtküche.

Casablanca: Jann-Berghaus-Str./Ecke Poststr., im alten Postgebäude, www.hotel-am-denkmal.de, tgl. ab 17 Uhr. Tanzen in gepflegter Atmosphäre nach Oldies der 50er-, 60er- und 70er-Jahre, kleine Speisen und Salate.

Inselkeller: Am Kurtheater 2 (im Haus der Insel), www.djmuesli.de, Di–So 19–4 Uhr.

Café Marienhöhe

㉗ Ich liebe das Meer wie meine Seele, jubilierte der Dichter Heinrich Heine. Auf der Marienhöhe mit Aussicht aufs Meer dichtete er das Lied ›Am Meer‹, das von Franz Schubert vertont wurde.

Tanztreff für Jung und Alt. Hier findet auch die Miss-Norderney-Wahl statt.

Strandkorb. Bülowallee 8, schräg gegenüber vom Beach Club, www.inselhotel-koenig.de. Disco für die Jüngeren im Inselhotel König, Di–So 21.30 –5 Uhr.

 Kino: Im historischen Kurtheater, das aktuelle Programm hängt aus.

Spielbank Norderney: Im Kurhaus, Tel. 911 00, ganzjährig geöffnet mit 90 Glücksspielautomaten.

Stadtbücherei: Tel. 99 11 31, Mo, Fr 8.30–12, Di–Do 14–18 Uhr. Wegen Umbau aus dem Kurhaus übergangsweise in das Gebäude des alten Freibades am Weststrand umgezogen. Hier befinden sich auch das Kinderspielhaus und das Bademuseum.

Wattführungen: Im Inselwatt oder zum Festland mit B. Jannsen, Winterstr. 9, Tel. 21 16, www.haus-jannsen.de/services.htm. Nationalpark-Haus Norderney, Am Hafen 1, Tel. 20 01.

Badestrände: Weststrand, Nordstrand, Ostbadestrand ›Weiße Düne‹ (unbestritten der schönste) und FKK-Strand mit Strandsauna (April bis etwa Mitte Okt. 10.30–15 Uhr). Zum Ostbadestrand und zum FKK-Strand verkehren Busse ab Busbahnhof Jann-Berghaus-Str.

bade:haus norderney: Am Kurplatz, Tel. 89 10, www.badehaus-norderney.de. Erlebnisbad mit Brandungsbecken, Kinderplantschbecken, Grotten, Riesenrutschbahn (tgl. 9.30–18 Uhr) und einem großzügigen Thalasso/SPA- und Saunabereich (tgl. 9.30–21.30 Uhr.

Golf: Ein landschaftlich sehr reizvoller 18-Loch-Golfplatz; das Spielen hat allerdings so seine Tücken: Der starke Wind vertreibt so manchen gut gezielten Ball.

Reiten: Reiten, auch Ausreiten wird auf Norderney ganz groß geschrieben. Es gibt ein ausgedehntes Netz an Reiterwegen und mehrere Reitställe. Im September: Jagdreiterwoche und Springturnier. Info: Reitschule Junkermann, Tel. 9 24 10, www.reitschule-junkermann.de. Weitere Pferdhöfe Tel. 21 08 und 9 18 00.

Segeln: Segelschule Norderney, am Yachthafen, Tel. 766, www. segelschule-norderney.de. Segelschein, Sportbootführerschein, Segeltörn mit Skipper, Jüngstensegeln am Südstrand.

Wellenreiten und Windsurfen: Happy Surfschule, am Yachthafen, Tel. 648, www.surfschule-Norderney. de. Ein breit gefächertes Programm für Kids ab 7 Jahre, Anfänger und Fortgeschrittene, Station am Januskopf – »bester Wavespot Deutschlands«, Verleih von Kinderkajaks und Familienkanus, April–Sept.

Kinder: Am Weststrand steht das Kinderspielhaus ›Kleine Robbe‹, Tel. 89 11 49. Spielen und Basteln, die Kinderbetreuung (3–11 Jahre) ist mit Norderney-Card kostenlos.

 Flug: Flugplatz Norderney, Tel. 24 55. Flugauskunft s. S. 218.

Bahn: s. S. 217.

Fährverbindung: Ab **Norddeich** mit der Autofähre in der Sommersaison fast stdl. nach festem Fahrplan, Fahrzeit ca. 1 Std. Auskunft: AG Reederei Norden-Frisia, ›Haus der Schifffahrt‹, Bülowallee 2, Norderney, Tel. 91 30, Fax 913 13 10, www.reederei-frisia.de, www.norderney.de.

Parken: Norderney ist keine autofreie Insel, es ist jedoch ratsam, den Wagen auf dem Festland zu lassen. Stellplätze und Garagen in Norddeich. Dem Hafen am nächsten liegen die Frisia-Garagen, 5 Min. Fußmarsch (mit Zubringerbus). Gepäckbeförderung durch die Reederei möglich (Norddeich-Mole zum Hafen Norderney oder bis zur Inselunterkunft).

Gepäckbeförderung auf der Insel: Spedition Johann Fischer, Am Hafen 5, Tel. 601, Fax 824 60.

Autos dürfen auf die Insel. Von den Osterbis zu den Herbstferien allerdings nur eingeschränkter Verkehr in der Stadt, die in verschiedene Verkehrszonen aufgeteilt ist. Autofahrer erhalten bei der Überfahrt einen Passagierschein, der dazu berechtigt, bis 1 Std. nach der Ankunft bzw. vor der Abfahrt auch diese Zonen zu befahren. Nach dem Ausladen des Gepäcks muss man das Auto auf einem der Parkplätze am Ortsrand abstellen – Infos zum Parken erhält man auf der Fähre.

Alle wesentlichen Punkte der Insel können bequem mit dem **Bus** erreicht werden. Der Busbahnhof liegt in der Jann-Berghaus-Straße.

Für die **medizinische Versorgung** sorgen 5 Kliniken und Krankenhäuser, verschiedene Kur- und Erholungsheime, ein Dutzend Ärzte (verschiedener Fachrichtungen), ein paar Zahnärzte wie auch ein Tierarzt und zwei Apotheken.

Ambulanter Pflegedienst, Diakonie-Sozial-Station, Feldhausenstr. 3, Tel. 92 71 07.

Polizei: Knyphausenstr. 7, Tel. 92 98 0 und 110.

Post: Poststraße.

Internet: Im Winterhalbjahr im Haus der Insel, im Sommerhalbjahr im Kurhaus (kostenlose Leistung der N-Card 3 x). ›Neyland Internet-Café‹ am Kurzplatz: Hier können auch volle Kamera-Chipkarten auf CD bzw. DVD gebrannt werden.

BALTRUM

Das ›Dornröschen der Nordsee‹ ist eine Welt für sich, nicht einmal Fahrräder sind hier erwünscht • Im Osten lockt ein Eldorado für Vogel- und Naturliebhaber: das große Dünental mit schilfreichen Feuchtgebieten

Reiseatlas: S. 235, E/F1

Die kleinste der bewohnten Ostfriesischen Inseln – sie ist nur 5,5 km lang und an der breitesten Stelle knapp 2 km breit – schlummert vom Frühherbst bis zum späten Frühjahr, um im Sommer nur für ein paar Monate zu erwachen. Aber auch dann geht es ruhig zu: Das Getrappel der Pferde, die die Gepäckwagen ziehen, das aufgeregte Geschrei der Vögel im Watt, das Rauschen des Meeres, das helle Lachen eines Kindes im Bollerwagen – das ist schon fast alles, was Baltrum zu bieten hat. Nicht zu vergessen die erstaunlich vielseitigen kulturellen Darbietungen der Baltrumer Gitarrengruppe, des Shanty Chors und der Insel-Bühne.

Inselgeschichte

Erstmals taucht Baltrum in Widzel tom Brooks Urkunden (s. S. 32) aus dem Jahre 1398 auf, dort allerdings unter dem Namen *Balteringe.* Die Herkunft des Namens ist unbekannt. Er könnte auf eine ringförmige Kultstätte des Sonnengottes Balder hinweisen, wie sie beispielsweise auch auf Helgoland nachzuweisen ist. Möglicherweise ist

Baltrum einfach dem Ortsnamen Berum zuzuordnen – Baltrum gehörte früher zum Amt Berum.

Um 1650 hatte Baltrum noch eine Länge von rund 8 km. Seither ist die Insel erheblich geschrumpft. Während sich das Westende von 1650 bis 1960 um 4,5 km nach Osten verlagert hat, ist das Ostende nur etwa 1,5 km in die gleiche Richtung gewandert. Der Grund für diese da dynamische, dort verhaltene Wanderung liegt in der Begrenzung der Insel durch strömungsstarke Seegats. Der abtragende Seestrom zwischen Norderney und Baltrum führt unmittelbar am Westende der Insel vorbei, das Seegat zwischen Baltrum und Langeoog strömt direkt an ihrem nunmehrigen Ostende und begrenzt hier die weitere Ausdehnung.

Aus Baltrums früher Geschichte ist wenig bekannt. Die großen Sturmfluten im 17. und 18. Jh. rissen viel Land weg, nutzbares Weideland gab es immer weniger. Um 1738 zählte der Baltrumer Viehbestand ganze drei Pferde, sechs Kühe, zehn Schafe und einige Lämmer. Unter dem Eindruck der furchtbaren Sturmflut von 1745 bat C. A. Heinsius, Pastor, Inselvogt und Schullehrer in einer Person, angesichts der unerträgli-

105

chen Lebensbedingungen um seine Versetzung: »und bitte gehorsamst, ja inständig, sich meiner zu erbarmen und (dafür zu sorgen), daß ich von diesem wüsten, jämmerlichen und gefährlichen Ort erlöset werde, ich werde es lebenslang zu bekennen wissen … ich kann unmöglich länger hier leben noch wohnen oder Gott muß Überschwengliches an mir thun …« Anschaulich schildert er die Not der Menschen: »Die Menschen sind allhier wie grimmige Bären und wie die Wölfe vor Hunger und Kummer, weil sie ihr Brodt nicht mehr erwerben können; kein Vieh kann noch gehalten werden, die Häuser fallen ein …«

Um ihre Familien zu ernähren, fuhren viele Baltrumer zur See. Neben Fischerei und Landwirtschaft war die Gewinnung von Muschelkalk von Bedeutung. Das Dorf bestand aus drei Teilen. Im Westdorf standen sieben Häuser und die Predigerwohnung, die als Kirche diente. Zentrum der Insel war das Mitteldorf mit 14 Häusern. Im Osten lag noch eine kleine Siedlung mit vier Gebäuden. In der Nacht vom 4. auf den 5. Februar 1825 wurde Baltrum durch eine schwere Sturmflut im Bereich des so genannten Timmermanns Sloop (zwischen West- und Ostdorf) in zwei Teile gerissen. Wie durch ein Wunder konnten alle Insulaner ihr Leben retten, aber bis auf zwei Häuser wurden alle Gebäude zerstört, das Westdorf überflutet. Das ehemalige Mitteldorf wurde über Nacht zum Westdorf. Die Insulaner klaubten für den Neubeginn die kläglichen Reste zusammen. »Bald darauf bauten sie sich aus den übrig gebliebenen Trümmern ihrer Häuser

kleine Hütten auf, die kaum menschlichen Wohnungen glichen«, schreibt ein Chronist. Noch lange nach der Katastrophe blieben die Baltrumer auf Geldmittel und Sachspenden vom Festland angewiesen.

Ins Jahr 1876 fällt die Gründung des Baltrumer Seebads, 1893 eröffnete das erste Hotel. Im Sommer 1900 kamen immerhin schon 450 Gäste auf die kleine Insel, die etwa 150 Einwohner zählte. Langsam, aber sicher entwickelte sich von nun an auch auf Baltrum der Tourismus zum wesentlichen Wirtschaftsfaktor. Im Herbst 1923 unternahm der Maler Paul Klee mit seiner Familie eine dreiwöchige Urlaubsreise zur Insel. Auf der Suche nach neuen Eindrücken, Farben und Formen spazierte er stundenlang durch die Dünen, sammelte Muscheln und Treibholz am Strand und machte Skizzen. Die ›Nordseebilder‹ entstanden – insgesamt 16 Aquarelle und 3 Zeichnungen, die in seinem Werk eine eigene Stilphase ausmachen.

Baltrum

Reiseatlas: S. 235, E1
Die 500 Einwohner Baltrums wohnen in zwei ineinander übergehenden Siedlungen, dem größeren Westdorf und dem kleineren Ostdorf. Das abbruchgefährdete Westufer unmittelbar am Dorfrand ist mit einem starren Korsett aus Buhnen, Asphalt und Beton geschützt, welches die Gewalt ahnen lässt, mit der die Wintersturmfluten über die Insel hereinbrechen. Auch für Tagesgäste lohnt es sich, einmal um

Altes Fischerhaus auf Baltrum

das Westende herumzuspazieren. Hier gibt es keinen Strand, aber viele Sitzbänke laden zu Ruhepausen ein. Der Blick schweift hinüber zur sandigen Ostspitze Norderneys. Dort drüben hat man vor einigen Jahren Grundmauern entdeckt, die der ersten Baltrumer Kirche zugeschrieben werden.

Im Schutze der massiven Strandwerke fügen sich die roten, massiven Backsteinbauten des Westdorfes harmonisch in die Dünen ein. Es gibt in beiden Siedlungen keine Straßennamen, die Häuser sind chronologisch nummeriert. Die ältesten Inselhäuser tragen niedrige Zahlen, zu ihnen gehören die Häuser 5 und 6 in der Nähe der alten Kirche.

Im **Museum ›Altes Zollhaus‹** (Haus Nr. 18) werden Ausschnitte der Geschichte der Insel und Insulaner dargestellt (s. a. S. 110), Mo–Sa 10–12, 14–18, So 10–12, jeden 1. Mo im Monat bis 21 Uhr. Auf dem Weg vom Ha-

107

Inselkirche mit weit gereister Glocke

fen ins Dorf passiert man rechter Hand das **Nordseehaus** (Nr. 177), das das **Nationalparkhaus** sowie ein kleines **Inselmuseum** beherbergt. Eine Ausstellung über Flora und Fauna vermittelt Einblicke in die Lebensräume Wattenmeer, Düne und Salzwiese; ausgestopfte Vögel und Seehunde sind zu Landschaftspanoramen zusammengestellt. Naturkundliche Videofilme (darunter auch spezielle für Kinder) informieren über die Inselwelt (Öffnungszeiten und Termine siehe Aushang).

Alte Kirche

Die größte Sehenswürdigkeit Baltrums ist die **alte Kirche** (Haus Nr. 8). Das

1826 errichtete winzige Gotteshaus war noch nicht auf eine größere Zahl von Kurgästen zugeschnitten, sondern die bescheidene Kirche der armen Gemeinde, die noch jahrzehntelang an den Folgen der großen Februarflut von 1825 zu leiden hatte. Die Kirchenglocke hängt in einem schlichten Holzgerüst neben der Kirche. Sie stammt von einem holländischen Segler und hatte als Schiffsglocke gedient, bis eine Sturmflut sie an den Strand spülte. Der einfache Turm mit der weit gereisten Glocke ist als Wahrzeichen Baltrums auch in seinem Wappen abgebildet. Der Vorraum zur Kirche ist tagsüber geöffnet, durch eine Glastür kann man einen Blick auf den hübschen,

1992 restaurierten Innenraum mit rotem Klinkerboden und blauer Decke werfen. Bis zur Einweihung der neuen evangelischen Kirche 1930 wurde das kleine Gotteshaus genutzt. Neben der Kirche stand die alte Inselschule (Haus Nr. 42) von 1888, heute steht hier ein Wohnhaus. Gegenüber findet man den gelungenen Neubau eines abgebrochenen alten Inselhauses. Wie in alten Zeiten bieten das tief heruntergezogene Dach und die kleinen Fenster Schutz vor den rauen Winden.

Auf welchen Wegen man nun immer durch den Ort schlendert, irgendwann landet ein jeder beim **Kaufhaus Stadtlander** (Haus Nr. 115) gegenüber von Rathaus und Kurverwaltung. Hier bekommt man alles, was man für einen Inselurlaub braucht, von Zeitungen, über Fotoausrüstung, Bücher und Spielzeug bis zu Süßigkeiten, Tabakwaren und Badeanzügen (in der Saison auch am Wochenende geöffnet).

Katholische Kirche

Auf dem Weg ins Ostdorf passiert man die 1956/57 entstandene **katholische Kirche** (Haus Nr. 34). Das architektonisch ausgesprochen gelungene, dem hl. Nikolaus geweihte Gotteshaus umfasst einen kleinen reetgedeckten Rundbau, die Winterkirche, sowie einen offenen Vorhof mit Grünfläche und einem ebenfalls reetgedeckten Umgang, die Sommerkirche. Bemerkenswert sind die von der Künstlerin Margarete Franke ›zur Unterhaltung der Kinder‹ geschaffenen Glasfenster, die Szenen aus dem legendenreichen Leben des Heiligen Nikolaus darstellen.

Zwei befestigte Wege verbinden das West- mit dem Ostdorf. Im Jahr 1919 schon verwiesen die Baltrumer stolz auf die Schönheit des wattseitigen Wanderpfades: »Angenehm lustwandelt man auch an der Wattseite auf blütenreichem Teppich vom Westdorf nach dem Ostdorf und weiter den Dünenrand entlang …«

Ausflüge

Großes Dünental

Reiseatlas: S. 235, E1
Unmittelbar hinter den letzten Häusern des Ostdorfes gibt es nur noch Natur. Eine der schönsten Insellandschaften ist zweifelsohne das zwischen dem weißen Dünengürtel im Norden und den grauen Dünen in der Inselmitte eingebettete **Große Dünental,** das wegen des Vorkommens seltener Pflanzen und Tiere bereits 1950 unter Naturschutz gestellt wurde. Nach dem Ostdorf passiert man zunächst mehrere urwüchsig wirkende Kiefernwäldchen, die allerdings Neuanpflanzungen die-

Bollerwagen

Zu Fuß gehen ist Trumpf auf Baltrum. Fahrräder sind den Vermietern vorbehalten, ansonsten unerwünscht, folglich gibt es auch keinen Verleih. Wer mit Kindern Urlaub macht, braucht einen Bollerwagen – entweder leihen oder von zu Hause mitbringen.

»GOTT GEBE, DASS IHR DIE ZEILEN VON MEINER HAND ERHALTET«

Am 22. Dezember 1866 verließen zwei angehende Steuermänner, Tjark aus Baltrum und Jan aus Langeoog, die Navigationsschule in Timmel, um für die Weihnachtsferien nach Hause zu fahren. In Aurich besorgten sie Geschenke für ihre Familien. Tjark kaufte für seinen Vater eine Kiste Zigarren, für seine Mutter einen warmen Schal.

Was über den folgenden Unglücksfall bekannt wurde, ist in einem Auszug aus dem Sterberegister von Baltrum aus dem Jahre 1866 nachzulesen: »Tjark Ulrich Honken Evers, gestorben 21 Jahre und 14 Tage, kam am 22.12. auf Westeraccumersiel an. Am Morgen des andern Tags (sonntags) bestieg er mit einem Langeooger ein Boot, das sie jeden an den heimatlichen Strand setzen sollte. Zwischen $6^1/_2$ und 7 Uhr morgens fuhren sie ab. Ein ziemlich dicker Nebel verhinderte aber den Blick in die Ferne. Die Bootsleute ruderten zuerst nach dem Langeooger Strand, wo sie den Mann von Langeoog absetzten. Von da wollten sie dem Baltrumer Strande zurudern. In der Meinung, diesen Strand erreicht zu haben, legte man an, der Verunglückte stieg aus, und die Bootsleute fuhren wieder ab. Es war aber nicht der heimatliche Strand, den der Verunglückte betreten hatte, sondern eine Sandbank, auf der er in der steigenden Flut seinen Tod gefunden.

Der Unglücksfall wurde am 5. Januar 1867 bekannt. Am 3. Januar ist an der Insel Wangerooge in einer Zigarrenkiste, die mit einem Taschentuch umwunden, das Taschenbuch des Verunglückten angetrieben, worin er mit der Bleifeder u. a. geschrieben:

›Liebe Eltern, Gebrüder und Schwestern
ich stehe hier auf einer Plat und muß ertrinken ich bekomme Euch nicht wieder zu sehen und ihr mich nicht
Gott erbarme sich über mich und tröste Euch ich stecke dieses Buch in eine Sigarren Kiste. Gott gebe, daß Ihr die Zeilen von meiner Hand erhaltet. Ich grüße Euch zum letzten mal Gott vergebe mir meine Sünde und nehme mich zu sich in sein Himmelreich.‹«

Die Zigarettenkiste des jungen Evers, die früher im ›Wattenmeerhaus‹ des Nationalparkzentrums in Wilhelmshaven ausgestellt war, befindet sich heute im **Museum ›Altes Zollhaus‹** im Bummert auf Baltrum. Das einst baufällige Haus Nr. 18 wird vom Heimatverein Baltrum seit vielen Jahren saniert und ausgebaut. Das Museum bietet verschiedene Aspekte aus dem Leben der Insulaner und zur Geschichte der Insel. Dokumentiert werden Schifffahrt und Tourismus, erzählt wird von Eiswintern, Sturmfluten und dem Alltag der alten Insulaner. Der Bummert diente viele Jahre auch als Schwesternstation. Die Zigarrenkiste ist im alten ›Geburtszimmer‹ ausgestellt, dessen eine Hälfte den Verstorbenen der Insel gewidmet ist (Mo–Sa 10–12, 14–18, So 10–12 Uhr, Tel. 91 06 30).

ses Jahrhunderts sind. Nicht entgehen lassen sollte man sich die Aussichtsdüne zwischen den Wäldchen. Das Dünental ist dicht mit Vogelbeerbüschen, Holunder, Grauweiden und Sanddorn bestanden. Wer an der Schutzhütte vorbeiläuft, gelangt in ein **Feuchtgebiet,** in dem das Schilf meterhoch steht – ein Eldorado für Vogelbeobachter. Das wasserreiche, von Tümpeln durchzogene Gelände ist auch die Heimat der Kreuzkröte, die wegen ihrer kraftvollen Frühlingskonzerte – und in Ermangelung des namengebenden Singvogels – auch die ›Baltrumer Nachtigall‹ genannt wird. Da Baltrum vom Festland mit Trinkwasser versorgt und die Süßwasserlinse unter der Insel nicht genutzt wird, sind die Feuchtbiotope nicht gefährdet. So findet man hier noch eine Reihe andernorts bedrohter Pflanzen wie das Sumpfherzblatt und das Rundblättrige Wintergrün. Auf einem nach Süden abzweigenden Pfad gelangt man durch die grauen Dünen in Höhe des Zeltplatzes zur Wattseite. Entweder geht man jetzt am Bibelkreisheim vorbei zum Dorf zurück oder weiter Richtung Osten.

Osterhook

Reiseatlas: S. 235, F1

Der Weg weiter zum Osterhook führt immer am Heller entlang, mit Blick über das vogelreiche Watt und das 6 km entfernte Festland. In den Salzwiesen findet man ausgedehnte Rotschwingelbestände und den unter Naturschutz stehenden violettblühenden Strandflieder. Seltene Vogelarten wie die rotfüßigen Küsten- und Flussseeschwalben und eine stattliche Lachmöwenkolonie brüten hier.

Ebenfalls zum Osterhook führt ein markierter Pfad, der in Höhe des Zeltplatzes nach Süden ins Watt abzweigt. Er verläuft in 100 m Abstand parallel zur Hellerkante und darf nur eine Stunde vor bis eine Stunde nach Niedrigwasser betreten werden.

Vorwahl: 0 49 39.
Postleitzahl: 26579.
Auskunft: Kurverwaltung Nordseeheilbad Insel Baltrum, 26574 Baltrum, Postfach 1355, Tel. 800, Fax 80 27, www.baltrum.de.
Zimmer- und Ferienwohnungvermittlung/Prospektanforderung: Tel 0 18 05/ 91 40 03 (0,14 €/Min.), Mo–Fr 8–20, Sa, So 10–18 Uhr, www.zimmervermittlungbaltrum.de.
Zimmervermittlung J. Bengen: Tel. 4 47, Fax 4 46, Mo–So 8–14, 17–22 Uhr.

Strandhotel Wietjes: Haus Nr. 58, Tel. 918 10, Fax 91 81 91, www.wietjes.de. Hotel-Restaurant direkt am Baltrumer Sandstrand, Zimmer zum Teil mit Balkon und Seeblick, Übernachtung 60–70 €, Wild- und Fischspezialitäten, März–Okt.
Hotel Witthus: Haus Nr. 137 und 108, Tel. 99 00 00, Fax 99 00 01, www.hotel-witthus.de. Gepflegtes Walmdachhaus, Einzel-, Doppelzimmer (Übernachtung 45–50 €) und Appartements für bis zu 3 Personen (70 und 80 €). Restaurant mit umfangreicher Speise- und Weinkarte, Panorama-Terrasse zum Wattenmeer. Nur in der Saison geöffnet.
Haus Fischer Z: Haus Nr. 35, Tel. 224 oder 911 00, Fax 91 10 35, www.FischerZ-Baltrum.de. Familiär geführte Pension mit Einzel- und Doppelzimmern, Übernach-

tung 36–39 €, außerdem 2 Appartements für 2–4 Personen im ruhigen alten Ostdorf, 80 bzw. 99 €. Im Haus Café-Restaurant ›Die Welle‹: bequem für Hausgäste, Pizza, Pasta, Fisch und Fleisch.

Teestube: Haus Nr. 149, Tel. 600, Fax 654, www.teestube-baltrum.de, ganzjährig. An der Grenze zwischen Ost- und Westdorf, 6 geschmackvoll eingerichtete, gemütliche Ferienwohnungen für 2–6 Personen in der neu erbauten Teestube, mit Balkon oder Terrasse, 108–160 €, Café und Restaurant.

Strandgut: Haus Nr. 39, Information Tel. 12 04 oder 0 64 21/238 89 oder 148 02, www.baltrum.de/angebote/strandgt.htm. Zwei Ferienwohnungen für 2–4 Personen in einem liebevoll restaurierten typischen Insulanerhaus im alten Ostdorf, Babyausstattung, Kaminofen, Garten, 90, 110 bzw. 120 €.

Zelten: Auf dem Gelände des Niedersächsischen Turnerbundes, etwa 2 km vom Hafen. Schöner Platz (ohne nennenswerten Komfort, erinnert an Pfadfinderzeiten) in den Dünen am Rand der Ruhezone mit freiem Blick übers Wattenmeer. Zelten (Mai–Sept.) nur mit vorheriger Anmeldung bei Margret Tobiassen, Glatzer Str. 14, 26603 Aurich, Tel. 0 49 41/99 11 64, Fax 99 11 65, die die Platzreservierung schriftlich betätigt. Keine Aufnahme ohne diese Bestätigung.

Cafés und Restaurants: Das Angebot ist überschaubar und familienfreundlich.

Teestube: Haus Nr. 149, tgl. ab 11 Uhr. Café-Restaurant zwischen West- und Ostdorf, schön zum Klönen in mehreren gemütlich eingerichteten Räumen oder auch auf der Terrasse, Fisch und Fleisch 10–19 €.

Zum Seehund: Haus Nr. 178, in der Nähe der alten Kirche, gutbürgerliche Küche in gediegener Umgebung, ab 9,50 €.

Die Welle: Im Meerwasser-Hallenbad, Haus Nr. 240. Für tagsüber und abends: Freundliche Atmosphäre, man sitzt im Strandkorb, um sich herum viele Grünpflanzen; kleine Gerichte, Fisch und Fleisch, 4–8 €.

Sturmeck: Haus Nr. 7, in der Fußgängerzone gegenüber von Stadtlander. Eine beliebte Wein- und Bierstube mit deftigen Kleinigkeiten ab 3,5 €.

Café Kluntje: Haus Nr. 29, Do–Di 11–20 Uhr. Kaffee, Kuchen und deftige Kleinigkeiten in einem unter Denkmalschutz stehenden Inselhaus im alten Ostdorf, bei gutem Wetter kann man draußen sitzen.

Strandcafé: Siehe Tipp S. 113.

Baltrumer Gitarrengruppe: Die über die Insel hinaus bekannte Gruppe von Baltrumerinnen spielt meistens Di in der evangelischen Kirche.

Dünensingen: in der Hauptsaison bei schönem Wetter, Mi 19 Uhr.

Kino: Vom Frühjahr bis zum Herbst 1–2 x pro Woche.

Ausflüge nach Helgoland und zu den Nachbarinsel, Info Reederei Baltrum-Linie, Tel. 913 00.

Baden: Hunde sind am Badestrand unerwünscht, ihnen ist ein Strandabschnitt weiter östlich reserviert.

Zwischen Kurverwaltung und Tennisanlage liegt das Badeparadies ›SindBad‹ (Haus Nr. 240) mit Grotte, Wasserfall, Solarien, Saunen (nur in der kurtaxpflichtigen Zeit zugänglich, wechselnde Öffnungszeiten, s. Aushang).

Drachenfliegen: Nur östlich des Hundestrands ist Drachensteigen erlaubt.

Kajakvermietung: Direkt am Strand oder Tel. 553 oder 0173-933 76 17.

Reiten: Reiten und Kutschfahrten, Tel. 347 oder 91 05 35.

Tennis: Das Baltrumer Gäste-Tennisturnier blickt auf eine über 50-jährige Tradition zurück, Auskunft und Anmeldung Tel. 6 99 und 01 72/4 37 94 19.

Windsurfing: Windsurfing-Schule an der Strandpromenade (Übergang Strandhotel), Surfkurse und Boardverleih; Auskunft und Anmeldung bei Ulfert Mammen, Haus Wattenblick, Haus Nr. 192, Tel. 433.

Kinder: Kinder haben es in der Saison gut auf dem autofreien Baltrum. In ONNOs Kinderspöölhus (Haus Nr. 68, Tel. 80 36) gibt es eine große Auswahl an Spielen und Spielsachen sowie ein gutes Angebot an Mal- und Bastelaktionen. Die Eltern müssen auf ihre Kinder selber aufpassen. Wenn die Eltern Kuranwendungen haben, können die Kleinen abgegeben werden, Voranmeldung erforderlich. Außerdem kann man auf dem Spielteich an der Wattseite zwischen West- und Ostdorf Schiffchen schwimmen lassen.

 Flug: Baltrum hat einen kleinen Flugplatz mit Graspiste, die kürzeste Luftverbindung besteht von Norden-Norddeich, 8 Min. Flugzeit.

Im Sommerhalbjahr Linienflüge vom Flugplatz Harle (Carolinensiel) aus, s. S. 218.

Bahn: Mit der Bahn bis Norden, dort umsteigen in den Zubringer-Bus ›Baltrum-Fähre‹ auf dem Bahnhofsvorplatz am Bahnsteig 1. Er erreicht den Hafen Neßmersiel pünktlich zur Schiffsabfahrt.

Fährverbindungen: Ab **Neßmersiel** je nach Saison 1–3 x pro Tag, tideabhängiger Fahrplan, die Fahrtdauer beträgt 30 Min. **Auskunft** Fähr- und Bahnverkehr: Reederei Baltrum-Linie, Postfach 123, 26572 Baltrum, Tel. 99 16 06, Fax 99 16 07, www.baltrum-linie.de.

Gepäckspedition: Ein Baltrumer Fuhrunternehmen befördert das Gepäck vom Hafen in die Unterkunft. Viele Vermieter lassen ihre Gäste entweder mit einer pensionseigenen Kofferkarre (Wippe) vom Schiff abholen oder stellen ihnen einen Handwagen an den Anleger.

Strandcafé

Schnellrestaurant und Kneipe, die beste Adresse für Familien mit Kindern. Essen wird in der Saison tgl. 10–20 Uhr serviert, danach noch Pizza, Baguette, auch zum Mitnehmen, entweder drinnen – für Kinder gibt es kleine Tische und Stühle und eine kindgerechte Toilette! – oder draußen im Biergarten. Haus Nr. 70, zwischen Kinderspielhaus und Badestrand Abschnitt B.

Parken: Baltrum ist autofrei. Direkt am Anleger findet sich ein Großparkplatz (nicht sturmflutsicher, keine Garagen). Auf dem Weg zum Dorf liegen die Neßmersieler Garagenbetriebe, Westerdeicher Straße 63, 26553 Neßmersiel Tel. 0 49 33/22 23, 721 oder 23 63.

Verkehr auf Baltrum: Wer nicht laufen möchte, muss sich auf das Pferd bzw. in die Kutsche schwingen. Kutschfahrten und Baltrumtaxi, Tel. 316. Es wird gebeten keine Fahrräder mit auf die Insel zu nehmen.

 Arztpraxis: Haus Nr. 204, Tel. 91 40 10, Fax 91 40 12.

Rettungsdienst und Krankenwagen: Bei Fällen ohne Dringlichkeit Tel. 0 49 41/ 192 22, in Notfällen Tel. 112.

Apotheke: Haus Nr. 74/Westdorf, Tel. 456.

Polizei: Haus Nr. 215, Tel. 410.

Post: Im Café Backshop Störtebeker.

Internet: Im Rathaus/Kurverwaltung und im SindBad, Benutzung gegen Gebühr während der Öffnungszeiten.

Die östlichen Inseln

Am Strand von
Wangerooge

Reiseatlas S. 236–238

LANGEOOG

Auf den Wasserturm und zur ›Lili Marleen‹-Sängerin Lale Andersen • Seemannshus und Schifffahrtsmuseum • Über die Höhenpromenade zum Dünenfriedhof • Zum Flinthörn im buhnenfreien Westen • Durch das Pirolatal am Großen Schloop vorbei zum Vogelwärterhaus

Reiseatlas: S. 236, A1/2–C1/2

Wer auf Langeoog ankommt, besteigt die bunte, nostalgische Inselbahn und zuckelt mit ihr durch ausgedehnte grüne Weiden, die fast an das ostfriesische Festland erinnern. Vor dem Bahnhof mitten im Dorf warten Kutschen auf Müde und Bepackte, während leichtfüßige Tagesgäste ausschwärmen, um den freundlichen Ort mit seinen breiten Straßen, dichten Laubbäumen und hübschen Vorgärten zu erkunden. Nichts erinnert daran, dass die von Sturmfluten und Sandstürmen jahrhundertelang gebeutelten Insulaner Anfang des 18. Jh. gezwungen waren, die Insel zeitweise zu verlassen und aufs Festland zu ziehen – und das, obwohl sich Langeoog im Verlauf der Jahrhunderte als die lagestabilste aller Ostfriesischen Inseln erwiesen hat.

Inselgeschichte

Im 13. Jh. war Langeoog, die ›lange Insel‹, vermutlich schon im Besitz eines größeren Hafens. Zumindest ist im ›Ostfriesischen Urkundenbuch‹ für das Jahr 1289 ein »Hafen, Ackumhe genannt« als Schauplatz eines Mordes verzeichnet. ›Accumer Ee‹ heißt heute noch das Seegat zwischen Baltrum und Langeoog. Möglicherweise war der Hafen Ackumhe ein früherer Inselhafen Langeoogs, das damals ein gutes Stück weiter westlich lag als heute. Um 1630 lebten auf Langeoog 35 bis 40 Menschen in sieben Haushaltungen und unter durchweg ärmlichen Verhältnissen. Landwirtschaft konnte nur auf den kleinen Hellerflächen betrieben werden, die häufig versandeten. Der Flugsand machte den Insulanern so zu schaffen, dass sie im Jahre 1666 ihr ganzes Dorf verlegen und samt Kirche neu errichten mussten.

Vergebliche Mühe: Die Weihnachtsflut von 1717 zerstörte das neue Dorf. Die aufgepeitschte See durchbrach die Randdünen und überspülte die Sandflächen zwischen den Dünenkomplexen im Westen und Osten. Viele Bewohner verließen daraufhin die Insel. Nur vier Familien versuchten einen Neubeginn, doch ohne Erfolg, auch sie mussten schließlich aufs Festland ziehen. Die Insel lag nun brach und blieb menschenleer, bis 1723 einige Helgoländer Familien ihr Glück versuchten, angesichts der kargen Lebensbedingungen aber schnell aufgaben. 1732 lebten wieder drei ostfriesische Familien auf der Insel, im Jahre 1777 war die Einwohnerzahl auf 39 gestiegen, und es gab 129 Stück Vieh: 5 Pferde, 23 Kühe, 19 Kälber, 82 Schafe. Neben der Vogeleiersuche bildete auch der Kaninchenfang eine wichtige Einnahmequelle. Dem Landesherrn wurde Pacht für die Kaninchenjagd im Westen und im Osten der Insel gezahlt, die übrigen Insulaner waren von allen Abgaben befreit, weil sie in zu großer Armut lebten, vom einträglichen Kaninchenfang waren sie allerdings ausgeschlossen.

Die Februarflut von 1825 verschlimmerte die ohnehin große Not der Langeooger noch. Den ersten Badegästen konnte man als Zeitvertreib nur das Kaninchenjagen und Eiersammeln anbieten, während auf Norderney das Geschäft bereits florierte. Nicht genug damit, wurden die Langeooger vom gestrengen Inselpastor Hoffmann auch noch als moralisch durch und durch verdorben beschimpft. In einer Eingabe an das Amt Esens im Jahre 1859 heißt es: »Ich muß Klage vor Ihnen führen um das Elend der tiefen Verkommenheit … deren traurige Folgen mit dem unabwehrbaren Fluche der Noth und des Unfriedens so schwer auf dem hiesigen Geschlechte lasten … Der Hauptcharakterzug der Langeooger ist rohe Sinnlichkeit, die sich kund thut in allgemeiner, starcker Trunksucht unter Männern und Weibern, Gemeinheit, Putzsucht und Hang

zum Wohlleben. Folgen davon: bodenloser Leichtsinn und Nachlässigkeit, Trägheit, Noth und Armuth, Unfriede und Schlechtigkeit.«

1863 verließ Pastor Hoffmann die Insel, die sich nun auch ohne seinen geistlichen Beistand langsam zur Badeinsel mauserte, allerdings noch lange im Schatten der benachbarten Inseln stand. Die entscheidende Wende trat erst 1884 ein, als das evangelische Kloster Loccum auf der Insel ein Hospiz errichten ließ und gleichzeitig alle bis dahin eher dürftigen Badeeinrichtungen auf der Insel übernahm und ausbaute. Bereits drei Jahre später zählte man 1216 Gäste, 1891 waren es 1719. Langeoogs Entwicklung zum Nordseebad wurde endgültig eingesetzt. Heute wirbt die autofreie Insel mit ihrem vielseitigen und familienfreundlichen Angebot an sportlichen Aktivitäten.

Langeoog

Reiseatlas: S. 236, A2
Vom Bahnhof aus empfiehlt es sich, zunächst am weinumrankten Rathaus vorbei die Hauptstraße hinaufzuschlendern. An ihrem Ende erhebt sich der 18 m hohe, auf einer Düne gelegene **Wasserturm** aus rotem Backstein und weißem Wellblech. Langeoogs markantes, weithin sichtbares Wahrzeichen diente von 1909 an als Trinkwasserspeicher, bis 1994 ein modernes Speicherbecken beim Wasserwerk diese Aufgabe übernahm. Das Trinkwasser wird einer teilweise über 30 m dicken Süßwasserlinse unter den Dü-

nen entnommen. Eine Wendeltreppe führt zur verglasten Aussichtsplattform in 23 m Höhe über N.N. (April–Okt. Mo–Fr 10–12 Uhr). Ein neues Wahrzeichen der Insel: Zum 100. Geburtstag von Lale Andersen, die lange auf Langeoog lebte, wurde unterhalb des Wasserturms eine Bronzestatue der ›Lili Marleen‹-Sängerin enthüllt.

Schifffahrtsmuseum

Vom Wasserturm führt ein gepflasterter Pfad durch die weißen Kaapdünen

Unübersehbar: der Wasserturm

direkt an den Hauptstrand. Wer lieber noch bummeln möchte, schlendert die von Cafés gesäumte Barkhausenstraße Richtung Kurviertel hinunter. Im ›Haus der Insel‹ ist das sehenswerte **Schifffahrtsmuseum** mit Nordseeaquarium untergebracht. Modelle historischer Schiffe, Buddelschiffe, nautische Geräte, Logbücher, Schiffsbaupläne sowie Werbeplakate bekannter Überseereedereien geben einen lebendigen Einblick in die Geschichte der Schifffahrt. Eindrucksvoll ist die Sammlung verzierter Walknochen, in die Segelschiffe, teils auch ganze Walfangszenen eingraviert sind. Eine Rarität ist das ›Knochenschiff‹. Es wurde zwischen 1795 und 1815 von französischen Seeleuten in englischer Kriegsgefangenschaft aus Rinder- und Hühnerknochen geschnitzt, die Takelage ist aus Menschenhaar (Tel. 69 32 11, April–Okt. Mo–Do 10–12, 15–17, Fr, Sa 10–12 Uhr, So geschl.). Spannend vor allem für Kinder ist das alte Rettungsboot ›Langeoog‹ vor dem Haus der Insel (kostenlos zu besichtigen, Oster-Herbstferien Di und Do 10–12 Uhr).

Seemannshus

Wen die Geschichte Langeoogs interessiert, der sollte das alte **Seemannshus** im Westen des Dorfes besuchen. Das etwas abseits des Zentrums an der Ecke Casper-Döring-Pad/Mittelstraße gelegene, 1989 liebevoll restaurierte Insulanerhaus beherbergt ein kleines Heimatmuseum mit einer bunten Vielfalt an Exponaten und einer jährlich wechselnden Themenausstellung zu naturkundlichen und historischen Themen (Mi, Fr 15.30–17.30, So 10–12 Uhr).

Die Kirchen

Einen Abstecher sind auch die beiden täglich ganztags geöffneten Kirchen Langeoogs wert. Die **evangelische Inselkirche** wurde 1888–1890 in rotem Backstein gebaut und 1959 erweitert. Bemerkenswert ist das 1990 von dem Nordener Maler Hermann Buß geschaffene Altarbild, das einen gestrandeten weißen Ozeanriesen mit einer verstreuten Gruppe teilnahmslos wartender Passagiere zeigt. Die Anfang der 1960er-Jahre erbaute **katholische Kirche** ist dem hl. Nikolaus, dem Schutzpatron der Schiffer, geweiht. Die Formen der in die Dünen eingebetteten Rundkirche können ganz unterschiedlich gedeutet werden. Die ausschwingende Form des Glockenturms, von den Einheimischen spöttisch ›Nonnenrutsche‹ genannt, soll die Flut des Meeres versinnbildlichen.

Höhenpromenade

Geht man rechts an der katholischen Kirche vorbei, gelangt man zur **Höhenpromenade**, die sich auf einer Länge von 1,5 km über die zur offenen See hin gelegene Dünenkette schlängelt. Sie verläuft in einer Höhe von 15–20 m und ist damit die höchstgelegene aller ostfriesischen Strandpromenaden. Dem Sandstrand vorgelagert sind viele hundert Meter lange Sandbänke, so genannte Strandriffe, die bei Flut überspült werden. Auf der am weitesten draußen liegenden Sandbank, der

›Robbenplate‹, ruhen bei Ebbe sehr oft Seehunde. Entlang der Promenade verlocken Restaurants, ein Panorama-Café, mehrere Snackbars und eine Disco zum Schwelgen und Schwofen.

Dünenfriedhof und Seenotbeobachtungsstation

Die Höhenpromenade führt oberhalb des Kurviertels mit Meerwasser-Hallen-Brandungsbad, den Kinderspielhäusern und dem Haus der Insel vorbei und endet an der Straße Gerk sin Spoor, die nach dem Fuhrunternehmer Gerk Albers benannt ist, der auf diesem Weg mit seinem Gespann Strandgut nach Hause brachte. Viele Besucher zieht vor allem der hübsch angelegte, geschichtsträchtige **Dünenfriedhof** mit dem Grab der Lale Andersen an. Die Sängerin der ›Lili Marleen‹ starb 1972 zwar in Wien, wurde aber auf ihren Wunsch hin auf dem Dünenfriedhof in Langeoog beigesetzt, wo sich auch ein Russenfriedhof und eine Baltengedenkstätte befinden (ganztägig frei zugänglich). In der Straße Gerk sin Spoor ducken sich, nur einen Katzensprung vom Friedhof entfernt, mehrere hübsche reetgedeckte Inselhäuser hinter gepflegten Hecken. Eines von ihnen, der **Sonnenhof,** gehörte einst Lale Andersen. Heute beherbergt es eine beliebte Tee- und Weinstube.

Auf einem hohen Dünenkamm, nur wenige Gehminuten vom Sonnenhof entfernt, bietet sich von der **Seenotbeobachtungsstation** aus ein weiter Rundblick über das Dorf, die offene See, ins Pirolatal sowie zum Ostende

DER SEEHUND

Häufig sieht man sie schon von der Fähre aus auf den Sandbänken in der Sonne dösen. So gut müsste man es haben, denkt man unwillkürlich – doch ist Neid kaum angebracht. Jahrhundertelang wurden die Seehunde wegen ihres Fells gejagt. Als in der zweiten Hälfte des 19. Jh. auf den Inseln Seebäder entstanden, gehörte die Seehundjagd zum Freizeitvergnügen der Badegäste. Anfang der 1930er-Jahre stand der Seehund am Rande der Ausrottung, per Gesetz angeordnete Schonzeiten retteten ihn. 1973 wurde die Seehundjagd ganzjährig verboten und die Population vor der deutschen Nordseeküste stieg erfreulich schnell auf über 8000 Tiere. Im Sommer und Herbst 1988 jagte dann eine Hiobsbotschaft die andere: Algenblüte, Fischsterben, Seehundsterben. Innerhalb weniger Wochen wurde der Bestand der durch Umweltgifte geschwächten Seehunde durch eine ansteckende Viruskrankheit um 80 % reduziert. Die Seehundpopulation hat sich seither erholt, 1994 erreichte sie wieder den vorherigen Stand. Als im Mai 2002 auf der dänischen Insel Anholt erneut die Seehundseuche ausbrach, gingen Experten davon aus, dass es nicht so schlimm wie vor 14 Jahren würde. Sie irrten. Ende Juli erreichte das Seehundsterben die deutsche Küste, bis Anfang November waren der Seuche 21 000 Tiere allein aus nordeuropäischen Beständen zum Opfer gefallen. Obwohl die Schadstoffeinleitung in die Nordsee in den vergangenen Jahren stark reduziert wurde, ist die Nordsee noch weit von einem guten Zustand entfernt. Die nach wie vor hohe Belastung mit Schadstoffen schwächt das Immunsystem der Tiere, so dass sie dem Staupe-Virus wenig entgegensetzen können.

Die Seehunde leben die längste Zeit des Jahres in der offenen See. Die warmen Sommermonate verbringen sie im Wattenmeer. Zur Geburt und Aufzucht der Jungen, während des Haarwechsels und der Paarungszeit im Spätsommer sind sie auf die Sandbänke, die bei Niedrigwasser trockenfallen, angewiesen. Zwischen Ende Mai und Mitte Juli bringen sie hier ihre Jungen zur Welt, in aller Regel nicht mehr als eines. Durch ständige Rufe halten die Seehundbabies den Kontakt zur Mutter. Die ›Heuler‹, wie man sie wegen dieser nebelhornartigen Töne nennt, werden etwa vier Wochen gesäugt. Werden die Tiere dabei auf ihren Sandbänken öfter gestört und müssen sich der – vermeintlichen – Gefahr durch Flucht entziehen, können die Jungen nicht genug Fett ansetzen und damit nicht genug Widerstandskraft sammeln. Auch ziehen sie sich durch das hastige Davonrobben Verletzungen im Nabelbereich zu, die zu eitrigen Entzündungen führen, an denen viele von ihnen zugrunde gehen. Nur etwa 60–65 % der Seehundjungen überleben das erste Jahr. Nach der Paarungszeit ziehen sich die Seehunde Anfang September in tiefere Fischgründe zurück. Wochenlang tummeln sie sich im Wasser, das Land brauchen sie jetzt nicht. Alle 3 bis 5 Minuten kommen sie an die Oberfläche, um Luft zu holen, sie können aber auch erheblich länger tauchen. Um auszuruhen, lassen sie sich einfach im Wasser treiben.

der Insel. Die orangefarbene, mit einer Antenne zum Empfang von Seenotrufen versehene kastenförmige Station wird von der Deutschen Gesellschaft zur Rettung Schiffbrüchiger unterhalten. Von der Station führt ein schmaler, gepflasterter Fußweg hinunter ins Pirolatal. Unten im Tal stößt man auf einen Wanderweg, der rechts in den Ostteil der Insel, links aber zurück zur Höhenpromenade und in Richtung Dorf führt.

Ausflüge

Langeoog ist neben Juist die einzige Insel, deren Westende nicht durch Buhnen geschützt werden muss. Ohne verunstaltende Deckwerke aus Asphalt und Beton erstreckt sich der weite Sandstrand Richtung Süden. Dorf und Inselwald liegen im Schutze der Kaap- und der Süderdünen, an die sich im Süden die Flinthörndünen anschließen. Die Entfernung zur Nachbarinsel Baltrum, die von Langeoog durch die bis zu 18 m tiefen Accumer Ee (Eh oder Ehe bedeutet Wasser) getrennt ist, beträgt knapp 2 km.

Inselwald und Flinthörn

Reiseatlas: S. 236, A2
Die Erkundung des Südwestens kann man mit einer Wanderung oder Radfahrt durch den zu Beginn der 1950er-Jahre entstandenen **Inselwald** verbinden. Er bedeckt heute einen Teil des von ausländischen Zwangsarbeitern im Zweiten Weltkrieg angelegten ehemaligen Militärflugplatzes. Im nordwestlichen Bereich, dort, wo die Insulaner in einer bunten Schrebergartenkolonie ihr eigenes Gemüse züchten, drängen Holunderbüsche, Heckenrosen und Weidenröschen durch Risse und Brüche in den Betonpisten und erobern sich das Areal zurück.

Die eigentliche Attraktion des Südwestens ist das in der Ruhezone des Nationalparks gelegene **Flinthörn** (in der Saison Führungen). Seit 1825 hat sich hier ein nehrungsartiger Fluthaken, eine durch Strömung und Sandablagerungen entstandene hakenförmige Anlandung, gebildet. Auf den höher gelegenen Schillflächen (aus Muschelschalen) brüten neben Rotschenkeln und Austernfischern auch mehrere seltene Seeschwalbenarten. Nur ein kleiner Bereich des Flinthörns ist Spaziergängern zugänglich, im Sommer markiert ein Zaun das Ende des Weges, am Dünenrand steht von März bis Oktober ein Informationsstand der Nationalparkverwaltung. Die Schilder des **Naturpfades** weisen auf die Besonderheiten in der Natur hin (Führungen April–Okt.). Einen weiten Blick über dieses artenreiche, von Prielen und Wasserflächen durchzogene Naturschutzgebiet hat man vom 7,4 m hohen **Westdeich,** der von den Flinthörndünen direkt zum Hafen führt. Auf dem Deich weiden im Sommer Kühe, der Wander- und Radfahrweg führt mitten durch die Jungviehherden hindurch.

Seedeich

Reiseatlas: S. 236, A2
Am tideunabhängigen **Hafen,** wo die Fähren anlegen und Frachtschiffe be-

und entladen werden, herrscht reges Leben. Schön ist eine Wanderung vom Hafen auf dem **Seedeich,** der grüne, von Pferden beweidete Polderwiesen schützt. Der 4 m hohe, zu Beginn des Zweiten Weltkriegs aufgeschüttete Seedeich hielt der verheerenden Sturmflut im Februar 1962 stand. 1971 wurde er auf durchschnittlich 6,5 m über dem Meeresspiegel erhöht. Von seiner Krone reicht der Blick über den Heller, an den sich das Wattenmeer anschließt. Dort, wo der Seedeich auf die Willrath-Dreesen-Straße stößt, geht es links in den Ort, rechts aber in den Osten der Insel.

Pirolatal und Große Schloop

Reiseatlas: S. 236, A1/2; 236, B2
Vom Dorf führt ein schnurgerader Plattenweg an der Grenze zwischen hohen Dünen und Hellerwiesen entlang in den Osten. An den nordöstlichen Ortsrand schließt sich zunächst das **Pirolatal** an.

Seehunde

Hinter der Meierei führt der gepflasterte Weg weiter Richtung **Osterhook.** Vom Ende des Fahrradwegs sind es gut 10 Minuten zu Fuß zur Aussichtsplattform, von der man Seehunde beobachten kann. Dieser Ausflug macht auch Kindern Spaß. Auf dem Liegeplatz erblicken jedes Jahr etwa zehn Jungtiere das Licht der Welt. Beste Zeit zur Beobachtung 1–3 Stunden vor und nach der Flut.

Das fast 2 km lange und 100–300 m breite Dünental trägt seinen Namen nach dem Rundblättrigen Wintergrün *(Pirola rotundifolia).* Die zwischen Juli und September rosaweiß blühende Pflanze kommt hier allerdings nur noch vereinzelt vor. Ein gepflasterter Wander- und Radpfad mit vielen Ruhebänken schlängelt sich durch das von bis zu 15 m hohen grauen Dünen gesäumte Tal.

Auf der Straße nach Osten passiert man den **Großen Schloop,** die Gegend, in der die Insel in der Weihnachtsflut 1717 überflutet wurde. Erst 1906 konnte die Lücke in der Dünenkette endgültig durch den Bau eines Deiches geschlossen werden. Überbleibsel des Durchbruchs sind mehrere Brackwassertümpel in dem weiten Wiesengelände des Großen Schloop, in dem es außerdem seit 1971 einen bis zu 12 m tiefen Baggersee gibt, der entstand, als man hier Sand für das Strandschutzwerk im Nordosten des Hauptbades abbaggerte. Im Schloopteich leben Garnelen und Aale. Im Bereich des **Kleinen Schloop** hinter den Melkhörndünen strömten einst ebenfalls die Meeresfluten, hier gelang es aber schon 1890, den Dünendurchbruch wieder zu schließen.

Melkhörndüne

Reiseatlas: S. 236, B2
Zwischen dem Großen und dem Kleinen Schloop erhebt sich die **Melkhörndüne** mit einer stolzen Höhe von knapp 20 m. Einst höchster ›Gipfel‹ der Ostfriesischen Inseln, hat sie in den vergangenen Jahrzehnten durch Ero-

Auf der Seehundplattform im Osten

sion gut eineinhalb Meter an Höhe verloren. Treppen führen von Westen und Norden auf die Kuppe, von der sich ein fantastischer Panoramablick über die Insel bietet, besonders schön zum Sonnenuntergang.

Die **Jugendherberge Melkhörn** und der angeschlossene Zeltplatz liegen am Fuße der Melkhörndünen direkt am Übergang zum Heller. Die 1923 erbaute Domäne wurde 1953 zur Jugendherberge umgebaut. Hinter dem Hauptgebäude führt ein schmaler Pfad zum Strand (1 km). Eine kleine Rast auf dem Weg zum Ostende lohnt das **Vogelwärterhaus** mit einer informativen Dokumentation der Langeooger Vogelwelt. Oberhalb des Hauses bietet sich von einem Aussichtspunkt ein weiter Blick in die Dünenlandschaft, in der die mit etwa 4000 Brutpaaren zweitgrößte

Silbermöwenkolonie in der Nordsee zu finden ist (eine größere gibt es nur noch auf der Vogelinsel Memmert). Auch die schwarzweißen, mit einem fuchsroten Brustband geschmückten Brandenten (auch Brandgänse genannt) nisten hier unter Gebüschen oder in – größtenteils künstlichen – Erdhöhlen. Das Betreten der Vogelkolonie, die zur Ruhezone des Nationalparks gehört, ist verboten, an mehreren Tagen in der Woche kann man jedoch an einer kostenlosen Führung des Vogelwartes teilnehmen.

Meierei Ostende

Reiseatlas: S. 236, C2
Besonders reich ist die Vogelwelt auch in der näheren Umgebung der **Meierei Ostende,** die darum nicht nur ein beliebtes Etappenziel für Wanderer und

Radfahrer ist, sondern auch ein Treffpunkt für Ornithologen. Seit 1975 schützt ein 5,20 m hoher Deich den Hof und das benachbarte Schullandheim bei Sturmfluten. Ein etwa 1 m hoher ›Sommerdeich‹, der vom Seedeich bis zur Meierei am Wattrand verläuft, verhindert während der Sommermonate Überschwemmungen des Grünlandes bei Hochfluten.

Vorwahl: 0 49 72.
Postleitzahl: 26465.
Auskunft: Zimmernachweis und Touristeninformation im Inselbahnhof, Tel. 69 32 01, Fax 69 32 05. Service-Center der LangeoogCard, ebenfalls im Inselbahnhof, Tel. 69 32 66. Die LangeoogCard ist zugleich Kur-, Fähr- und Servicekarte.
Im Internet: www.langeoog.de (auch Online-Abfrage freier Unterkünfte).
Kurverwaltung Langeoog im Rathaus, Hauptstraße 28, Tel. 69 30, Fax 69 31 16. ›**De Utkieker**‹ mit Veranstaltungskalender und Inselinfos erscheint monatlich von April–Sept. und zum Jahreswechsel, www.de-utkieker.de. Die Wochenzeitung ›**LangeoogNews**‹ täglich im Internet: www.langeoog-news.de

Hotel Kolb: Barkhausenstraße 32, Tel. 910 40, Fax 91 04 90, www.hotel-kolb.de. In strandnaher Lage mit Beautyfarm, Wellnessbereich sowie Sauna und Solarium, Einzel-, Doppel und Dreibettzimmer 58–141 € pro Pers. Leichte mediterrane Küche im Restaurant Schiffchen.
Apart-Hotel Achtert Diek: Süderdünenring 47, Tel. 911 90, Fax 91 19 10, www.achtertdiek.de. Ruhige Lage am Ortsrand, Hotelservice oder Selbstversorgung in komfortabel ausgestatteten Ferienwohnungen, 65–70 € pro Pers. Hauseigenes Schwimmbad mit Sauna und Solarium.

Gästehaus Luv un Lee: Am Wasserturm 2, Tel. 969 60, Fax 96 96 13, www.luvunlee.de. Strandnahe Ferienwohnungen für 2–8 Personen mit Loggia oder Sonnenterrasse, 70–210 €. Spielraum und Innenhof zum Toben für die Kleinen.
Haus Apollonia: Mittelstraße 21, Tel. 91 16 12, Fax 91 16 16, www.langeoog-apollonia.de. Traditionsreiches Inselhaus mit 6 Ferienwohnungen für 2–4 Personen, am Rande des Ortszentrums, 53–105 €. Sauna, Solarium.
Jugendherberge: Domäne Melkhörn, 126 Betten, etwa 4 km östlich vom Ort in der Mitte der Insel, 5 Min. vom Strand entfernt. Aufnahme nur nach vorheriger schriftlicher Anmeldung, Mitte April–Sept., Tel. 276, Fax 66 94, jh-langeoog@djh-unterweser-ems.de
Zelten: Unmittelbar hinter der Jugendherberge liegt der einzige Zeltplatz. Schriftliche Anmeldung bei den Jugendherbergseltern.

Cafés und Restaurants
Sonnenhof: Gerk-sin-Spoor Nr. 6, Tel. 713, www.cafe-sonnenhof.de, 11–23 Uhr, Mi Ruhetag. Tee- und Weinstube mit vielen Stammgästen im ehemaligen Wohnhaus der Sängerin Lale Andersen. Torten, hausgemachte Desserts; Tageskarte ab 10 €, Pfannkuchen ab 6,50 €.
Panorama-Restaurrant Seekrug: Höhenpromenade, Tel. 383, www.seekrug.de. Die Aussicht übers Meer ist grandios, viele ostfriesische Produkte, Fisch, Fleisch und Vegetarisches ab 9,50 €.
Café Leiß: Barkhausenstr. 13, Tel. 65 14, tgl. 8–23 Uhr. Immer gut besuchtes Café mit großer Terrasse, Frühstücksbuffet, große Auswahl an Kuchen und Torten. Krabben und Fischiges 8–15 €, deftige Kleinigkeiten ab 4 €.
Teestube Teelädchen: Hafenstr. 27, Tel. 61 56, www.teestube-langeoog.de, tgl. 12–20 Uhr, Do Ruhetag. Café mit Blick auf

Schiffe und Wattenmeer, Kuchen auch für Diabetiker, Eisspezialitäten, Suppen, Brote; Delikatessen aus dem Meer ab 8,50 €. Angeschlossenes Tee-Lädchen mit Tee, Kluntjes und schönem Geschirr.

Steuerbord: Barkhausenstr. 5, Tel. 91 20 60. Freundlich eingerichtetes Bistro und Restaurant mit leichter, frischer Küche, Tex Mex, Pasta und Gratin, Fisch und Fleisch ab 7 €.

Meierei-Ostende: Tel. 248, im Sommer tgl. 10.30–17.30 Uhr, sonst Di Ruhetag. Einziges Ausflugslokal im Osten, windgeschützte Terrasse hinterm Sommerdeich. Spezialität Dickmilch mit Zucker und Schwarzbrot oder Sanddornsaft, lecker ist auch der Sanddorngrog.

Das Fischgeschäft: An den Bauhöfen 2 (beim Flugplatz), Tel. 91 29 60. Fische direkt vom Kutter, Krabben zum Selberpulen, Räucherfisch, Fischsalate.

Le Paradies: Höhenpromenade, Tel. 91 29 00. Ausstellungen von Originalen und Reproduktionen des Kunstmalers Anselm sowie internationales Kunsthandwerk.

Dwarslooper: Hauptstr. 37, tgl. 11–24 Uhr. Restaurant, Café und Kneipe. Baguettes und Pizzen, Aufläufe, Fisch, ab 6 €.

In't Stürhus: Barkauserstr. 2. Nach den besten Inselkneipen befragt, nennen die Langeooger immer das Stürhus.

Piano: Kavalierspad 11, tgl. 10–3 Uhr, in der Vor-und Nachsaison Do Ruhetag. Bistro und Discothek direkt am Hauptbad.

Düne 13: Siehe Tipp.

Atelier am Meer: Höhenpromenade. Ausstellung, Malkurse für Kinder und Erwachsene, Info: Anselm Prester, Tel. 63 71.

Bücherei: Öffentliche Bücherei in der Spöölstuv, Mo–Sa 10–18 Uhr. Die öffentliche Kinderbücherei ist gegenüber der

Düne 13

Discothek und Musikkneipe mit Billardtisch an der Höhenpromenade, in der Saison ab tgl. 18, sonst ab 20 Uhr. Für die ersten Cocktails in der Abendsonne stehen draußen ein paar Bänke, Baguettes und Salate ab 4 €.

katholischen Kirche, Ecke Strandje Pad/ Friesenstraße.

Kino: Windlicht, Am Hospizplatz 7. Lichtspiele Langeoog, Tel. 9 22 50. Aktuelles Programm siehe Aushang oder im Internet: www.windlicht-langeoog.de. Gemütliches Bistro und Restaurant im Kino.

Ausflüge: Ausflugsfahrten zu den Nachbarinseln Wangerooge, Spiekeroog, Baltrum und Norderney, nach Helgoland, zu den Seehundbänken, auf Krabben- und Fischfang durch den Nationalpark Wattenmeer. Info im Inselbahnhof, Tel. 69 32 60. Aktuelle Ausflüge und Sonderfahrten findet man auch unter www.schiffahrt-langeoog.de.

Kutschfahrten, Inselrundfahrten: Mehrere Unternehmen bieten Fahrten mit der Pferdekutsche an: Langeooger Kutschfahrten, Tel 01 75/4 60 10 45; Uwes Pferdemobil, Tel 01 79/7 61 47 88; Reithalle E. Kuper, Tel 62 69; Kutschtaxen Vogel, Tel 01 71/3 32 05 04.

Baden- und Strandleben

Der Bade- und Burgenstrand ist durch einen breiten Dünengürtel vom Dorf getrennt. Seinem sportlichen Image gemäß gibt es auf Langeoog einen extra Sportstrand (s. S. 126). Westlich des Hauptbadestrandes befindet sich ein für Hunde gekennzeichneter Abschnitt.

Strand von Langeoog

Strandkörbe: Wer vorbestellen möchte, sollte das bis vier Wochen vor Reiseantritt tun, Formular im Gastgeberverzeichnis oder www.vorbestellung.langeoog.de.

Meerwasser-Freizeit- und Erlebnisbad: Im Kurzentrum Langeoog, Tel. 693-241, mit Geysiren, Wellenzone, Saunalandschaft; Basis-Öffnungszeiten in der Saison: Mo 14–21, Di–So 10–18 Uhr. Wer im Besitz der LangeoogCard ist, d. h. den vollen Kurbeitrag bezahlt, darf die Badewelt während der Öffnungszeiten täglich 1,5 Std. kostenlos besuchen.

Fitness: Der **Sportstrand** bildet den Mittelpunkt der zahlreichen sportlichen Veranstaltungen auf Langeoog. In der Saison trifft man sich jeden Morgen am **Sportpalast** am Strand zur Gymnastik. Im Sportpalast erhält man auch Infos über Termine und kann bei Vorlage der LangeoogCard Geräte ausleihen. Bei schlech-

tem Wetter kann man ins **Sporthus** an der Höhenpromenade ausweichen.

Angeln: Auskunft für Angler erteilt der Sportfischerverein Langeoog e.V., Tel. 2 88.

Drachenstrand: Östlich des Surfstrandes ist Drachensteigen erlaubt (Übergang Seenotbeobachtungsstation).

Golf: Neue 9-Loch-Golfanlage ab Sommer 2008, südlich des Flughafens, www.golfclub-insel-langeoog.de.

Reiten: Reiterferien, Strandausritte, Unterricht: Reithalle Kuper, Süderdünenring, 1, Tel. 62 69, Fax 18 28, auch Aufnahme von Ferienkindern; Reiter- und Ponyhof To'n Peerstall, Schniederdamm 8, Tel. 7 25, Fax 60 02.

Segeln: Segelschule Langeoog: Schnuppersegeln, Kurse für Anfänger und Fortgeschrittene, Sportküstenschifferschein, Info: Tel. 66 99, Fax 66 11, www.segel

schule-langeoog.de. Der Hafen bietet 150 Liegeplätze für Sportboote, Segelverein Tel. 5 08.

Surfen: Information am Surfstrand, östlich des Badestrandes, am Übergang Seenotbeobachtungsstation.

Tennis: Im Tennis- und Sportcenter am Kavalierpad (Innen- und Außenplätze, Tel. 10 77, www.tenniscenter-langeoog.de.

Kinder: Langeoog zählt zu den kinderfreundlichsten der Ostfriesischen Inseln. Kindgerechte Inselinfos und Spiele findet man unter www.langeoog-kids.de.

Das **Spöölhus** (›das laute Haus‹), ist ein Spielparadies mit vielen Spielmöglichkeiten drinnen und draußen – allerdings unbeaufsichtigt (Am Kavalierpad 10, Tel. 69 32 39, in der Saison Mo–Fr 10–18, Sa, So 15–18 Uhr).

In der schräg gegenüber liegenden **Spöölstuv** (›das leise Haus‹ mit Gemeindebücherei) werden Bastel-, Spiel- und Sportkurse für die ganze Familie angeboten (Am Kavalierpad 3, Tel. 69 32 36, Mo–Fr 9–12 Uhr); Kinderstube mit Beaufsichtigung der Kinder bis 6 Jahre (Mo–Fr 8–12, Anmeldung am Vortag).

Und ganz individuell: Eine Liste der **Babysitter** erhält man im Servicecenter im Rathaus, Tel. 69 31 12.

Flug: Während der Saison tgl. regelmäßige Linienflüge von und nach Langeoog: von Harlesiel, Norden-Norddeich und Emden (s. S. 218).

Bahn: s. S. 217.

Fähre: Ab **Bensersiel** in der Saison bis 9 x pro Tag; der Fährverkehr ist nicht tideabhängig; die Fahrtdauer beträgt 1 Stunde (inkl. Inselbahn). Info: Schiffahrt der Inselgemeinde Langeoog, im Inselbahnhof, Tel. 69 32 60, Fax 69 32 63, www.schiffahrt-langeoog.de.

Die **LangeoogCard** ist zugleich Kur-, Fähr- und Servicekarte, erhältlich an der Fahrkartenausgabe in Bensersiel. Vorbestellung der Karte: www.vorbestellung.langeoog.de.

Gepäck: Gepäckannahme in Bensersiel am Fähranleger. Auf der Insel sorgt der bahnamtliche Gepäckdienst Heyken, Tel. 60 60, Fax 3 20, www.gepaeckdienst-heyken.de, für die Zustellung bzw. Abholung des Gepäcks. Bei Ankunft der Fähren stehen die Kutschtaxen am Bahnhof (siehe unten). Bei Ankunft mit der letzten Fähre sollte – so Bedarf – die Kutsche vorbestellt werden. Für den Rücktransport muss man sie auf alle Fälle telefonisch anfordern: Uwes Pferdemobil, Tel. 01 79/7 61 47 88; Kutschtaxen Vogel, Tel. 01 71/3 32 05 04.

Parken: Langeoog ist autofrei, das Auto bleibt in einem der zahlreichen Garagenbetriebe auf dem Festland, Garage Arians, Tel. 0 49 71/887; Graef Tel. 0 49 71/833; Inselparkplätze ohne Garagen direkt am Anleger, Voranmeldung nicht erforderlich, Tel. 0 49 71/31 00.

Verkehr auf der Insel: Hauptverkehrsmittel auf Langeoog ist das **Fahrrad,** entsprechend hoch ist das Verkehrsaufkommen. Von März bis Oktober sind die Hauptstraßen (Rathaus bis Rudolf-Eucken-Weg) und die Barkhausenstraße (bis Einmündung Gartenstr.) in der Zeit von 10–12.30 Uhr und 16–18 Uhr für Fahrräder gesperrt (sie dürfen dann nur geschoben werden). Es gibt mehrere Fahrradvermieter.

Ärzte: Mehrere Ärzte, darunter auch ein Zahnarzt, eine Mutter-Kind-Klinik, Adressen im Gastgeberverzeichnis, Rettungsdienst, Tel. 112.

Insel-Apotheke: Am Wasserturm 8

Polizei: An der Kaapdüne 5, Tel. 810.

Post: Im Fischmarkt, Barkhausenstr. 22.

Internet: Internet-Terminals im Tenniscafé (Kavalierpad) und im Internetcafé des Hotels Kupferpfanne (Barkhausenstr.).

SPIEKEROOG

Bummel durch das idyllische alte Inseldorf • Zur Alten Inselkirche, dem ältesten Gotteshaus auf den Ostfriesischen Inseln, und zum Alten Inselhaus, das ein ›Drif-Huus‹ ist • Panoramablick von der Aussichtsdüne • Auf Schusters Rappen zur Ostplate mit einzigartigen, von glitzernden Wasserflächen durchzogenen Salzwiesen

Reiseatlas: S. 237, D1–F1

Nur ein paar Minuten sind es vom Hafen ins Dorf, das seit fast vierhundert Jahren unverändert an der selben Stelle steht. Die alten Inselhäuser ducken sich im Schutze üppig grüner, zum Teil über hundertjähriger Linden und Kastanien, deren Blätter verspielte Muster an die Hauswände, über die Gartentische und die grün gestrichenen Zäune werfen. An heißen Sommertagen findet sich immer ein schattiger Platz in einem der einladenden Straßencafés. Im Herbst, wenn die Stürme das Laub durch die gepflasterten Straßen fegen, lockt ein heißer Tee mit Kluntjes und Sahne in den gemütlichen Teestuben.

Wer es eilig hat, sollte Spiekeroog meiden: Es gibt nicht einmal einen Fahrradverleih, geschweige denn Autos oder gar einen Flughafen. Das einzige öffentliche Verkehrsmittel ist Deutschlands letzte Pferdebahn zwischen dem alten Inselbahnhof und dem Dünenrand im Westen. Die Kutscher wissen immer einige nette Anekdoten zu erzählen (nur in der Saison).

Inselgeschichte

Die Herkunft des Namens Spiekeroog ist umstritten. Zwei unterschiedliche Deutungen sind möglich: Der Name könnte entweder auf *Spieker,* ›Speicher‹, zurückgeführt werden, also ›Speicherinsel‹ zur Zeit der Seeräuber, oder aber auf die ersten Siedler, die möglicherweise aus einem küstennahen Dorf namens *Spieka* oder *Spieker* kamen.

Erstmals wird auch Spiekeroog in Widzel tom Brooks (s. S. 32) Urkunde aus dem Jahre 1398 erwähnt. Zu dieser Zeit war das Eiland wesentlich kleiner als heute und weiter westlich gelegen. Südwestlich vorgelagert war die kleine Insel Lütjeoog, im Osten die Insel Oldeoog. Im Verlauf des 17. und 18. Jh. wuchsen die beiden Inseln durch Sandanlagerungen allmählich mit Spiekeroog zusammen. In der Geschichte der niemals übermäßig begüterten Insulaner dominieren neben den zerstörerischen und gestaltenden Naturgewalten Überfälle durch rivalisierende Häuptlinge und Piraten sowie Schiffbrüche. Im Jahre 1448 beklagt Graf

Ulrich von Cirksena in einem Brief den Raub von 100 Schafen durch feindliche Häuptlinge. Spiekeroog gehörte zum Harlingerland, das zeitweise mit der Hauptstadt Esens ein selbstständiges Land neben Ostfriesland bildete. Als Ostfriesland in der zweiten Hälfte des 16. Jh. protestantisch wurde, das Harlingerland aber zunächst katholisch blieb, kaperte der Landesherr Balthasar von Esens vor der Küste Schiffe der Protestanten. Die Vergeltungsschläge trafen die Spiekerooger. Ebenso wie die Nachbarinsel Wangerooge hatten sie 1570 unter den Plünderungen der gefürchteten ›Wassergeusen‹ zu leiden. Die für die calvinistische Form der Reformation eintretenden Geusen kämpften gegen die katholischen Truppen, die im Namen des spanischen Königs Philipps II., eines fanatischen Anhängers des Papstes, die protestantisch gewordenen Holländer terrorisierten. Spiekeroog galt den holländischen Widerständlern folglich als Feindesland. Was die Plünderungen überstanden hatte, fiel im November des gleichen Jahres der Allerheiligenflut zum Opfer. Die Insulaner verlegten daraufhin ihr Dorf gen Osten, wo es heute noch ist.

Als Erholungsort wurde Spiekeroog spät entdeckt. Erstmals 1846 offiziell als Seebad bezeichnet, hatte Spiekeroog in der ersten Saison bereits 162 Feriengäste vorzuweisen. Die meisten von ihnen kamen, weil ihnen der Aufenthalt auf Norderney »teils zu kostbar, teils zu geräuschvoll« war. Schon die ersten Gäste genossen also die beschauliche Ruhe der kleinen Insel, die einen kleinen Boom erlebte, als nach der schweren Sturmflut von 1855 der Badebetrieb auf der Nachbarinsel Wangerooge völlig eingestellt werden musste. Mittlerweile hat das seit 1972 offiziell als Nordseeheilbad anerkannte Spiekeroog allen erdenklichen Kur- und Urlaubsluxus zu bieten, ohne dass die Insel mit ihrem traditionell gewachsenen Dorfkern Schaden genommen hat. Das moderne Kurzentrum und Hallenbad wurden dezent in die Dünen eingebettet, auf Hochhäuser und betonierte Einkaufsstraßen haben die Insulaner verzichtet.

Spiekeroog

Reiseatlas: S. 237, D/E1

Nach Ankunft der Schiffe zieht sich der Strom der neuen Gäste den Wüppspoor hinauf zum Noorderloog, der Flaniermeile Spiekeroogs. Hier reihen sich Cafés, Geschenkläden, Eisdielen, Bäckereien und efeuberankte Hotels mit gemütlichen Restaurants aneinander. Im Noorderloog 1 ist das kleine **Inselmuseum** untergebracht, das die Geschichte der Insel und die Entwicklung von Schifffahrt, Fischfang, Badeleben und Seenotrettungswesen dokumentiert. Im Vorraum hängt die Schiffsglocke des 1854 gestrandeten Auswandererschiffes ›Johanne‹ (s. S. 132; wechselnde Öffnungszeiten). Die ohne Zweifel bedeutendste Sehenswürdigkeit des Dorfes liegt zentral und doch abgeschieden vom Trubel der Hauptstraße im Süderloog. Die 1696 errichtete **Alte Inselkirche** ist das älteste erhaltene Gotteshaus auf den Ostfriesischen Inseln. Klein und fein, dabei etwas überladen wirkt das Kirchenschiff, an dessen himmelblauer Decke goldene Sterne funkeln. Die mit Bibelsprüchen auf Plattdeutsch geschmückte Renaissance-Kanzel stammt aus dem 16. Jh. Ergreifend ist die Pietà, eine farbige Holzskulptur, die Maria mit dem vom Kreuz abgenommenen toten Jesus zeigt. Der Überlieferung nach soll sie von einem Schiff der Spanischen Armada stammen, das im 16. Jh. vor Spiekeroog angetrieben wurde. In der winzigen und von hohen Bäumen beschatteten Kirche finden im Sommer regelmäßig Abendandachten statt.

Etwas außerhalb, im Westen des Dorfes, erstreckt sich der hübsche, von Wasserläufen durchzogene **Kurpark**

mit üppigem Baumbestand. Ruhebänke und hölzerne Plattformen bieten hier eine gute Gelegenheit, die zahlreichen Wasservögel zu beobachten. Am Rande der sich anschließenden, von Blumenbeeten gesäumten Rasenflächen findet man den Musikpavillon, in dem während der Sommermonate regelmäßig Konzerte stattfinden.

Viele Pfade schlängeln sich vom Dorf durch einen mehrere hundert Meter breiten Dünengürtel zum **Bade- und Burgenstrand** im Norden. Am Noorderpad, der durch das **Kurzentrum** mit der ›Kogge‹ (dem Haus des Gastes), dem Kinderspielhaus ›Trockendock‹ und dem Inselbad ›Schwimmdock‹ führt, steht mitten in den Dünen ein klei-

Reitertreff am alten Rettungsschuppen

ner **Lesepavillon.** Er wurde bereits 1931 erbaut, brannte 1987 ab und wurde 1989 neu errichtet. Das runde, mit einfachen Kiefernmöbeln ausgestattete Häuschen steht Leseratten bei jedem Wetter offen.

Auf dem weiter östlich gelegenen Slurpad gelangt man an einer 18 m hohen Aussichtsdüne vorbei an den Strand. Am Übergang zum Hauptbadestrand liegt das Selbstbedienungsrestaurant ›Strandhalle‹.

Drif-Huus

Im Süderloog 4 steht das zu Beginn des 18. Jh. erbaute **Alte Inselhaus.** Es ist ein so genanntes ›Drif-Huus‹ (›Treibhaus‹) mit einem Schwimmdach, das den Bewohnern im Falle einer Sturmflut als Rettungsfloß dienen konnte (s. S. 43). Das Alte Inselhaus beherbergt heute ein Café.

Ausflüge

Westergroen

Reiseatlas: S. 237, D1
Weite, artenreiche Salzwiesen prägen den Westteil Spiekeroogs. Der von Gräben und Prielen durchzogene **Westergroen** ist eine der größten Brutkolonien der Fluss- und Küstenseeschwalben. Das Gebiet, das zur Ruhezone des Nationalparks gehört, darf das ganze Jahr über nicht betreten werden. Am Nordrand dieses Naturschutzgebietes verläuft Deutschlands letzte Museumspferdebahn auf einer eineinhalb Kilometer langen Strecke vom Dorf zum Dünenrand im Westen.

Die **Pferdebahn** verkürzte bereits 1885 den lästigen Weg vom Dorf zum Herrenbadestrand am Westende. Da die Sandwege der Insel mit hochrädrigen Pferdewagen nur mühsam zu befahren waren, wurde die Bahnstrecke 1896 um eine Abzweigung nach Süden bis zum alten Fähranleger erweitert. 1949 wurde sie durch eine Diesellokomotive ersetzt, die mit der Einweihung

des neuen Hafens 1981 ihren Dienst beendete. Gewissermaßen als Trostpflaster wurde nun wieder die alte Pferdebahn auf der historischen Strecke zwischen Dorf und Westend in Betrieb genommen, die mit kurzen Unterbrechungen bis heute in Betrieb ist.

Im nördlichen Teil des Naturschutzgebiets sieht man die Reste der **Franzosenschanze.** Um zu Beginn des 19. Jh. den vor der Küste blühenden Schmuggel zu unterbinden, der das Handelsembargo gegen England untergrub, besetzten napoleonische Truppen die Inseln und ließen militärische Einrichtungen bauen. Die unscheinbaren Überbleibsel der Schanze sind nicht zugänglich, da sie in der Ruhezone liegen.

Ein paar Meter weiter nordwestlich sieht man direkt neben der Straße einen weiß getünchten **Rettungsschuppen** von 1862, der heute als Stall für Islandpferde fungiert.

Am Westend bietet das **Old Laramie** einen Hauch Wilden Westen. Der etwas heruntergekommene ›Saloon mit Pfiff‹ ist in einem Gebäude unterge-

DIE STRANDUNG DER ›JOHANNE‹

Anfang November 1854 stach die Dreimastbark ›Johanne‹ in Geestemünde (heute Bremerhaven) mit dem Ziel Baltimore an der Ostküste Nordamerikas in See. Unter Deck drängten sich 216 überwiegend aus einfachen Verhältnissen stammende Auswanderer: Männer, Frauen und Kinder aus Süd- und Mitteldeutschland, die das Meer bisher nur vom Hörensagen kannten. Das Barometer stand auf Sturm, und noch bevor die ›Johanne‹ Helgoland passiert hatte, wurde sie durch haushohe Wellenberge vom Kurs abgedrängt und auf die Brandungszone vor den Ostfriesischen Inseln zugetrieben. Drei Stunden vor Hochwasser strandete die ›Johanne‹ vor Spiekeroog. Dem Wüten der Brandung hilflos ausgesetzt, erteilte der Kapitän den Befehl, die Masten zu kappen, um zu verhindern, dass das Schiff kenterte. Der Großmast zertrümmerte die voll besetzte Oberdeckskajüte. »Augenzeugen berichten, dass in dem Augenblicke das Wasser rings um die Unglücksstätte vom Blute gefärbt gewesen sei. Diese Katastrophe … hat an 80 Personen das Leben gekostet«, heißt es am 11. November in der Weser-Zeitung.

Von der Insel aus war keine Hilfe möglich. Noch unter dem Eindruck der Katastrophe schildert der Inselpastor Doden im Kirchenbuch die Seelenqual der Inselbewohner, die sich am Strand versammelt hatten und zum tatenlosen Zuschauen verdammt waren: »Was tun für die vielen auf dem Schiff, deren Jammergeschrei trotz heulenden Sturmes, trotz des donnernden Getöses der gepeitschten Wogen doch uns ins Ohr und Herz drang! … Wir waren so nahe den in Not Schwebenden und blieben ihnen doch so fern und taten nichts für sie – konnten nichts tun. Das Schiff neigt sich in seiner ganzen Schwere wie ohnmächtig auf die eine Seite dem Meere zu, besonders da die gekappten Masten niederstürzten, Segel und Tauwerk und ach! auch Menschen mit sich fortreißend, die verwundet und zerdrückt ins Meer gerissen wurden.

Retten können aus Todesgefahr ist ein süßes Gefühl. Ach, wir machten in diesem Augenblick die so bittere Erfahrung des Gegenteils. Wir konnten nicht retten. Das Rauschen der Wellen war ein Todesrauschen und erfüllte mit Todesgrauen … Ein Kindlein trieb an. Und was die offenen Arme der Insulaner aufnahmen, war eine Leiche.«

Erst als der Sturm sich legte und Ebbe einsetzte, konnten die etwa 150 Überlebenden geborgen werden. Sie wurden von den Spiekeroogern aufgenommen, mit trockener Kleidung, heißem Tee und kräftigem Essen versorgt. Trost fanden sie kaum, in den folgenden Tagen trieben noch weitere Leichen an den Strand. Nach der Beerdigung der Toten brachen die Schiffbrüchigen am 14. November von Spiekeroog auf und erreichten vier Tage später Bremerhaven, von wo aus sie drei Wochen zuvor aufgebrochen waren. Die meisten der Auswanderer kehrten mut- und völlig mittellos in ihre Heimat zurück, nur wenige wagten die Reise nach Amerika ein zweites Mal.

bracht, das 1899 als erstes Warmbad der Insel entstand. Es bot bei schlechtem Wetter die Möglichkeit, Wannenbäder in erwärmtem Meerwasser zu nehmen. Nach der Verlegung des Badestrandes an die heutige Stelle nördlich des Dorfes diente es von 1934 bis 1945 als Flughafengebäude; der Flughafen wurde gleich nach Ende des Zweiten Weltkrieges wieder abgeschafft. Die auch von den Insulanern geschätzte Gaststätte **Old Laramie** bzw. Café Westend ist nicht nur ein Tipp für abends – sogar getanzt wird hier –, sondern man kann hier auch schön Kaffee trinken auf der mit Schiffstauen abgegrenzten Terrasse in den Dünen.

Am Campingplatz vorbei, gelangt man im äußersten Südwesten zum **alten Fähranleger.** Er ist seit Anfang der 1980er-Jahre, als der neue Hafen eingeweiht wurde, stillgelegt und verfällt. Die Reste der Gleisanlage, die ab 1892 Hafen und Dorf verband, tauchen irgendwo am Weg aus dem Dünensand auf und enden im Nirgendwo auf der von Wind und Wellen angenagten Brücke im Watt.

Zum Wrack der Verona

Reiseatlas: S. 237, F1

Wie keine andere der Ostfriesischen Inseln hat Spiekeroog in den letzten knapp 200 Jahren im Ostteil durch Sandanlandung an Substanz gewonnen. Vom Dorf geht es auf dem Hellerpad, der Verlängerung des Süderloog, nach Osten zur **Hermann-Lietz-Schule,** deren Gelände direkt an das östliche Naturschutzgebiet grenzt. In dem

1928 gegründeten, staatlich anerkannten Internatsgymnasium werden knapp 90 Schülerinnen und Schüler der 5.–13. Klasse nach den Prinzipien des Reformpädagogen Hermann Lietz (1868–1919) unterrichtet. Sie genießen hier eine ganzheitliche Erziehung, die neben den obligatorischen Fächern auch den Erwerb handwerklicher Fertigkeiten umfasst. Die Lehrer leben als ›Familieneltern‹ mit jeweils 4 bis 8 Jugendlichen in einem Wohnbereich zusammen. Die Schule ist auch Träger der HSHS High Seas High School, zu deren Unterricht ein mehrmonatiger Törn auf einem Großsegler gehört. Bei der Schule bietet das **Umweltzentrum Wittbülten** ein echtes Walskelett, viel Wissenswertes über Gezeiten, Entstehung der Insel und Meeressäugetiere sowie ein Café (und öffentliche Toiletten), Mitte März–Mitte Nov. Di–So 11–17, Rest des Jahres Di–Sa 11–17 Uhr, www.wittbuelten.de.

Die Pfade von der Schule zum Strand auf der Nordseite der Insel sind ganzjährig begehbar. Ein beliebtes Wanderziel ist das **Wrack der Verona.** Der britische Dampfer, dessen klägliche Überreste nur sporadisch aus dem Sand auftauchen, strandete 1883. Die 21 Mann starke Besatzung konnte gerettet, doch das am Kiel gebrochene Schiff nicht geborgen werden.

Die Ostplate

Reiseatlas: S. 237, F1

Der gesamte Ostteil Spiekeroogs liegt in der Ruhezone des Nationalparks und darf nur auf wenigen markierten Wegen betreten werden. Das Gebiet

Krebse sammeln am Strand

der **Ostplate** ist in der Brut- und Aufzuchtzeit der Vögel von Anfang April bis Ende Juli für Spaziergänger zum großen Teil gesperrt (Informationen erhält man von März bis Okt. im Wagen des Vogelschutzwartes in der Nähe der Hermann-Lietz-Schule). Die etwa 7 km lange und 2,5 km breite Ostplate ist für Geologen und Botaniker von besonderem Interesse, da sie hier alle Stadien der Inselentstehung beobachten und wesentliche Erkenntnisse über die Entstehungsgeschichte der Ostfriesischen Inseln gewinnen können. Auf der von vielen Wasserflächen durchzogenen Sandplate, die nur bei Sturmflut unter Wasser steht, von der normalen Flut aber nicht überspült wird, prägen niedrige Dünen unterschiedlichen Alters die Landschaft. Im Südosten bilden artenreiche grüne Salzwiesen mit breiten Verlandungszonen den Übergang zum Sandwatt. Seit 1935 hat sich hier vom Menschen fast unbeeinflusst eine einzigartige Tier- und Pflanzenwelt entwickeln können. Am Strand und im Primärdünenbereich brüten Silbermöwen, See- und Sandregenpfeifer und Zwergseeschwalben. Auf dem Heller gibt es Kolonien brütender Austernfischer und Eiderenten.

Vorwahl: 0 49 76.
Postleitzahl: 26474.
Auskunft: Nordseebad Spiekeroog GmbH, Kurverwaltung und Schifffahrt, PF 1160, 26466 Spiekeroog; Hausanschrift: Noorderpad 25, Tel. 91 93-101, Fax 9 19 32 13, www.spiekeroog.de.

Kurverwaltung, Gäste-Information und **Zimmer- und Wohnungsvermittlung:** Im Haus des Gastes, die ›Kogge‹, Noorderpad 18.

Den **Veranstaltungskalender** ›Spiekeroog im … (jeweiligen Monat)‹ gibt es gratis in der Kurverwaltung. Wochenzeitung ›Spiekerooger Inselbote‹, www.spiekerooger-inselbote.de.

Hotel Inselfriede: Süderloog 12, Tel. 919 20, Fax 91 92 66, www.inselfriede.de. Zentral und doch ruhig gelegen, EZ ab 78, DZ ab 66 € pro Pers., Eltern-Kind-Kombi 150–175 €. Badelandschaft mit Whirlpool, Sauna, Solarium und Schlemmen im hauseigenen Restaurant.

Hotel zur Linde: Noorderloog 5, Tel. 919 40, Fax 91 94 30, www.linde-spiekeroog.de. Traditionsreiches Hotel im alten Ortskern. EZ ab 73, DZ ab 63 € pro Pers. Im Haus: Restauranat ›Siwalu‹ und und Kneipe ›Kap Hoorn‹.

Friesenhaus Emil Nolde: Süderloog 18, Anfragen: Stolberg, Dreiberger Str. 13, 26160 Bad Zwischenahn, Tel. 0 44 03/98 94 39, Fax 98 94 38, www.spiekeroog-ferienhaus.de. Neues Friesenhaus in ruhiger Lage hinter dem alten Deich, helle, freundliche, moderne Einrichtung, 6 Ferienwohnungen für 3–10 Pers. 150–280 €.

Die Inselvilla: Westerloog 27, Tel 7 06 99 99, www.die-inselvilla.de. Am Westrand des Ortes aus 140-jährigen Backsteinen und Dachpfannen im inseltypischen Stil neu erbaut. Neun geschmackvoll eingerichtete Ferienwohnungen für 2–6 Pers., 130–215 €.

Drifthuus: Süderloog 13, Info: U. Borchard, Mühlenstr. 28, 48727 Billerbeck, Tel 02543/252 66. Gemütliches altes Friesenhaus: 2 Ferienwohnungen für 4 bzw. 5 Pers., eine Wohnung erweiterbar auf 10 Pers., 103–118 €.

Islandhof: Up de Höcht 5, Tel. 219, Fax 217, www.islandhof-spiekeroog.de. Kinderfreundliche, helle Ferienwohnungen für 2–4 Pers. am Westrand des Dorfes, 75–100 €. Mehrere Terrassen und Innenhöfe, Wiese mit Sandkasten und Strandnähe, im Mai, Juni und Sept. Pferdeprogramme für kleine Kinder und Maltage, wenn es regnet. Mit Babysitter. Reiten s. S. 136.

Huus Lütjeoog: Süderloog 48, Tel./Fax 15 76. Neues, im inseltypischen Stil erbautes Gästehaus mit Ferienwohnungen (eine mit Kaminofen) für 3–4 Personen, 70–84 €, im östlichen Dorf.

Zelten: Siehe Tipp.

Café und Gaststätte Teetied: Süderloog 1, Tee-, Weinstube und Restaurant, Hauptgerichte ab 9,50 €, schöne backsteingepflasterte Terrasse am Weg zum Hafen.

Altes Inselhaus: Süderloog 4, tgl. 15–17, 19–22.30 Uhr, Café und Restaurant im ältesten Haus Spiekeroogs, errichtet um 1700 (s. Tipp S. 131), außer leckeren Kuchen gibt es auch regionale, deftige Küche ab 9 €.

Spiekerooger Leidenschaft: Noorderpad 6, Tel. 706 00, www.spiekerooger-

Zelten in den Dünen

Wunderbarer Platz ohne großartigen Komfort in den Dünen im äußersten Südwesten der Insel, ca. 3,5 km vom Fähranleger. Am Campingplatz von Mai–Mitte Sept. Kiosk mit Lebensmitteln. Frühzeitige Voranmeldung im Sommer unbedingt erforderlich (!), entweder über die Zeltplatzverwaltung, Tel. 919 32 24, oder beim Zeltplatz, Tel. 288 (während der Saison).

Der Bahnhof

Café, Galerie, Pizzeria im alten Inselbahnhof, modern und kinderfreundlich, nachmittags Kaffee und Kuchen auch zum Draußensitzen, Salate, Pizzen und Pasta ab 6 €, auch zum Mitnehmen. Westerloog, Tel. 14 15, tgl. geöffnet, Küche 12–14, 18–23 Uhr.

leidenschaft.de. Ambitionierte, abwechslungsreiche Küche: Pasta und Bratkartofeln, Insellamm und Spiekerooger ›Pannfisch‹, ab 9 €.

Spiekerooger Teestube: Noorderloog/ Ecke Noorderpad. Bei jedem Wetter gemütlich, Insulaneressen nach Omas Rezepten, 8–17 €.

Blanker Hans: Wüppspoor 2 (direkt am Weg vom Hafen ins Dorf). Gemütliche, ganzj. geöffnete Kneipe und Biergarten, empfehlenswert für den Abend.

Bücherei: im Ev. Gemeindehaus, gegen Vorlage der Kurkarte können Bücher und Spiele entliehen werden. Bücher auch im Lesesaal der ›Kogge‹.

Haus des Gastes ›Kogge‹: Noorderpad 18. Viele Veranstaltungen: Konzerte, Theater, Ausstellungen Leseraum … außerdem ist ein kurioses **Muschelmuseum** (Mo–Fr 10–17 Uhr).

In der kleinen Töpferei, Noorderloog 3, Tel 70 65 25, darf getöpfert werden: 11–13, 15–17 Uhr, Sa nur Kinder.

Kino: März–Okt. 1–3 x wöchentlich im Kino beim Kurmittelhaus, Noorderpad 25.

Künstlerhaus: Noorderpad 6, Tel 7 06 00, Fax 70 60 99, www.kuenstlerhaus-spiekeroog.de. Ateliers, Werkstätten, Seminar- und Kursräume. Das Angebot zum Angucken und/oder Mitmachen umfasst Malerei/Grafik, Steinbildhauerei, Schmiede- und Metallkunst, Musik- und Tanzworkshops, Schreibwerkstatt/Literatur, wechselnde Ausstellungen zeitgenössischer Kunst. Zudem Verkauf von Bildern, Büchern, Kunsthandwerk, Kunstbedarf.

Baden: Spiekeroogs Bade- und Burgenstrand befindet sich nördlich vom Dorf und ist von diesem durch einen mehrere hundert Meter breiten Dünengürtel getrennt.

Inselbad ›Schwimmdock‹: Meerwasser-Hallenbad im Kurzentrum, abgesehen von einer ca. 3-wöchigen Inspektionspause im Dezember oder Januar ganzjährig geöffnet, Kurmittelanwendungen, Kinderbecken, Wassergymnastik, Schwimmkurse, Sauna.

Reiten: Islandhof, Up de Höcht 5, Tel. 2 19, Fax 2 17 (s. auch Unterkunft), www. islandhof-spiekeroog.de. Tgl. Ausritte ans Meer. Unterricht für Anfänger und Fortgeschrittene in den Spezialschrittarten Tölt und Pass. Abendritte für Erwachsene. In den Monaten Mai, Juni und Sept. Pferdeprogramme für kleine Kinder, Maltage, wenn es regnet.

Reitstall Petschat: Achtern d'Diek, Tel./ Fax 14 01. Tgl. Strandausritte, Unterricht für Anfänger/Fortgeschrittene in der Reithalle oder auf dem Platz. Kutschfahrten.

Segeln: Spiekerooger Segelschule, Westend 10, Tel. 680, Fax 99 00 01, www. spiekerooger-segelschule.de. Mitsegeln in kleinen Gruppen auf dem Watt und vor der Insel, Anfängerkurse, Segelgrundschein, Sportbootführerschein.

Tennis: Tennisanlage: drei Allwetterplätze; Tennisschule: Unterricht und Kurse, jährlich stattfindendes Bäderturnier, Info April–Okt. Norderloog 29, Tel. 410 und 14 74, Nov.–März, Tel. 05 11/81 02 13, Fax 05 11/27 90 01 07, IngoHuthTennis @aol.com.

Tipps und Adressen

Kinder: Spiekeroog ist kinderfreundlich und bietet in der Saison viele Veranstaltungen. **Kinderspielhaus ›Trockendock‹** (Noorderpad): Bereich zum Toben mit Tunnelrutsche, Bällebad, Sandraum sowie Räume zum Basteln und Malen. Computerkurse auch für Erwachsene, Internetcafé; keine Kinderbetreuung.

Fährverbindung: Ab **Neuharlingersiel** 1–3 x täglich, tideabhängig, daher immer zu verschiedenen Zeiten; Fahrzeit je nach Wasserstand 40–50 Min.; Auskunft: Hafen Spiekeroog, Tel. 9 19 31 33, Hafen Neuharlingersiel, Tel. 0 49 74/ 2 14.
Parken: Spiekeroog ist autofrei. Garagen und Stellplätze für Dauerparker liegen ca. 800 m vor dem Fähranleger, wenn man von Carolinensiel kommt. Mietpreise und Anreise-Info: Spiekeroog-Garagen GmbH Neuharlingersiel, Tel. 0 49 74/3 86 oder 99 02 96, www.spiekeroog-garagen.de.

Gepäckbeförderung vom Hafen zur Unterkunft: Spedition Oltmanns, Tel. 2 15.
Verkehr: Obwohl ausdrücklich darum gebeten wird, keine Fahrräder auf die Insel mitzubringen und es keinen Fahrradverleih gibt, wimmelt es auf der Insel von Drahteseln. Absolutes Radfahrverbot herrscht im Dorf und auf den Wegen zum Strand. Unentbehrlich für Familien mit Kindern sind Bollerwagen, in denen alles Nötige für einen Strandtag verstaut werden kann (mehrere Verleihstellen).

Arztpraxis: Noorderpad 23, Ecke Gartenweg, neben der Kurverwaltung, Tel. 3 27. **Zahnärzte:** In Neuharlingersiel, Esens und Carolinensiel.
Apotheke: Süderloog 2 (Ecke Wüppspoor).
Polizei: Tranpad 3, Tel. 3 19.
Postfiliale: Süderloog 49.
Internetcafé: Im ›Trockendock (s. S. 136) und ›Inselnet-Café‹, Süderloog 49.

Verabschiedung der Fähre

137

WANGEROOGE

Besteigung des Alten Leuchtturms • Zu den Türmen im geschichtsträchtigen Westen • Auf dem Deich am grünen Heller entlang • Zum ehemaligen Ostanleger • Strandspaziergänge mit einem Touch weite Welt am Horizont

Reiseatlas: S. 238, A–C1

Die zweitkleinste und östlichste der bewohnten Ostfriesischen Inseln gehörte in ihrer wechselvollen Geschichte zweimal zu Russland, aber niemals zu Ostfriesland. Das autofreie, liebenswert überschaubare Eiland ist eine ruhige Familieninsel. Die bunte Inselbahn bringt die Urlauber vom einsam am Südwestzipfel der Insel gelegenen Hafen – am östlichen Rande einer weiten, vogelreichen Lagunenlandschaft vorbeizuckelnd – direkt ins Dorfzentrum.

Inselgeschichte

Die erste urkundliche Erwähnung Wangerooges fällt in das Jahr 1327, als das Schiff eines Wangerooger Kapitäns vom Sturm verschlagen wurde und in die Gewalt des Grafen von Holland geriet. Dieser bezichtigte ihn der Verschwörung gegen ihn und forderte für seine Freilassung ein Lösegeld. Die Tatsache, dass die Inselbewohner in einem Brief aus diesem Jahr *oppidani* – etwa gleichbedeutend mit dem Begriff ›Stadtbürger‹ – genannt werden, weist darauf hin, dass es auf Wange-

rooge zu dieser Zeit bereits einen Ort gegeben haben muss. Ab Ende des 14. Jh. nahmen die Überfälle von Piraten zu, die im Auftrag verschiedener Häuptlinge die viel befahrene Schifffahrtsstraße vor Wangerooge unsicher machten. Im Schutze der Insel sammelten sich nämlich häufig Handelsschiffe, um Unwetterlagen abzuwarten und dann gemeinsam weiterzufahren. Am 12. März 1592 beraubten Freibeuter auf einen Streich 23 Handelsschiffe Emder Kaufleute, die im Wangerooger Watt Schutz gesucht hatten.

Den Seefahrern diente der Turm der Wangerooger Nikolaikirche im Nordwesten der Insel als wichtige Landmarke. Gegen Ende des 16. Jh. stürzte er bis auf eine Resthöhe von 13 m ein. Da der Turm aber ein bedeutender Orientierungspunkt für die sichere Einfahrt in die Weser gewesen war, wandte sich die Bremer Kaufmannschaft an den Grafen Johann von Oldenburg mit der Bitte, einen neuen Turm auf der Insel zu bauen. 1597 wurde der Grundstein für den markanten Seeturm gelegt, der zum Wahrzeichen des neugegründeten Dorfes wurde und heute als der Alte Westturm bezeichnet wird (s.

S. 143). Fortschreitender Landabbruch im Westen und treibender Flugsand aus den aufgerissenen Dünen zwangen die Insulaner im 16. Jh., ihre bedrohte, um die Ruine der alten Inselkirche gruppierte Siedlung in die Mitte ihrer Insel zu verlegen. Sie lebten vom Fischfang, der Gewinnung von Muschelschill und Schafhaltung. Seit 1575 in Oldenburger Hand, fiel Wangerooge 1793 durch Erbschaft an Russland (Katharina die Große, die Zarin von Russland, war die Schwester des Fürsten Friedrich August von Anhalt-Zerbst), 1807 an Holland, drei Jahre später an Frankreich, dann wieder an Russland und 1818 schließlich an Oldenburg, wozu es bis heute gehört. Noch zur Zeit der russischen Herrschaft, nämlich um 1800, kamen die ersten Badegäste, und im Jahre 1804 stiftete die als Landesverwalterin des Zaren amtierende Fürstin von Anhalt-Zerbst einen Badekarren und ein Zelt. (2004 feiert Wangerooge 200 Jahre Seebad).

Der Fremdenverkehr entwickelte sich zunächst nur zögerlich. Erst unter oldenburgischer Herrschaft ging es bergauf. Sofort nach der Übernahme Wangerooges im Jahre 1818 begann der Großherzog von Oldenburg mit dem Ausbau des Seebades. Bereits 1819 verfügte Wangerooge über ein Logierhaus mit elf Zimmern, ein Konversationshaus für Veranstaltungen sowie ein Warmbadehaus mit drei Wannen aus Holz. Ab 1829 wurde ein Badekommissar eingesetzt. Engagiert wurde der 60-jährige Geheime Hofrat Westing, der, wie ein Zeitgenosse berichtet, von der Nützlichkeit eines See-bades nicht überzeugt war: »Er … lebte der vollsten Überzeugung, daß in der See baden das unnützeste Ding von der Welt sei, daher auch die neuangekommenen Kurgäste mit den Worten ›Was wollen Sie hier? Geld vertrödeln, Langeweile genießen und ungeheilt von dannen gehen?‹ oder mit ähnlichen Reden empfing.« Der griesgrämige Kommissar überließ die Regie seiner 16 Jahre jüngeren Frau, unter deren dynamischem Walten das junge Seebad aufblühte. Als Gold wert erwies sich die Entscheidung der großherzoglichen Familie, ihre Sommerresidenz auf die Insel (übrigens die einzige in ihrem Besitz) zu verlegen. In ihrem Gefolge besuchten Herzöge, Prinzen und hochrangige Politiker das Seebad. 1854 zählte man schon 820 Gäste. Diese erfolgreiche Badesaison sollte jedoch bis auf weiteres die letzte sein: Schon lange war das einst in der Inselmitte gelegene Dorf um den alten Turm durch massive Dünenabbrüche und Landverluste in den Westen gerückt. Weihnachten 1854 wurde das florierende Nordseebad Wangerooge Opfer einer verheerenden Sturmflut. Die Menschen konnten ihr Leben zwar retten, doch ein Drittel der Häuser war völlig zerstört, die anderen Gebäude stark beschädigt. An vergnügliches Badeleben war kaum mehr zu denken. Die Landesregierung in Oldenburg stellte den umzugswilligen Insulanern finanzielle Mittel für ihre Umsiedlung zum Festland in Aussicht. »… Dann kam die Regierung nach Wangeroog und wollte uns alle von hier weg haben. Sie hielt uns vor, wir sollten einen Vorschuß bekommen, um nach dem Festland überzusiedeln. Wir könnten eine

Stätte wählen, wohin wir wollen, und sollten vierhundert oder fünfhundert und sogar sechshundert Reichstaler Vorschuß bekommen. Sie wollten uns am liebsten nach Varel haben, dieweil der Großherzog dort Land zu bebauen hatte.« Trotz des verlockenden Angebotes entschieden sich einige Alte, auf der Insel zu bleiben: »Dann kam die Regierung wieder und wollte auch uns von hier weg haben, aber das wollten wir nicht, wir wollten auf Wangeroog bleiben. Da sagte die Regierung, wenn wir hierbleiben wollten, dann müßten wir uns selber helfen, wir hätten keine Hoffnung auf Unterstützung, hier auf Wangeroog nicht …« Etwa 80 der 350 Bewohner blieben und begannen wieder einmal von vorn. Die neue Siedlung entstand im damaligen Ostteil der Insel rund um den heutigen Dorfplatz. Mittelpunkt des Ortes wurde der 1855/56 neu errichtete Leuchtturm. Die Insulaner taten ihr Möglichstes, den Fremdenverkehr wieder anzukurbeln, während die preußische Regierung in den folgenden Jahrzehnten in die Befestigung Wangerooges mit Strandmauern und Buhnen investierte. Diese großzügige Unterstützung verdankte Wangerooge nicht zuletzt auch seiner strategisch bedeutsamen Lage am Eingang zum Jadebusen, wo ab 1856 der wichtigste deutsche Kriegshafen, Wilhelmshaven, entstand. In beiden Kriegen wurde militärisch aufgerüstet, auf der Insel wurden Bunker gebaut, Flugabwehr- und Jagdfliegereinheiten wurden stationiert. Kurz vor Kriegsende, im April 1945, wurde Wangerooge das Ziel des schwersten Bombenangriffes auf einer Ostfriesischen Insel. Innerhalb von fünfzehn Minuten legten 480 alliierte Bomber die kleine Insel mit rund 6000 Bomben in Schutt und Asche – 311 Menschen starben. Der größte Teil der Häuser wurde beschädigt oder zerstört, so dass auf Wangerooge heute kaum alte Gebäude zu finden sind.

Wangerooge

Reiseatlas: S. 238, B1

Nur wenige Schritte vom Bahnhof ›Kehrwieder‹ erhebt sich der 39 m hohe, schwarz-rot-weiß gestrichene **Alte Leuchtturm,** das älteste erhaltene Bauwerk der Insel. Der 1855/56 im damaligen Osten errichtete Leuchtturm tat bis 1969 seinen Dienst, dann übernahm der neue vollelektrische Leuchtturm im Westteil der Insel seine Aufgabe. Über die 161 Stufen der Wendeltreppe gelangt man zur Aussichtsplattform in 35 m Höhe. Der alte Leuchtturm beherbergt seit 1980 das **Inselmuseum,** in dem eine bunte Vielfalt von Exponaten zur bewegten Inselgeschichte ausgestellt ist. Die Außenseite des Leuchtturms schmückt ein Stein mit dem Wappen des Hauses Anhalt-Zerbst, das als Hoheitszeichen bereits an dem 1687 erbauten, steinernen Feuerturm angebracht war (Tel. 83 24, Öffnungszeiten siehe Aushang, in der Saison tgl.). Seit 1996 kann man übrigens in einer besonderen Traustube im Alten Leuchtturm heiraten, die Organisation der Traumhochzeit übernimmt der Verkehrsverein.

Am Bahnhof nimmt die **Zedelius- straße** ihren Ausgang, Wangerooges Einkaufsstraße und Flaniermeile. Sie

Café Pudding

führt direkt auf das an der Strandpromenade gelegene Café Pudding zu (Panoramablick aufs Meer). Die im Sommer im oberen Bereich für Radfahrer gesperrte Zedeliusstraße ist gesäumt von Restaurants, Cafés, Boutiquen, einer Buchhandlung und einem Kino. Hier liegt auch der bereits 1928 angelegte **Rosengarten,** in dem während der Hauptsaison Kurkonzerte stattfinden. An den Park grenzt der **Dorfplatz,** in dessen Nähe die ältesten, aus der Mitte des 19. Jh. stammenden Inselhäuser zu finden sind.

Im Rosenhaus hinter dem Musikpavillon am Ostende des Rosengartens ist das **Informationszentrum des Nationalparks** Niedersächsisches Wattenmeer untergebracht. Eine Ausstellung informiert über Tiere, Pflanzen und den Lebensraum Wattenmeer. Neben täglichen Filmvorführungen werden regelmäßig Diavorträge und Filmvorführungen, naturkundliche Exkursionen (zu Fuß oder mit dem Fahrrad) und Kinderstunden angeboten (Friedrich-August-Str. 18, Tel. 83 97, www.natio nalparkhaus-wangerooge.de, Mitte März–Ende Okt. Di–Fr 9–13, 14–18, Sa, So 10–12, 14–17, sonst Di–Fr 10–13, 15–17, Sa, So 14–17 Uhr).

Westlich vom Dorfzentrum, an der ›Straße zum Westen‹ sowie im Bereich des **Tuunpadd,** der sich von der Friesenstraße durch ein kleines Kiefernwäldchen zum Friedhof schlängelt, lagen früher Dünengärten, die so genannten ›Tuuns‹, in denen Gemüse angebaut wurde. Die Insulaner verwandten viel Mühe darauf, Wälle gegen den Wind aufzuwerfen und mit Hilfe von Schafmist und Kompost den weißen Dünensand in Gartenerde zu wandeln. Das Wäldchen erstreckt sich mit einer kurzen Unterbrechung weiter Richtung Nordwesten parallel zum Dünengürtel an der Nordseite der Insel. Hier findet man im Schatten der Kiefern eine **Kriegsgräberstätte**. In der kreisrunden Gedenkstätte liegen u. a. die Opfer des Bombenangriffs vom 25. 4. 1945 begraben. Oben auf den Dünen westlich des Kurmittelhauses und des Schwimmbads ragt ein dunkles Holzkreuz empor. Es steht auf einem Bunkergrab und erinnert an 14 Soldaten und 6 Marinehelferinnen, die hier bei dem schweren Bombenangriff starben. Der unterhalb dieser Kriegsgräberstätte angelegte **Abenteuerspielplatz** ist ein Traum in feinem weißem Sand.

Erwähnenswert ist die 1962/63 erbaute **katholische Kirche** in der Westingstraße im nordöstlichen Teil des Dorfes. Auf zwei großflächigen Wänden sind aus farbigen Glassteinen Szenen aus dem Alten und Neuen Testament dargestellt. Thema der vorwiegend in Rot gehaltenen Nordwand sind die Kreuzwegstationen. Auf der Südwand dominieren mit dem Wasser in Verbindung stehende Themen in blauen Farbtönen, z. B. Noah in der Arche und der den Jonas ausspeiende Wal (tagsüber geöffnet).

Ausflüge

Verschiedene Wege – am Watt oder am Strand entlang, über die Fahrstraße oder durch die Dünen – führen nach Westen, in den ältesten Teil Wangerooges. Hier hat sich bis zur Mitte des 19.

Westlagune

Jh. die von ›Wanderlust‹ und Sturmfluten geprägte Inselgeschichte abgespielt. Zwischen 1667 und 1892 verlor die Insel im Westen etwa 2 km ihres Landes an die See, im Norden 1 km, während sie im Osten über 4 km zulegte. Das Westende Wangerooges befand sich einst dort, wo heute das Ostende der Nachbarinsel Spiekeroog liegt.

Ein günstiger Ausgangspunkt für eine Wanderung oder Radfahrt Richtung Westturm ist der **Bahnhof.** Die Straße ›Am Wattenmeer‹ führt schnell in unbebautes Gebiet und folgt dem Süddeich parallel zu den Gleisen der Inselbahn. Linker Hand breiten sich weite Wattwiesen aus, im Norden zieht sich eine grüne Dünenkette hin, in deren Schutz kleine Kieferngehölze gedeihen. Bevor der Weg auf den Westgrodendeich abzweigt, führen die Gleise der Inselbahn durch ein Deichschart, das bei hohen Sturmfluten geschlossen wird. In Höhe der ehemaligen **Haltestelle Saline** (der Name erinnert an ein Salzgewinnungswerk, das ein Oldenburger Kaufmann 1832 errichtete, aber bereits 1854 wieder aufgeben musste) sieht man mehrere kreisrunde Tümpel – Bombentrichter, in denen sich Grundwasser gesammelt hat.

Westaußengroden

Reiseatlas: S. 238, B1
Zwischen der nach Süden zum Anleger oder Hafen abzweigenden Inselbahn und dem nach Südwesten führenden Westgrodendeich erstreckt sich der Westaußengroden mit der **Lagune,** einem ausgedehnten, verzweigten Salzwasserseengebiet, dessen Betreten zum Schutze der Vögel ganzjährig verboten ist. Die Lagune ist Menschenwerk, sie entstand, als man hier im Jahre 1912 Schlick und Sand für den Bau des Westgrodendeiches entnahm. Durch die im Wasser schwebenden, von der Flut täglich mitgeführten Schlickteilchen droht nun allerdings die Verlandung dieses wunderschönen, auf den Ostfriesischen Inseln einzigartigen Vogelschutzgebietes.

Westturm

Reiseatlas: S. 238, B1
Der weithin sichtbare, 1933 fertig gestellte **Neue Westturm** gilt als Wahrzeichen Wangerooges. Er ist der Nachbau des **Alten Westturms,** der 1597 bis 1600 auf Drängen der Bremer Kaufmannschaft als Orientierungsmarke für die Schifffahrt errichtet worden war. Gut 300 Jahre diente der Alte Westturm als Kirche, das Stockwerk darüber als Lager für Strandgut. Gelegentlich wurden die Räume aber auch als Gefängnis, Eiskeller und, in der Franzosenzeit, als Waffenlager genutzt. Nach der um 1863 wegen der immer weiter vordringenden See erzwungenen Aufgabe des Westdorfes stand der mächtige Turm, einst krönender Dorfmittelpunkt, allein auf weitem Strand, von Meereswellen umspült. Doch nicht das Wasser wurde dem einsamen Riesen zum Verhängnis. In Erwartung eines englischen Angriffs zu Beginn des Ersten Weltkriegs, dem der Turm als Orientierungszeichen hätte dienen können, entschied man sich Weihnachten 1914, das markante Bauwerk zu sprengen. An der Buhne B, der zweiten

JuHe im Westturm

Wenn schon Jugendherberge, dann diese, einen Fahrstuhl gibt es allerdings nicht. Im Westen der Insel (3,5 km vom Dorf, Tel. 439, Fax 85 78, www.jugendherberge.de, ganzjährig, Nov.–Febr. auf Anfrage). Wer vom Anleger zur Jugendherberge laufen will (ca. 15 Min.), muss bei der Gepäckaufgabe in Harlesiel Bescheid geben, dass er sein Gepäck bereits am Hafen in Empfang nehmen will.

westlich des Neuen Leuchtturms, markiert eine große runde Steinfläche den ehemaligen Standort des Alten Westturmes.

Wangerooge blieb von feindlichen Angriffen verschont, doch die Insulaner und die langjährigen Stammgäste trauerten um das gesprengte Wahrzeichen. Schon bald machte man sich an die Verwirklichung der Pläne für eine Nachbildung ein ganzes Stück weiter südlich. Der neue Turm, der nach seiner Fertigstellung die Jugendherberge aufnahm, wurde im Gegensatz zum alten mit Fenstern ausgestattet. Im zweiten Stock mauerte man den alten Wappenstein des Vorgängers ein. Der neue Westturm ist nur für Jugendherbergsgäste zugänglich, eine Innenbesichtigung ist nicht möglich.

Auch der 1969 in Dienst genommene vollautomatische **Neue Leuchtturm** ist ein Wahrzeichen Wangerooges. Er ist mit 67,2 m das höchste Gebäude der Insel (keine Innenbesichtigung).

Hafen

Reiseatlas: S. 238, B1

Zum Hafen im äußersten Südwesten gelangt man entweder über den Strand oder auf dem Radweg am Westturm vorbei. Am Pier sind Fährschiffe und Frachter fest gemacht, im inneren Hafenbecken liegen Segel- und Motorboote. Das Holzhaus des Hafenmeisters steht zum Schutz vor Sturmfluten auf hohen Pfählen. Ankommende Urlauber steigen in die wartende Inselbahn um. Da kein Spazierpfad durch die Lagune führt, muss man für den Rückweg wieder am Westturm vorbei (am Strand oder auf dem Fahrweg) oder die Bahn ins Dorf zurück nehmen.

Ostinnengroden

Reiseatlas: S. 238, C1

Im Osten liegen zwei der drei Wangerooger Naturschutzgebiete: der Ostinnen- und der Ostaußengroden sowie die sandige Ostspitze. Mit dem Fahrrad und natürlich auch zu Fuß kann man den 1923–25 eingedeichten **Ostinnengroden** umrunden. Vom Bahnhof aus folgt man am besten dem Deich um den Dorfgroden. Der 1902 erbaute Deich brach während der Sturmflut von 1962 auf einer Länge von 230 m und wurde daraufhin auf 6 m über N.N. erhöht. Eine Gedenktafel erinnert an die Gewalt des Wassers: »Water ist Segen, Water ist Not, Lat uns den Segen, Bewahr us vör Not.« Der sich anschließende Ostgrodendeich hielt der Sturmflut stand, wurde aber ebenfalls auf 6 m erhöht. Bis zum **Café Neudeich** kann man auf dem Deich wandern, der den

Ostinnengroden mit dem Flugplatz umschließt.

Der 1937 als Naturschutzgebiet anerkannte, nicht zugängliche **Ostaußengroden** ist Brutplatz einer Kolonie von Brandseeschwalben. Unweit des geschützt am Deich liegenden Cafés befindet sich eine Naturschutzstation (naturkundliche Führungen siehe Aushang, keine Ausstellung).

Ehemaliger Ostanleger

Reiseatlas: S. 238, C1

Von hier aus kann man über die Dünen zum Strand spazieren oder aber nach rechts abbiegen und den Weg südlich der Ostdünen zur Ostspitze wandern. Direkt am Weg zum ehemaligen Ostanleger steht die ›**Neue Strandbake**‹ von 1909. Von hier sieht man dunkle Pfahlreihen aus dem Sand ragen, **Reste des ehemaligen Ostanlegers,** den ein Gleis mit dem Ort verband. Der 1904 gebaute Anleger, der eine gezeitenunabhängige Verbindung von Wilhelmshaven und Bremerhaven nach Wangerooge ermöglichte, war bis zu seiner Aufgabe 1958 ein teures Sorgenkind der Gemeinde und der Schifffahrtslinien. Versandung, Unterspülung, Sturmfluten und Eistreiben machten ihn immer wieder unbrauchbar.

Von der östlichen Inselspitze fällt der Blick auf die kleine, künstlich geschaffene Insel **Minsener Oog.** Seit 1908 wurden auf einer Sandbank Buhnen und Leitdämme gebaut, um die nach Osten wandernden Sande aufzuhalten und das wichtige Fahrwasser nach Wilhelmshaven vor der Versandung zu schützen.

Vorwahl: 0 44 69.
Postleitzahl: 26486.
Tourist-Service Verkehrsverein Nordseeheilbad Wangerooge: Im Bahnhof, PF 1220, 26476 Wangerooge, Tel. 94 88-0, Prospektanforderung Tel. 94 88 44, Unterkünfte: www.westturm.de.
Kurverwaltung Wangerooge: Gästeservice: Strandpromenade 3, Tel. 4 46 99 90, Fax 4 46 99 91 14, www.wangerooge.de. Der Veranstaltungskalender ›Alles auf einen Blick‹ wird in der Saison monatlich herausgegeben.
Die **WangeroogeCard** erhält man bei der Anreise am Fahrkartenschalter bei Bezahlung der Fahrkarte/des Flugscheins. ServiceCenter gibt es in der Kurverwaltung, im Gesundheitszentrum am westlichen Ende der Strandpromenade, im Bahnhof und am Flugplatz.

Upstalsboom Strandhotel: Strandpromenade 21, Tel. 87 60, Fax 87 65 11, www.upstalsboom.de. Die feinste Lage der Insel, Einzel-, Doppel- und Dreibettzimmer sowie Suiten direkt am Meer, pro Pers. 84–149 €. Mit Kurwellnessbereich, Schwimmbad, Sauna, Solarium.
Park Hotel und Villa: Am Dorfpl. 16, Tel. 870 80, Fax 87 08 70, www.parkhotel-wangerooge.de. Zentrale, ruhige Lage, Einzel-, Doppel- und Dreibettzimmer, Etagendusche; Übernachtung 38–45 €.
Haus Jakobs: Elisabeth-Anna-Str. 29, Tel. 3 35, Fax 94 59 00, März–Nov. Gäs-

Café Neudeich

Freundliches Ausflugslokal im Osten, zu Fuß oder per Rad zu erreichen. Kaffee, Kuchen, warme Speisen 8–15 €. Straße zum Osten, Tel. 272, Mi–Mo ab 11 Uhr.

tehaus von 1911, seit 90 Jahren im Familienbesitz, Zimmer mit Dusche/WC, Teeküchenbenutzung; Übernachtung 34 € pro Pers.

Haus Helena: Bahnhofstr. 1, Tel. 5 50. Hübsche Pension mit 6 Doppel- und 2 Einzelzimmern, Gästeküche und Aufenthaltsraum; Übernachtung 28–33 €.

Jugendherberge: Siehe Tipp S. 144.

Pension und Restaurant Teestube: Friedrich-August-Straße 13, Tel. 256. Viele Stammgäste und Einheimische kehren hier ein. Zum Klang einer alten Spieluhr gibt's ostfriesischen Tee sowie Fisch- und Fleischspezialitäten, ab 9 €. Auch Pension, Übernachtung ab 26–36 €.

W'ooge: Zedeliusstraße 35, Tel. 948 30, www.restaurant-wooge.de, tgl. ab 10 Uhr, außerhalb der Ferien Mi Ruhetag. Restaurant, Bistro und Café mit großer Terrasse, Internetcafé, Hotspot. Aufläufe, Fisch & Fleisch, Vegetarisches, 7–15 €.

Eiscafé und Pizzeria Venezia: Zedeliusstraße, Tel. 13 77. Der Favorit der Kinder: Pizza und Pasta ab 6 €.

Café Treibsand: Zedeliusstraße 32, Tel. 12 10. Café, Bistro und Kneipe, ist auch nett für ein Glas Wein am Abend.

Ausflugslokale im Westen

Inselgasthaus Jan Seedorf: An der Saline, Straße zum Westen 72, Tel. 387, nur in der Saison 12–20 Uhr geöffnet, Di Ruhetag. Beliebt bei Wanderern und Radfahrern, netter Service, große Sonnenterrasse im Schutz der Westdünen, friesische Spezialitäten, 8,50–21,50 €.

Ausflugslokale im Osten

Café Neudeich: Siehe Tipp S. 145.

Ahoi: Obere Strandpromenade 19, Kneipe. Obendrüber im **Strandkorb** mit langer Holztheke hat man Blick aufs Meer.

Galerie Collage: Anspruchsvolle Souvenirs bei Monika Ploghöft. Charlottenstr. 25.

Neue Freizeitmöglichkeiten und viele Änderungen auf Wangerooge: Ein neues Servicegebäude, »ein Platz am Meer« und ein Kinderspielhaus entstehen bis 2008. Die alte Tennishalle wird zu einer Mehrzweckhalle umgebaut.

Bücherei: Im Haus ›Ansgar‹ bei der Katholischen Kirche, Damenpfad 20; Mo, Mi und Fr, außerhalb der Saison nur Mo und Fr 16.30–18 Uhr.

Kino: Im Hotel Hanken (Eingang Peterstr.), in der Saison tgl. 3–4 Vorstellungen, Kinderprogramm, Tel. 87 70.

Ausflugsfahrten nach Spiekeroog, Langeoog, Helgoland, zu den Seehundbänken, in der Saison.

Baden: Der Hauptstrand liegt unmittelbar unterhalb vom Café, Ost- und Westbad schließen sich nahtlos an den Hauptstrand an. Hunde sind nur östlich des Ostbades erwünscht. Ein FKK-Strand fehlt auf Wangerooge.

Meerwasser-Freizeitbad ›Oase‹: Obere Srandpromenade, Tel. 9 91 47, mit angeschlossenem Freibad bietet von Ebbe und Flut unabhängiges Schwimmvergnügen, mit Kinderplantschbecken, Geysiren, Riesenrutsche usw.

Reiten: Inselhof, Am Alten Deich 11, Tel. 17 74, www.inselhof-wangerooge.de; Reitstall Eden, verlängerte Richthofenstr., Tel. 2 66; Reitstall Janßen, Rösingstr. 11, Tel. 6 50.

Surfen: Surf- und Katamaranschule ›Wind Specials-Fun-Center‹, Untere Strandpromenade West, Info Tel. 01 71/ 3 25 43 66, im Sommer auch Tel. 94 22 22, Fax 94 22 97. Anfänger-, Kinder-, Aufbau- und Fortgeschrittenenkurse, Ende Juni–Anfang Sept.

Tennis: Tennis-Center, 3 Freiplätze und

Sqashkabine, Anmeldung/Info Tel. 94 68 46.

Tischtennis: Halle hinter der Surfschule, Obere Strandpromenade West.

Kindern wird viel geboten auf Wangerooge. Ein neues Kinderhaus ist im Bau. Bislang Kinderbetreuung im Gästekindergarten an der Oberen Strandpromenade. Außerdem Spielräume ohne Betreuung im Innenhof der Kurverwaltung.

Flug: von Harlesiel nach Wangerooge in ca. 5 Min. (im Sommer 9 x tgl.), s. S. 218. Auch Helgoland Airline fliegt nach Wangerooge: Info Tel. 0 44 21/926 00.

Bahn: Am besten Zug bis Sande/Friesland, von dort aus mit dem Tidebus bis an den Anleger. Info: DB Schifffahrt und Inselbahn Wangerooge, Tel. 0 44 64/94 94 11, www.siw-wangerooge.de. Fahrplanauskunft Tel. 08 00/1 50 70 90 (kostenlos).

Fährverbindung: Ab **Harlesiel**, 1–4 Abfahrten zu wechselnden Zeiten, da tideabhängig. Die Fahrzeit beträgt etwa 1 Std. 20 Min. (inkl. 20 Min. Inselbahn). Info über Schifffahrt und Inselbahn, Bahnhof Wangerooge, Tel. 94 74 11; Bahnhof Harlesiel, Tel. 0 44 64/94 94 11.

Gepäckdienst auf der Insel: Firma Hundorf/Tammen, Tel. 14 26, Fax 14 10. Die Firma steht bei der Ankunft am Bahnhof, bei der Abreise nur auf Anforderung, am Flughafen nur mit Anforderung.

Fahrräder sind auf Wangerooge das wichtigste Verkehrsmittel. Es gibt mehrere Fahrradvermieter. Während der Hauptsaison ist der obere Teil der Zedeliusstraße für Radfahrer gesperrt. Auf der oberen und unteren Strandpromenade ist das Radfahren ganzjährig verboten.

Parken: Wangerooge ist eine autofreie Insel; nicht sturmflutsichere Parkplätze (keine Garagen) liegen in Anlegernähe. Für die Garagenunterstellung ist in der Saison Vorbestellung zu raten. Garagen und

Stellplätze: Wangerooge Garagen GmbH, Tel. 0 44 64/3 55, Fax 94 20 21.

Ärztliche Versorgung: Mehrere Ärzte und ein Zahnarzt, drei Mutter-Kind-Kurheime, Adressen im Gastgeberverzeichnis.

Krankentransporte: Tel. 192 22 (Tag und Nacht besetzt).

Apotheke: Zedeliusstr. 31.

Polizei: Tel. 205 bzw. 110.

Post: Elisabeth-Anna-Str. 11.

Internet: Nutzungsmöglichkeit im Foyer des Gesundheitszententrums, in den Restaurants ›Tower-Stübchen‹ und ›W'ooge‹.

W-Lan-Hotspot: im Leseraum der Kurverwaltung, ›Coffee-Shop OKKO‹, Upstalsboom Strandhotel und im Restaurant ›W'ooge‹.

Der Alte Leuchtturm

Die Küste

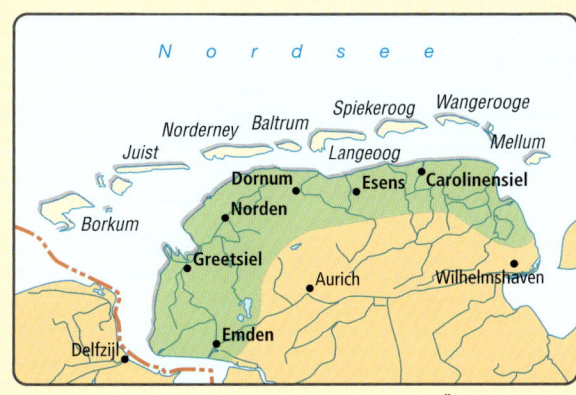

Symbol
Ostfrieslands:
Der Leuchtturm
von Pilsum

Reiseatlas S. 232–238, Übersichtskarte

EMDEN

Besuch des Hafens: Ostfrieslands Tor zur Welt • Vom Rathaus zu den Museumsschiffen im Ratsdelft, Besichtigung des historischen Pelzerhauses und der Kunsthalle • Umrundung der Altstadt auf dem baumbestandenen Stadtwall • Entlang des malerischen Falderndelftes zur Kesselschleuse

Übersichtskarte hinten

Die im 16. Jh. für ihren unermesslichen Reichtum berühmte Handelsmetropole Emden zählt zu den bedeutendsten Seehäfen Deutschlands und bildet nach wie vor das kulturelle und wirtschaftliche Zentrum Ostfrieslands. Im Zweiten Weltkrieg zu fast 80 % zerstört, wurde die Stadt auf dem Grundriss des mittelalterlichen Stadtkerns wieder aufgebaut. Das Hafenbecken, der ›Ratsdelft‹, markiert die Stelle, wo zur Geburtsstunde Emdens vor 1200 Jahren die Ems verlief. Damals hieß die Siedlung *Amuthon* (Ort an der Mündung des Flusses A in die Ems), aus der Lagebezeichnung entwickelte sich der heutige Name. Zweigeschossige Backsteinhäuser mit Mansardendächern säumen die Straßen der Altstadt, Historisches mischt sich mit Modernem. Der baumbestandene, zu Beginn des 17. Jh. aufgeworfene und fast vollständig erhaltene Stadtwall umgibt das historische Zentrum und bietet inmitten des städtischen Trubels eine Oase der Ruhe und üppiger Natur. Auf einer Bootsfahrt durch die zahlreichen Kanäle (insgesamt 150 km!) lernt man

erstaunlich malerische Ecken dieser bemerkenswert lebendigen Stadt kennen. Die großen Betriebe der Autoproduktion und der Schiffswerften liegen im süd- bzw. südwestlichen Teil der Stadt am Hafen, der immer im Mittelpunkt der wechselvollen Geschichte Emdens stand.

Stadtgeschichte

Um die Wende des 8./9. Jh. ließen sich an der Stelle der späteren Stadt zunächst friesische Fernhändler auf einer ›Warf‹, einem künstlich aufgeworfenen Erdhügel, nieder und schufen einen Handelsplatz. Aufgrund ihrer verkehrsgünstigen Lage im Mündungsgebiet der Ems entwickelte sich die kleine Einstraßensiedlung bis zu Beginn des 15. Jh. zu einem Hauptort des friesischen Handels. Dessen Bewohner schlugen selbstbewusst die Beitrittsangebote der Hanse aus, kassierten statt dessen Wegzölle auf der Ems und öffneten ihren Hafen dem Erzfeind der Hanse, den Vitalienbrüdern, die mit Vorliebe die schwer beladenen Hansekoggen überfielen. Verärgert besetzten die Hamburger schließlich Emden. In den zwei Jahrzehnten der Oberhoheit Hamburgs (1433–53) erfolgte der planmäßige Ausbau und die Befestigung der Stadt. Durch gezielte Förderung entwickelte sich das Emder Zollrecht zum Stapelrecht: Jedes Schiff, das Emden auf der Ems passieren wollte, musste seine Waren verzollen und drei Tage in der Stadt zum Verkauf anbieten. Dieses 1494 vom späteren Kaiser Maximilian I. bestätigte Privileg bildete eine der wichtigsten Grundlagen für die wirtschaftliche Entwicklung Emdens. Nach 20 Jahren überließen die Hamburger die Stadt der mit ihnen verbundeten Greetsieler Häuptlingsfamilie der Cirksena. Ab dem Jahre 1464 erkoren diese – als frisch gekürte Grafen von

Ostfriesland – Emden zur Residenzstadt, bauten den Hafen aus und förderten systematisch Handel und Schifffahrt.

Seine Hochblüte erlebte der Seehafen ab 1570, als während des Niederländischen Befreiungskrieges Tausende von Glaubensflüchtlingen aus Holland, Brabant und Friesland nach Emden flohen. Emden wurde Mittelpunkt des Calvinismus in Norddeutschland. Viele Glaubensflüchtlinge brachten Kapital, Schiffe und Handelsbeziehungen nach Emden mit, das jetzt mit etwa 20 000 Einwohnern zu den größten Städten Deutschlands zählte. Im Jahre 1575 sind 600 Schiffe von Emder Kaufleuten bereedert – das war vermutlich mehr als der gesamte damalige Bestand der englischen Flotte.

Rüstkammer der Emder Bürgerwehr

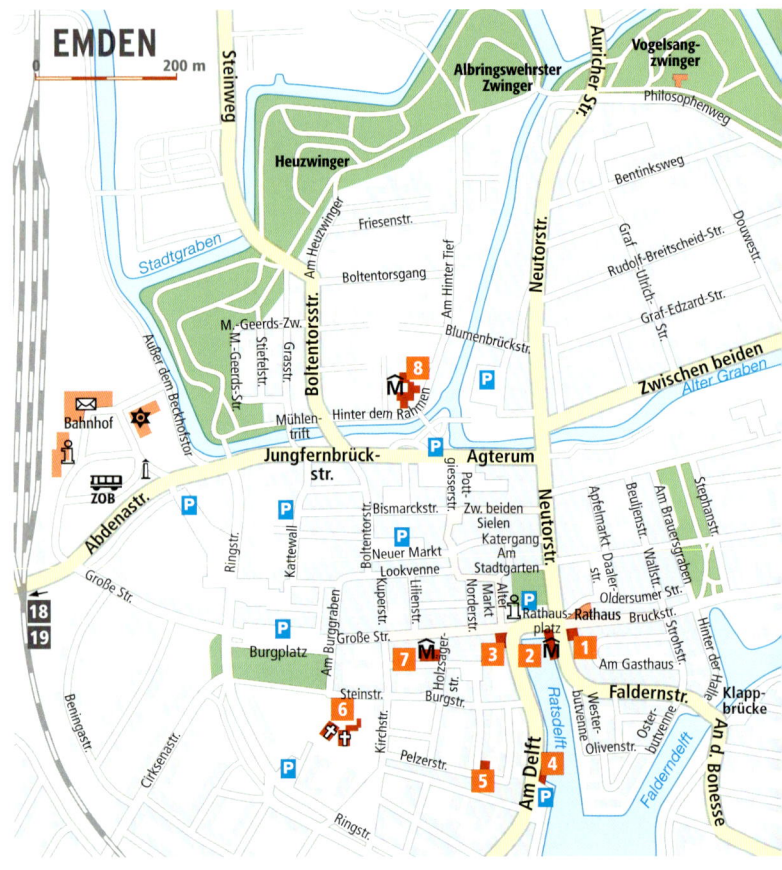

Emdens Blütezeit ging ihrem Ende entgegen, als die niederländischen Glaubensflüchtlinge in ihre Heimat zurückkehrten. Verheerende Folgen hatte auch die durch eine Sturmflut verursachte Verlagerung der Ems: Der Fluss, der vorher direkt an der Stadt vorbeigeflossen war, verlief jetzt 3 km von Emden entfernt. Das alte Fluss-bett, bisher die Hafenzufahrt, drohte zu verschlicken. Um 1750 lebten nur noch 7 000 Menschen in Emden, das sich immer mehr zur Landstadt entwickelte. Seit 1744 war die Verwaltung auf die neuen preußischen Herrscher überge-gangen. Obwohl diese Emden als Ha-fenstadt nach Kräften förderten, ging es erst wieder Ende des 19. Jh. auf-

Sehenswürdigkeiten

1. Rathaus
2. Museumsschiffe
3. ›Dat Otto Huus‹
4. Hafentor
5. Pelzerhaus
6. Große Kirche und Schweizer Kirche
7. Bunkermuseum
8. Kunsthalle
9. Vrouw Johanna Mühle
10. Rote Mühle
11. Kesselschleuse
12. Weiße Mühle
13. Gödenser Haus
14. Neue Kirche

Übernachten

15. Heerens Hotel
16. Alt Emder Bürgerhaus
17. Jugendherberge an der Kesselschleuse
18. Campingplatz Knock

Essen und Trinken

16. Alt Emder Bürgerhaus
19. Strandlust

wärts. Durch den Bau des Ems-Jade-Kanals (1888) und des Dortmund-Ems-Kanals (1898) erhielt die Stadt Anbindung ans Binnenland, vor allem an die Industriereviere an Rhein und Ruhr. Im Verlauf weniger Jahrzehnte entwickelte sich Emden nun zu einem leistungsfähigen Umschlaghafen für die Ein- und Ausfuhr von Massengütern wie Erz und Kohle. Heute geht die Entwicklung hin zum Stückgut- und Industriehafen, Kohle wird kaum noch, Erz überhaupt nicht mehr umgeschlagen. Außerdem ist Emden einer der größten Autoverladehäfen Europas – zunächst exportorientiert, ist in den letzten Jahren auch der Import von Autos bedeutend gestiegen.

Wichtigster Arbeitgeber der gesamten Region ist das Volkswagenwerk (Leitwerk für das Modell Passat). Ein wesentlicher Wirtschaftsfaktor sind auch die Werften, allen voran die Thyssen-Nordseewerke. Der schwierigen Auftragslage zum Trotz hat sich eine Reihe kleinerer Werften durch den Bau von Spezialschiffen einen guten Namen gemacht. Am Außenhafen befindet sich der Borkumanleger. Die Reederei AG-Ems hat in den vergangenen Jahren nicht nur in einen High-Tech-Katamaran investiert, sondern auch ein Stück Autobahn gekauft: Finanziert hat sie den Ausbau von 100 m der A 31, der schnellste Weg zum Anleger nach Borkum. Beträchtlich angewachsen ist der Fremdenverkehr auch in Emden. Im Sommer kommen Tausende von Touristen von den Inseln und Küstenorten, um die kulturell lebendige Stadt zu erkunden – 100 000 Besucher zählt allein die Emder Kunsthalle pro Jahr.

Stadtbummel

Die meisten Sehenswürdigkeiten der Stadt sind vom Rathaus am Ratsdelft,

Grachtenfahrten

Eine Bootsfahrt durch die zahlreichen Wasserläufe bietet überraschend malerische Aspekte der industriell geprägten Arbeiterstadt, Anlegestelle bei der Kunsthalle, April bis Okt., Anmeldung bei der Touristinfo, Tel. 9 74 00.

dem historischen Hafenbecken im Zentrum, bequem zu Fuß zu erreichen.

Rathaus

Das **Rathaus** [1] ist das Wahrzeichen der Stadt. Sein Vorgänger, der in der Blütezeit Emdens nach dem Vorbild des Antwerpener Rathauses in der zweiten Hälfte des 16. Jh. von Laurenz van Steenwinckel errichtet wurde, versank während des Bombenangriffs am 6. September 1944 in Schutt und Asche. Von 1959 bis 1962 wurde es von Bernhard Wessel unter Berücksichtigung der früheren architektonischen Gliederung in modernisierter Form wieder aufgebaut. Die erhalten gebliebene Bausubstanz, u. a. das alte Hauptportal, das der Spruch *Concordia res parcae crescunt* (›Durch Eintracht wachsen kleine Dinge‹) ziert, wurde in den Neubau integriert.

Das Rathaus birgt heute das **Ostfriesische Landesmuseum** und die berühmte Städtische Rüstkammer. Einblicke in die Geschichte und Architektur Emdens gewähren ein Stadtmodell von 1929, das Originalmodell des Emder Rathauses sowie viele alte Stadtansichten und Karten, unter ihnen die ›Fabricius-Karte‹ von 1589, die bedeutendste frühe Karte von Ostfriesland. Im Dachgeschoss zeigt die **Rüstkammer** matt schimmernde Spieße, Harnische, Musketen, Hellebarden, Morgensterne und Piken aus dem 15. bis 18. Jh. Der Weg zum Turm des Rathauses führt durch das Museum. Von oben schweift der Blick über die von Grachten durchzogene Stadt und den Hafen (Di–So 10–17 Uhr, Neutorstraße).

Das Ratsdelft, das alte Hafenbecken, mit dem Rathaus von Emden

Am Hafen

Unten im **Ratsdelft** sollte man sich eine **Hafenrundfahrt** nicht entgehen lassen, sie vermittelt einen spannenden und ausgesprochen informativen Einblick in das Wirtschaftsleben der Stadt (April–Okt., bei genügend Interessenten Mo–So 12, 13, 14, 15, 16 Uhr).

Im alten Hafen liegen mehrere **Museumsschiffe** 2. Das leuchtendrote Museumsfeuerschiff ›Deutsche Bucht‹ wurde 1914–18 auf der Meyer-Werft in Papenburg gebaut und versah 65 Jahre lang in der Deutschen Bucht seinen Dienst. Seit 1984 liegt es im Delft vor Anker, es beherbergt ein schifffahrtsgeschichtliches Museum. (April–Okt. Mo–Fr 10.30–13, 14.30–17; Sa, So 11–13 Uhr, Führungen bei Bedarf. Zunehmender Beliebtheit erfreuen sich Trauungen im Kapitänssalon.)

Gleich nebenan liegt seit 1988 der **Seenotrettungskreuzer ›Georg Breusing‹** vor Anker. In 25 Dienstjahren (1963–88) wurden von der Station Borkum in der Emsmündung aus 1672 Menschen gerettet (April–Okt. tgl. 10–13, 15–17 Uhr). Ein paar Schritte weiter ist der **Herings-Segellogger** festgemacht. Wechselausstellungen dokumentieren die große Zeit der Heringsfischerei (geöffnet wie Feuerschiff).

›**Dat Otto Huus**‹ 3 (Ecke Große Straße/Am Delft) ist ein Spaß für Groß und Klein. im Erdgeschoss wird Ottifanten-Schnickschnack verkauft, im oberen Stock anhand eines ›kleinen musealen Schmunzelkabinetts‹ die Karriere des Emdener Komikers Otto Waalkes dokumentiert. Der Eintrittspreis dient karitativen Zwecken (April–Dez. Mo–Fr 9.30–18, Sa 9.30–13, April, Juli–Okt. auch So 10–16 Uhr).

Am Westufer des Ratsdelft weist das Emder **Hafentor** 4 auf die Einfahrt des historischen Hafens hin. Es wurde 1635 von Martin Faber in niederländischem Baustil errichtet. Den oberen Abschluss der rundbogigen Durchfahrt bildet ein barocker Giebel mit dem eingemeißelten Sinnspruch: *Et pons est Embdae et portus et aura Deus* (›Gott ist für Emden Brücke, Hafen und Segelwind‹).

Pelzerstraße

Vom Ratsdelft sind es nur wenige Minuten zur **Pelzerstraße,** die vom 12. bis zum 16. Jh. Standort der Pelz- und Fellhandelshäuser war. Auf dem Weg dorthin geht es leicht bergauf, wir be-

Pelzerhaus

finden uns auf der über tausendjährigen Warf, auf der die ersten Händler und Handwerker im 9. Jh. ihre Häuser errichteten. In der Pelzerstraße Nr. 12 steht das um 1585 erbaute **Pelzerhaus** 5, das einzige im Bereich der historischen Altstadt vom Bombenhagel verschonte Beispiel flämisch-niederländischer Architektur. Mit seiner schönen dreigeschossigen Renaissancefassade zeugt es vom einstigen Glanz der Hafenstadt. Heute beherbergt es ein Kulturzentrum mit wechselnden Ausstellungen sowie ein mit historischen Möbeln ausgestattetes Restaurant-Café (Tel. 2 53 35, unregelmäßig geöffnet).

Große Kirche

Der Pelzerstraße folgend gelangt man zur **Großen Kirche** 6, der *Moederkerk* (›Mutterkirche‹) der calvinistischen Gemeinden Nordwesteuropas. Die Geschichte des im Krieg zerstörten Gotteshauses reicht bis ins 12. Jh. zurück. Unter Ulrich Cirksena, dem ersten ostfriesischen Grafen, wurde die Einraumkirche im 15. Jh. zum imposanten Bauwerk ausgebaut. Vom prachtvollen Renaissance-Grab des 1540 gestorbenen, ebenfalls aus dem Geschlecht der Cirksena stammenden Enno II. überlebte nur ein Teil den Bombenangriff. Erhalten blieb auch das Ostportal mit dem *Schepken Christi,* einem Steinrelief, das ein Schiff sowie die Zeilen »Godts Kerk verfolgt, verdreven, Heft Godt hyr Trost gegeben« zeigt. Es erinnert an die Glaubensflüchtlinge aus den Niederlanden im 16. Jh. Heute hat die Reformierte Kirche mitten in dem gewaltigen Kirchenschiff, das unter Einbeziehung der Ruinen wieder aufgebaut wurde, ein einzigartiges Studienzentrum eingerichtet. In ihm ist die berühmte, seit 1578 kontinuierlich gewachsene ›Bibliothek der Großen Kirche‹ (heutige Bezeichnung: Johannes a Lasco-Bibliothek, www.jalb.de) untergebracht. Westlich der Ruine wurde von 1948–49 mit Hilfe der Evangelischen Kirchen der Schweiz die **Schweizer Kirche** aufgebaut.

Als im Mai 1944 Emden durch einen Großangriff zu 80 % zerstört wurde, überlebten viele Bewohner in den zahlreichen, mit Hilfe ausländischer Arbeiter, Kriegsgefangener und KZ-Häftlinge gebauten Bunkern, von denen heute noch 29 das Stadtbild prägen. Ein paar Straßen von der Großen Kirche entfernt, dokumentiert das in einem solchen Schutzbau untergebrachte **Bunkermuseum** 7 eindrücklich die Zeit des Nationalsozialismus und die furchtbaren Folgen des Zweiten Weltkriegs (Mai–Okt. Di–Fr 10–13, 15–17, Sa, So 10–13 Uhr, Holzsägerstr. 6).

Kunsthalle

Keinesfalls sollte man einen Besuch der viel gepriesenen **Kunsthalle** 8 versäumen. Vom Rathausplatz oder der Großen Straße schlendert man durch überwiegend verkehrsberuhigte Geschäftsstraßen Richtung Norden, passiert den Neuen Markt mit seinen gemütlichen Bistros und Kneipen (Wochenmarkt Di, Fr und Sa 8–13 Uhr), überquert die verkehrsreiche Hauptstraße Agterum und gelangt über eine Brücke in das gepflasterte, stille Sträßchen Hinter dem Rahmen. Die am Ka-

Die Emder Kunsthalle

nal gelegene Kunsthalle spendierte Henri Nannen, ehemaliger Chefredakteur des Magazins ›Stern‹, seiner Geburtsstadt. Das von Friedrich Spengelin entworfene, 1984–86 entstandene Museumsgebäude birgt eine bedeutende Sammlung von Kunstwerken des 20. Jh., darunter Werke von Feininger, Kirchner, Kokoschka, Macke, Marc, Modersohn-Becker und Nolde (Di 10–20, Mi–Fr 10–17, Sa, So 11–17 Uhr, Hinter dem Rahmen 13). Nach dem Kulturgenuss: ›Museumsstube‹ an der Kunsthalle, Restaurant und Bistro-Café, im Sommer Terrasse direkt am Wasser (Hinter dem Rahmen 5a).

Von der Kunsthalle zur Neuen Kirche

Die Kunsthalle ist auch ein günstiger Ausgangspunkt für einen **Wallspazier-**

gang. Für die 4–5 km lange Wanderung sollte man etwa eineinhalb Stunden veranschlagen. Die baumbestandene, parkähnliche Wallanlage, die mit Rasenflächen und einem Netz von Spazier- und Radfahrwegen um die Innenstadt herumführt, wurde 1606–16, kurz vor dem Dreißigjährigen Krieg, vom Festungsbaumeister Geert Evert Piloot als Befestigungsanlage erbaut. Sie musste die ›freie Stadtrepublik‹ Emden gegen Truppen des ostfriesischen Landesherrn schützen. Die ursprünglichen zehn Zwinger der nie eroberten Anlage wurden im 19. Jh. teilweise mit Windmühlen bebaut. Sehenswert ist die üppig mit Grün bewachsene **Vrouw Johanna Mühle** 9 von 1804, die restauriert und wieder gangbar gemacht wird. (Besichtigung von außen jederzeit möglich). Von der 1795 entstandenen, zuletzt 1970–73 umgebauten **Roten Mühle** 10 ist nur noch der Rumpf erhalten. Von hier lohnt sich ein Abstecher zur **Kesselschleuse** 11 von 1884, Europas einzige in Betrieb befindliche Vierkammer-Schleuse, die jährlich ca. 2400 Schiffe passieren. Sie verbindet vier Wasserwege mit unterschiedlichen Wasserständen miteinander: den Ems-Jade-Kanal, den Falderndelft mit Hafen, das Fehntjer Tief und den Stadtgraben. Entlang der Wasserstraßen lässt es sich wunderschön spazieren.

Südlich der Schleuse liegt noch ein weiterer Zwinger mit der 1810 erbauten **Weißen Mühle, ›De weite Molen‹** 12, die heute als Lagerhaus dient. Von hier kann man – am einfachsten der Mühlenstraße folgend – zum Falderndelft spazieren. In dem zwischen Delft und Wallanlage gelegenen Viertel, bei-

spielsweise in der Kranstraße und am gepflasterten Rosentief, findet man noch einige Zeugnisse des niederländischen Klassizismus, die einen Eindruck vom alten Emden vermitteln. In der Friedrich-Ebert-Straße beeindrucken das schön restaurierte **Gödenser Haus** 13 von 1551 (Nr. 1–3, direkt gegenüber der Neuen Kirche, heute ein Studentenwohnheim) sowie eine alte Likörfabrik (Nr. 5, heute ein Möbelhaus). Die **Neue Kirche** 14 gilt als frühestes Beispiel barocken Kirchenbaus in Ostfriesland. Sie ist die erste und bedeutendste Predigerkirche in Norddeutschland. Erbaut wurde sie 1643–48 nach dem Vorbild der Amsterdamer Noorderkerk, die Giebelfront nach dem der Westerkerk. Im Jahre 1944 beschädigt, wurde sie 1949/50 in den alten Formen wieder aufgebaut. Das Nordwest-Portal schmückt das Emder Wappen, das ›Engelke up de Muer‹. Über die Brückstraße gelangt man zurück zum Rathaus. Schöner aber ist der Weg am Falderndelft und Ratsdelft entlang.

Vorwahl: 0 49 21.
Postleitzahl: 26725.
Mobilitätszentrale & Tourist-Info: Bahnhofsplatz 11, im Bahnhof, Tel. 97 4 00, Fax 9 74 09, www.emden-touristik.de, Mo–Fr 8–18, Sa 10–16, So 11–15 Uhr.
Tourist-Information im Pavillon am Stadtgarten: Mo–Fr 10–18, Sa 10–14 Uhr.

Heerens Hotel 15: Friedrich-Ebert-Straße 67, Tel. 237 40, 230 36, Fax 231 58, www.nordkurs.de/heerenshotel. Luxuriöses Hotel mit viel Flair am grünen Stadtwall, 34,50–82 €. Die Lage ist ruhig, die Küche vorzüglich, Gerichte ab 12 €.

Alt Emder Bürgerhaus 16: Friedrich-Ebert-Straße 33, Tel. 0 49 21/97 61 00, Fax 97 61 29, www.alt-emder-buerger haus-emden.de. Schöne Zimmer in einem familiär geführten, renovierten Jugendstilhaus am Stadtwall, Übernachtung 34–59 €. Im Restaurant gibt es ostfriesische Spezialitäten – große Matjesplatte 14,80 €, Störtebekerplatte 16,80 €.

Jugendherberge an der Kesselschleuse 17: An der Kesselschleuse 5, Tel. 237 97. Haus mit 85 Betten direkt am Kanal – ideal zum Kanufahren.

Camping: Direkt in Emden gibt es keinen Campingplatz. Der nächstgelegene (mit Postadresse Emden) ist der Campingplatz **Knock** 18: (s. S. 162).

In der Krummhörn gibt es den ›Campingplatz am Deich‹ in Upleward (Tel. 0 49 23/525) und den Campingplatz ›Dyksterhus‹ in Campen (Tel. 0 49 27/489).

Wohnmobile: Parkplatz vor der Nordseehalle, Parkplatz Ostmole und beim Anleger Knock der AG Ems und auf den Campingplätzen sowie Wohnmobilstellplätze ›Am Eisenbahndock‹.

Trekkinghütten: In ganz Ostfriesland gibt es ca. zwei Dutzend dieser preiswerten Quartiere, in Emden und Umgebung an folgenden Standorten: Jugendherberge Kesselschleuse (Tel. 2 37 97), Petkumer Hof (Tel. 5 72 43), WSV Möhlenhorn/Larrelter Mühle (Tel. 6 63 45), Campingplatz an der Knock (Tel. 0 49 27/5 67), Campingplatz Dyksterhus (Tel. 049 27/4 89). Die sanitären Anlagen sind meist in einem benachbarten Gebäude. Mitzubringen sind Schlafsack und Isomatte oder Luftmatratze, Übernachtung pro Person teilweise unter 10 € bzw. Jugendherbergspreis.

Urlaub auf einem Binnenschiff: A. Krause, Tel. 93 91 67, 01 76/27 08 14 14. 2 Ko-

Das Ratsdelft mit dem Feuerschiff ›Deutsche Bucht‹

jen, großer Salon, Dusche/WC, Kombüse mit Gasherd und Kühlschrank, 52 € für zwei Pers. zuzügl. Strom, Gas und Wasser an Bord.

🍴 Viele Straßencafés, Kneipen und Restaurants mit intern. Küche. Ab Frühjahr kommt Boulevardstimmung in den Fußgängerzonen zwischen Ratsdelft und den Märkten auf. Sehr gute Küche im **Alt Emder Bürgerhaus** 16: (s. S. 159).
Strandlust 19: An der Seebrücke-Knock, Tel. 0 49 27/18 78 30, www.strandlust.de, Di–Sa 12–22, So 10–22 Uhr. Viel Fisch und gute Aussicht, 14–26 €.

🍷 Viele nette Kneipen liegen im Bereich Zwischen den Märkten und am Neuen Markt.
Mojito: Lilienstr. 18, nur ein paar Schritte vom Markt entfernt. Unter dem Motto ›Fun, Food, Drinks and more‹ werden hier leckere Cocktails und eine große Auswahl an mexikanisch-amerikanischen Speisen geboten. Wunderbar für einen langen, gemütlichen Abend.
Sam's Café: Neuer Markt 20. American Bar und Bistro. Hier wird stets Rockmusik gespielt (zzt. im Umbau).

Filmfest und Bluesfestival

Im Juni findet das Internationale FilmFest Emden Aurich Norderney statt, ein filmkultureller Genuss von höchster Güte (www.filmfest-emden.de). Im November empfängt Emden Bluesgrößen aus aller Welt zum Internationalen Emder Nordsee Bluesfestival in mehr als 15 Kneipen und Schiffen in der Innenstadt.

Madison: Neuer Markt 20. Do, Fr, Sa ab 22 Uhr Disco.

🎭 **Kino:** Apollo, Zwischen beiden Bleichen 2, Tel. 2 26 68. CineStar am Wasserturm, Tel. 58 95 89.

🎬 **Filmfest/Bluesfestival:** Siehe Tipp.
Emder Matjestage: www.matjestage.de. Mai oder Juni, mit Traditionsschiff-Treffen.
Delfftfest: Im Juli in der Innenstadt und am Ratsdelft. Das Hafenbecken wird zum Tummelplatz für Drachenboote.
Engelkemarkt: Schwimmender Weihnachtsmarkt, Ende Nov.–23. Dez. im Ratsdelft.

🏊 **Friesentherme:** Theaterstr. 2, Tel. 39 60 00, www.friesentherme-emden.de, Bad tgl. 10-21, Sauna Mo–Do, So 11–22, Fr, Sa bis 23 Uhr. Erlebnisbad mit großem Sauna- und Wellnessbereich.
Kanuverleih: Actic Fun Sports, Tel. 92 94 94 oder 01 71/2 77 20 74; **Kanu- und Tretbootverleih:** Am Wasserturm, Tel. 0 49 23–12 02 oder 01 70/4 42 23 10.
Führungen durch das VW-Werk: Niedersachsenstr., Tel. 86 23 90. VW im Südwesten der Stadt ist größter Arbeitgeber der Region. Einzelpersonen Di, Do 13.15 Uhr, Gruppen mit Voranmeldung Mo–Do 9.45 und Mo und Mi 13.15 Uhr.

🚆 **Bahn:** Emden ist InterRegio-Station: Direkt- und auch IC-verbindung mit vielen Großstädten.
Bus: Regelmäßige Verbindung nach Greetsiel, Norden und Aurich.
Flug: s. S. 218.

🚑 **Notdienste für Ärzte und Apotheken** über die Rettungsdienste, Tel. 1 92 22 oder 1 92 00.
Krankenhaus Emden: Bolardusstr. 20, Tel. 0 49 21/9 80.

DURCH DIE KRUMMHÖRN NACH GREETSIEL

Auf der Störtebekerstraße durch uralte Warfendörfer ins idyllische Fischerdorf Greetsiel • Abstecher nach Pewsum und Marienhafe

Störtebekerstraße

Weit ist das Land zwischen dem Dollart im Süden und der Leybucht im Norden. Zur Zeit der ersten Besiedlung, noch lange vor Beginn unserer Zeitrechnung, lagen die Dörfer im Gebiet der Krummhörn auf den Uferwällen der damals noch weit ins Land reichenden Meeresbuchten und Flüsse. Später, als die Fluten immer höher stiegen, boten künstlich aufgeworfene Hügel (Warfen oder auch Wurten genannt) den Menschen Schutz vor dem Wasser. Ihre Häuser und Höfe scharten sich um die auf dem höchsten Punkt der Warf errichtete Kirche, die im Falle einer Sturmflut oder eines feindlichen Angriffs die letzte sichere Zuflucht bot. Neunzehn solcher Warfendörfer liegen in den fruchtbaren Marschen der Krummhörn. Wuchtige, im Mittelalter aus Tuff- und Backstein errichtete Kirchen bilden ihren Mittelpunkt. Sie bergen einzigartige Kunstschätze, darunter Orgeln aus sechs Jahrhunderten, wie sie in dieser Zahl in keiner anderen Landschaft Deutschlands zu finden sind. Der Radweg ›Rad up Pad‹ führt von Warf zu Warf (s. S. 53).

Die Knock

Übersichtskarte hintere Klappe
Die Störtebekerstraße verläuft durch die Marschenlandschaft Krummhörn bis nach Greetsiel immer einige Kilometer landeinwärts, so dass man, um einen Blick aufs Meer zu werfen, auf Nebenstraßen abzweigen muss. Auf dem Weg von Emden in Richtung Krummhörn führt zunächst linker Hand eine Seitenstraße zur Knock. Hier befindet sich eines der größten Siel- und Schöpfwerke Europas. Zusammen mit dem Schöpfwerk Greetsiel besorgt es die Entwässerung der tief gelegenen Krummhörn.

Rechts und links der Straße vor dem Schöpfwerk sieht man die Bronzestatuen zweier preußischer Herrscher, die wesentlich zu Ostfrieslands Entwicklung beigetragen haben: Der ›Große Kurfürst‹ Friedrich Wilhelm (1640–88), der im Zuge des Ausbaus preußischer Seemachtsinteressen den Seehandel Emdens unterstützte, schaut seewärts. Der Blick Friedrichs II. von Preußen, Fürst von Ostfriesland (1744–86), der die Binnenkolonisation der unzugänglichen ostfriesischen Moore ermöglich-

Stolzer Fürst am Knock

te und den Bau neuer Siele förderte, schweift landein.

Camping: Am sich landeinwärts anschließenden Speichersee Mahlbusen liegt landschaftlich sehr reizvoll inmitten weiter Marschlandschaft der Campingplatz Knock, Bademöglichkeit (tideunabhängig). Tel. 0 49 27/567, Fax 13 79, www.campingplatz-knock.de.

Rysumer Nacken

Nach Norden erstreckt sich das Gebiet des Rysumer Nacken, in dem in den vergangenen Jahrzehnten große Landgewinne erzielt wurden. Nachdem hier im 16. Jh. zwei Dörfer untergegangen waren, machte man sich erst nach dem Zweiten Weltkrieg daran, das verlorene Land zurückzugewinnen. Mit dem

Baggergut, das bei der Vertiefung der Ems und des Emder Hafens anfiel, wurde ein 1000 ha großer Polder aufgespült und für einen neuen Industriestandort auserkoren.

In den 70er-Jahren wurde hier von der norwegischen Firma Philipps Petroleum Norsk A/S der Erdgas-Terminal Emden angelegt. Das Erdgas wird über eine 1380 km lange Pipeline von den norwegischen Nordseefeldern wie Ekofisk, Statfjord, Gullfaks, Troll und Sleipner angelandet, in der Erdgas-Aufbereitungsanlage gereinigt und an westeuropäische Ferngasgesellschaften weitergeliefert. Eine weitere Pipeline leitet das Gas Richtung Norden in die Krummhörn, wo es in unterirdischen Salzkavernen (s. S. 165) gespeichert wird.

Rysum und Loquard

Übersichtskarte hintere Klappe
Von all den bildhübschen Warfendörfern in den ostfriesischen Marschen ist keines so schön, klassisch rund und gut erhalten wie **Rysum** am südwestlichen Rand der Krummhörn. Die schmalen Straßen des Ortes ziehen sich in drei Ringen um die Warf, sternförmig gekreuzt von verschiedenen ›Lohnen‹, die auf die Dorfmitte zuführen. Im Zentrum erhebt sich die rechteckige, im 15. Jh. aus Tuff- und Backstein erbaute Kirche, in der sich die einzige noch erhaltene spätgotische Orgel des Landes befindet. In Sichtweite der Kirche erhebt sich ein prächtiger restaurierter Galerieholländer, von dem sich ein malerischer Blick über das Dorf bietet.

Die nächste Perle in der Reihe der Warfendörfer ist der ehemalige, nur 1 km nördlich von Rysum gelegene Häuptlingssitz **Loquard.** Dessen Burg wurde um 1400 im Zuge einer Strafexpedition von der Hamburger Hanse zerstört, weil Häuptling Sibrand die zur Plage gewordenen Seeräuber trotz mehrmaliger Verwarnung aktiv unterstützt hatte. Es heißt, dass bei ihm auch Klaus Störtebeker Unterschlupf gefunden habe. Erhalten blieb die Kirche, eine romanische Saalkirche aus der zweiten Hälfte des 13. Jh., deren größte Schätze wohl der Taufstein aus dem 13. Jh. und der spätgotische Passionsaltar aus der Zeit um 1520 sind.

🛏 🍴 **Landhaus HC Rysumer Plaats:** Am Judendobbe 4, Rysum, Tel. 0 49 27/18 79 44, www.land

haus-HC-rysumer-plaats.de. Liebevoll renoviertes Gulfhaus mit drei Ferienwohnungen, zwei mit Butzenbetten, 50 € für 2 Pers. Auch TagesCafé – ein Leser lobt in höchsten Tönen den köstlichen Apfelkuchen – und AbendRestaurant.

Campen

Übersichtskarte hintere Klappe
Wiederum nur einen Kilometer weiter Richtung Norden passieren wir das kleine, mehr als 1000 Jahre alte Runddorf Campen mit einer sehenswerten, um 1295 errichteten Einraumkirche aus rotem Backstein. Der dreijochige Innenraum wird von einem reich mit Malereien und Zierrippen ausgestatteten Kuppelgewölbe überspannt, das in Ostfriesland nicht seinesgleichen findet. Prächtig verziert ist auch die spätbarocke Schnitzkanzel aus dem Jahr 1794.

Am Nordrand des hübschen Warfendorfes passiert man das direkt an der Hauptstraße gelegene **Ostfriesische Landwirtschaftsmuseum.** Die nebeneinander liegenden Höfe Heikens und Ohling, die entsprechend der ostfriesischen Gulfhöfe Wohn-, Scheunen- und Stallbereich unter einem Dach vereinen, beherbergen u. a. eine riesige Sammlung landwirtschaftlicher Geräte und Maschinen, die in Ostfriesland bis in unsere Zeit für die landwirtschaftliche Arbeit in Marsch, Geest und Moor verwendet wurden. Die Wohnbereiche der Höfe werden immer noch von ihren Besitzern genutzt (Mitte Mai–Mitte Okt. Di–Fr 11–17, Sa, So 14–17, Fei 11–17 Uhr; Krummhörner Landesstraße).

DIE ORGELN VON OSTFRIESLAND

Die Seitenflügel der in mattem Taubenblau und Sandsteinfarben gehaltenen Rysumer Orgel schmückt ein Himmel von goldenen Sternen, die Sonne und Mond umrahmen: ein ›Seligkeitsding‹, um es mit einem Begriff von Astrid Lindgren zu benennen. Die um 1457 von Meister Harmannus aus Groningen geschaffene Orgel scheint von der kleinen Kirchengemeinde am südlichen Rand der Krummhörn in Naturalien bezahlt worden zu sein. In der Chronik des Eggerik Beninga heißt es nämlich im Jahr des Orgelbaus, dass die Rysumer den Häuptling Victor von Freese gebeten hätten, »ere vette beeste« (ihre fetten Kühe) über die Ems nach Groningen zu schaffen, damit sie ihre Schulden wegen »des örgels« bezahlen könnten. Die Rysumer Orgel erklingt seit nunmehr weit über 500 Jahren im sonntäglichen Gottesdienst.

Kein anderes Land der Welt weist eine derart reiche Orgellandschaft auf wie die Ems-Dollart-Region zwischen dem niederländischen Groningen und Wilhelmshaven. Und mittendrin Ostfriesland: Nirgends finden sich auf einem so eng begrenzten Gebiet so viele originale Orgeln aus einem Zeitraum von fast 600 Jahren. Die Anfänge des ostfriesischen Orgelbaus fallen in die Blütezeit des Landes unter Ulrich Cirksena I., der 1464 in den Reichsgrafenstand erhoben wurde. Unter ihm und seinen Nachfolgern entstanden klangvolle Instrumente. In der zweiten Hälfte des 16. Jh. erlebte der Orgelbau einen Aufschwung, als nach der Reformation neben vielen niederländischen Kaufleuten auch Instrumentenbauer aus religiösen und politischen Gründen ihre Heimat verließen und sich in Emden ansiedelten.

Die beherrschende Persönlichkeit in der norddeutschen Orgelgeschichte war der Hamburger Arp Schnitger (1648–1719), der fast vierzigjährig mit dem Bau der großen Orgel in Norden begann. Einen weiteren Höhepunkt erreicht die Orgelbautätigkeit unter dem Schnitger-Schüler Gerhard von Holy. Die von ihm erbaute Orgel in Marienhafe ist die am vollständigsten erhaltene zweimanualige Barockorgel Ostfrieslands, das von ihm in Dornum geschaffene Instrument zählt zu den größten historischen Dorforgeln in Deutschland. Insgesamt sind in Ostfriesland rund 60 Orgeln aus der Zeit vor 1850 zu finden. Zu Beginn des 20. Jh. wies der Orgelbau in Ostfriesland keine bedeutenden Meister mehr auf. Erst als ab Mitte der 1920er-Jahre die Restaurierung vieler Instrumente in Angriff genommen wurde, gewann dieses Handwerk wieder an Bedeutung. 1954 ließ sich der Orgelbauer Jürgen Arend in Leer nieder. Seine Restaurierungsarbeiten, beispielsweise in der Hamburger St. Jacobi Kirche, in der Hofkirche zu Innsbruck oder der Ludgerikirche in Norden gelten weltweit als richtungsweisend. So hat sich Ostfriesland in den letzten Jahrzehnten erneut zu einem Zentrum der Orgelkultur entwickelt. Musiker und Orgelbauer aus der ganzen Welt zieht es hierher, um auf den wunderbaren Instrumenten zu spielen, aber auch, um die gelungenen Restaurierungen heutiger Orgelbauer zu studieren.

Das Wahrzeichen von Campen ist der 65 m hohe **Leuchtturm.** Der Abzweig von der Hauptstraße dorthin ist ausgeschildert. Die 1892 fertig gestellte, zu Beginn der 1990er-Jahre renovierte Dreibein-Stahlkonstruktion steht unmittelbar am Deich und bietet sich als Ausgangspunkt für Wanderungen entlang der Küste an. Im Innern führen 308 Stufen nach oben zur Aussichtsplattform, die eine fantastische Aussicht über die grüne Weite der Krummhörn und übers Meer gewährt (in der Saison Mo, Di, Do–Sa 14–16, So 11–16 Uhr, Gruppen auf Anfrage über Touristik GmbH, Tel. 0 49 23/91 61 50).

Von Campen sind es 2 km nach **Upleward.** Ein feuriger Drache schmückt das Wappen des kleinen, fast 900 Jahre alten Warfendorfes, das zu Beginn des 15. Jh. erstmals als Sitz der Häuptlingsfamilie Beninga erwähnt wird. Deren Wasserburg wurde vor etwa 200 Jahren abgerissen, erhalten ist die aus dem 15. Jh. stammende, in gotischem Stil errichtete Backsteinkirche.

Unübersehbar ist die Anlage der **Ruhrgas AG** kaum zwei Kilometer landein. Sie ist ein Bestandteil des Ruhrgas-Transportsystems. Das Erdgas aus der norwegischen Nordsee wird vom Erdgas-Terminal Emden in die Krummhörn transportiert, wo es in unterirdischen Kavernen im Salzstock Groothusen gespeichert und bei Bedarf entnommen wird. Kavernen sind unterirdische, durch Auswaschung (Solung) des Salzgesteins entstandene Hohlräume. Sie liegen in einer Tiefe zwischen 1500 m und 1780 m.

Baden: In Upleward befindet sich die beste Bademöglichkeit der Krummhörn. Hier wurde ab Mitte der 80er-Jahre ein **Trockenstrand** hinterm Deich aufgespült, ein Kiosk und sanitäre Anlagen wurden eingerichtet.

Campingplatz am Deich: 26736 Upleward, Tel. 0 49 23/525, Fax 8 02 77, wwww.camping-am-deich.de. Mit Laden und Restaurant, Krabbelhaus für die Kleinsten.
Camping Dyksterhus: 26736 Campen, Tel. 0 49 27/4 89, www.campingplatz-campen.de. Kleiner, privater Platz.

Groothusen

Übersichtskarte hintere Klappe
Nächster Stopp ist Groothusen, ein im frühen Mittelalter an der mittlerweile verlandeten Bucht von Sielmönken gegründeter Handelsplatz. Im Nordwesten der Langwarf erhebt sich die zu Beginn des 15. Jh. aus Back- und Tuffstein erbaute lang gestreckte **Kirche** inmitten eines gepflegten, blumenreichen Friedhofs. Der wuchtige Glockenturm stammt aus dem Jahr 1225. Wunderschön ist die von Friedrich Wenthin geschaffene, in vornehmem Perlweiß und Gold gehaltene Orgel von 1801. Das Bronzetaufbecken wurde von Gert Klinghe um 1450 angefertigt.

Von den ehemals drei Burgen des Ortes ist nur noch die **Osterburg** als Zeugnis längst vergangener ostfriesischer Häuptlingsherrlichkeit erhalten geblieben. Das Mittelstück des dreiflügeligen, hufeisenförmig angelegten Bauwerks stammt noch aus der zwei-

165

ten Hälfte des 15. Jh., der flankierende Ostflügel aus dem 16. Jh., der Scheunenflügel aus dem ersten Jahrzehnt des 18. Jh. Der Burgbesitzer, ein direkter Nachkomme der Häuptlingsfamilie Haitetsna, zeigt bei Interesse die sorgfältig gehüteten Schätze der Vergangenheit: eine umfassende Ahnengalerie, kostbare Möbel und Bücher, darunter die erste, 1616 vom Greetsieler Gelehrten Ubbo Emmius in lateinischer Sprache geschriebene Geschichte Ostfrieslands. Die Osterburg liegt rechter Hand gleich nach der Abzweigung Richtung Greetsiel (Besichtigung nur nach Vereinbarung und nur für Gruppen, Enno Kempe, Tel. 0 49 23/12 70, osterburg@groothusen.de, auch Vermietung preiswerter, hübscher Burgzimmer).

Pewsum

Übersichtskarte hintere Klappe

Zu empfehlen ist ein Abstecher in das 2 km östlich von Groothusen gelegene Marktstädtchen Pewsum, Verwaltungszentrum der Gemeinde Krummhörn. Für die Besichtigung der geschichtsträchtigen Burg sowie der bestens erhaltenen Windmühle, die beide zum **Ostfriesischen Freilichtmuseum** gehören, sollte man sich Zeit lassen und zwischendurch vielleicht im traditionsreichen Gasthof ›Zur Burg‹ einkehren.

Bereits 945 als *Pewesheim* urkundlich erwähnt (die Endung ›um‹ bedeutet ›heim‹), war der Ort ab Beginn des 15. Jh. Sitz des Häuptlingsgeschlechts der Manninga. Im Jahre 1565 wurde

Manningaburg

die 1458 errichtete Burg samt Mühle an Graf Edzard II. verkauft. Die Vorburg der im Goldgelb überreifer Quitten gestrichenen, von einem Burggraben und hohen Laubbäumen umgebenen **Manningaburg** birgt heute eine sehenswerte Sammlung zur ostfriesischen Häuptlings- und Burgengeschichte (Mai–Mitte Okt. Di, Do 10–12.30, 15–17, Sa, So 15–17 Uhr). In dem mit alten Möbeln eingerichteten Trauzimmer kann man recht stilvoll heiraten.

Das am Ortsausgang an der Hauptstraße Richtung Woquard gelegene **Mühlenmuseum** ist in einem Galerieholländer aus dem Jahr 1843 und dem angrenzenden Gulfhaus untergebracht. Umfassend und kenntnisreich ist hier die Geschichte von Landwirtschaft, Handwerk, Deichbau und Entwässerung Ostfrieslands dokumentiert (Mitte Mai–Mitte Okt Di, Do 10–12.30, 15–17, Sa, So 15–17 Uhr).

Vorwahl: 0 49 23.
Postleitzahl: 26736.
Tourist-Info im Reisebüro I-Tours: Cirksenastraße 12, Tel. 99 06 66, Fax 99 06 22, Mo–Fr 9–12.30, 15–18, Sa 9.30–12.30 Uhr.
Tourismus GmbH Krummhörn-Greetsiel, Rathausstr.1, Pewsum, Tel 91 61 50, Fax 91 61 72, Mo–Do 9–12, 14–16, Fr. 9–12 Uhr.

Helenhof: Familie Bauer, Pewsum, Tel. 71 83, Fax 91 20 06, www.helenenhof-nordsee.de. Großzügige Ferienwohnungen in einem familienfreundlichen Bauernhof mit großem Garten, Ponys und Streicheltieren, Spiel-, Angel- und Paddelmöglichkeiten, 65 bzw. 75 €.

Käsehof Rozenburg

4 km südlich von Pilsum. Im Käseladen gibt es außer Rohmilchkäse auch Butter, Milch, Quark und Honig. www.kaesehofladen.de, April–Okt. Mo–Fr 10–12, 14.30–18, Sa 9–12, 14.30–17, So 15–17 Uhr, im Winter nur Mo, Do, Fr, Sa, Führungen in der Saison Di, Do 15 Uhr.

Manslagt

Übersichtskarte hintere Klappe
An der Störtebekerstraße, 3 km nördlich von Groothusen und 2 km vom Deich entfernt, liegt die kleine Warfensiedlung Manslagt. Ursprünglich Sitz der Familie Beninga, kam sie im 15. Jh. unter die Herrschaft der Cirksena. Die Kirche entstand um 1400 in spätgotischem Stil. Sehenswert ist die 1714 in Amsterdam angefertigte Kanzel, die Orgel von 1777 sowie der aus dem 13. Jh. stammende Taufstein.

Pilsum

Übersichtskarte hintere Klappe
Weiter geht's Richtung Norden. Weithin sichtbar überragt die im 13. Jh. in drei Bauphasen erbaute **Kreuzkirche** das beschauliche Warfendorf Pilsum. Sie gilt als eine der schönsten Kirchen des Landes. Majestätisch erhebt sich das dem hl. Stephanus geweihte Gotteshaus über die stillen Lohnen, in denen sich rote Backsteinhäuser mit hübschen Gärten dicht aneinander drän-

Boßeln

Ab Diekskiel wird jeden Sonntag um 9 Uhr geboßelt, wer Lust hat, kann sich dem Pilsumer Boßelverein anschließen.

Alte Brauerei in Pilsum: Tel. 0 49 26/91 29 15, www.alte-brauerei-pilsum. de, tgl. außer Di ab 11 Uhr, Mittagstisch 12–14.15, abends 18–21.15 Uhr. Vorzügliche, frisch zubereitete Küche in einem historischen Gebäude von 1673, kleines Menü für 12,50, abends à la carte ab 13,50 €.

gen. Der mächtige, an den Seiten mit Blendarkaden, oben mit weißen Zinnen verzierte Vierungsturm (der einzige in Ostfriesland) diente jahrhundertelang als Seezeichen. Im Innern der weiß getünchten Kirche sind zahlreiche Fragmente gotischer Wandmalereien erhalten. Erwähnenswert sind das von Hinrik Klinghe gearbeitete Bronzetaufbecken von 1463, die barocke Kanzel von 1704 sowie die Orgel des Orgelbauers Valentin Grotian von 1694.

Der in Pilsum nach Westen abzweigende ›Diekstickerweg‹ (Dieksticker ›bestickten‹ die Grasnarbe zur Festigung des Deiches mit Roggenlangstroh) führt am **Windenergiepark Krummhörn** vorbei (April–Okt. Mi 10–13, 14–16, Sa 10–13 Uhr).

Die schmale Straße führt dann weiter zum Deicharbeiterdenkmal **Diekskiel** (etwa 2 km vom Ort). Es ist den vielen Generationen von Deicharbeitern gewidmet, denen es zu verdanken ist, dass es in Ostfriesland nicht ›Land-unter‹ heißt. Deichrichter Brahms fasste nach der verheerenden Weihnachtsflut im Jahre 1717 die Situation der ostfriesischen Marschen treffend zusammen: »Kein Deich, kein Land, kein Leben«. Vom Denkmal am Deich aus werden im Sommer regelmäßig Wattwanderungen angeboten.

Leuchtturm von Pilsum und Leybucht

Übersichtskarte hintere Klappe
Nördlich des Ortes ragt in weiter Ferne auf dem Deich der gelb-rot gestreifte **Leuchtturm von Pilsum** empor. Er macht sich nicht nur in der Werbung gut, sondern schmückt auch die Titelseite so mancher Veröffentlichung über Ostfriesland. Ruhm erwarb er auch als Film-Zuhause des berühmten Ostfriesen Otto Waalkes. Viele mehr oder minder begabte Graffiti-Künstler haben den Turm genutzt, um Grüße an ›Otto, den Außerfriesischen‹ zu bestellen. Der Turm ist nur zu Fuß oder mit dem Rad zu erreichen (der Leuchtturm ist nur im Rahmen von Gästeführungen geöffnet, Termine unter www.greetsiel.de).

Wer mit dem Auto unterwegs ist, parkt am besten auf dem Parkplatz am Rande des nordwestlich von Greetsiel gelegenen **Naturschutzgebietes Leyhörn,** das im Zuge der Küstenschutzmaßnahmen in der Leybucht entstand. Statt der noch bis Anfang der 1970er-Jahre geplanten Volleindeichung, also der vollständigen Abriegelung der Leybucht, baute man eine eingedeichte ›Nase‹, das Leyhörn, nach Nordwesten

Kirche von Pilsum

ins Meer hinein, an deren Ende ein Sperrwerk mit Entwässerungssiel und Schleuse liegt. Binnendeichs erstrecken sich ein 200 ha großer Speichersee und ein tideunabhängiges Fahrwasser zum Greetsieler Hafen. Die Feuchtwiesen im südlichen Bereich des Leyhörn bieten Bodenbrütern wie Uferschnepfen, Rotschenkel und Kiebitzen geeignete Brutplätze, in den Schilfzonen am Rande des Speicherbeckens sind Entenvögel, Rohrsänger und andere Wasservögel zu finden. Zwei Wanderwege erschließen Spaziergängern und Radfahrern dieses faszinierende junge Naturschutzgebiet.

Greetsiel

Übersichtskarte hintere Klappe

Der im 14. Jh. von der Häuptlingsfamilie Cirksena als Handelsort angelegte, ausgesprochen malerische Fischer- und Künstlerort mit seinen sorgfältig restaurierten Giebelhäusern aus dem 17. und 18. Jh., den baumbestandenen Klinkerstraßen entlang dem Alten Siel und den stilvollen Restaurants gilt mit einigem Recht als der schönste Sielhafenort an der deutschen Nordseeküste. Viele Maler, Kunsthandwerker und Fotografen arbeiten hier und bieten in urigen Werkstätten und kleinen Galerien ihre Arbeiten zum Verkauf. Schön ist der Geburtsort des berühmten Historikers Ubbo Emmius (1547–1625) ohne Zweifel, möglicherweise aber auch zu schön, um wahr zu sein. Man fühlt sich hin- und hergerissen zwischen euphorischer Begeisterung und dem Gefühl, durch eine wunderhübsche Puppen-

Sehenswürdigkeiten
1. Poppinga's Alte Bäckerei
2. Von Halemsches Haus
3. Buddelschiffmuseum
4. Kirche
5. Nationalpark-Haus
6. Schöpfwerk
7. Zwillingsmühlen

Übernachten
8. Hohes Haus
9. Witthus

Essen und Trinken
10. Greetsieler Börse
11. Is Teetied

stube zu spazieren. Die Preise sind üppig, und es scheint, als könnten es sich viele Einheimische kaum noch leisten, in Greetsiel zu wohnen. Im Winterhalbjahr, wenn viele Boutiquen und Cafés schließen und sich die Zahl der Gäste reduziert hat, erinnert der Ort an ein Märchen aus vergangener Zeit.

Seine erste urkundliche Erwähnung fand der erst nach dem Einbruch der Leybucht gegründete Hafenort im Jahre 1388 in zwei Briefen des Ritters Ocko tom Brook (s. S. 32). Zur gleichen Zeit errichtete die ostfriesische Häuptlingsfamilie Cirksena hier ihren Stammsitz. Ihre im Verlauf der Jahrhunderte immer wieder heftig umkämpfte Burg,

die mehrere Male den Besitzer wechselte, wurde 1777 von Friedrich dem Großen endgültig geschleift. Die Preußen, die 1744 die Herrschaft in Ostfriesland übernommen hatten, bauten gegen Ende des 18. Jh. den Hafen aus. Aus dieser Zeit stammt auch das **Alte Siel,** welches das innere Sieltief vom Hafen trennt.

Hauptattraktion des **Hafens** sind die Krabbenkutter. In Greetsiel liegt die mit derzeit 27 Fahrzeugen größte Krabbenkutterflotte zwischen Weser und Ems. Der Greetsieler Hafen ist seit 1991 tideunabhängig: 1988–91 entstand die Schleuse vor Greetsiel (s. S. 168). Im historischen Ortskern gibt es viel zu entdecken. Die meisten der malerischen schmalen Giebelhäuser entlang des Hafenbeckens und am Alten Siel stammen noch aus dem 17. und 18. Jh. Kleinode sind beispielsweise **Poppinga's Alte Bäckerei** 1 in der Sielstraße und das 1794 erbaute **von Halemsche Haus** 2 in der Mühlenstraße, eines der schönsten Wohngebäude des Klassizismus in Ostfriesland. Schräg gegenüber befindet sich das **Buddelschiffmuseum** 3 mit über 500 Buddelschiffen aus aller Welt (S. 175). An der Ecke Hohe Straße/Sielstraße steht die trutzige, zwischen 1380 und 1410 erbaute **Kirche** 4 mit frei stehendem Glockenturm.

171

Greetsiel

Am östlichen Rand des von Wasserläufen umgebenen Zentrums von Greetsiel steht das im Jahr 1989 in einem alten Gulfhaus eingerichtete **Nationalpark-Haus** 5 mit einer Fülle von Informationen über den Lebensraum Wattenmeer. Die Führungen durch die Ausstellung mit spannenden Erklärungen zum Seewasseraquarium, die Mikroskopiernachmittage sowie die Freilandexkursionen sind ausgesprochen kindgerecht und erlebnisreich (April–Okt. Mo–Fr 10–18, Sa, So 11–17 Uhr, Schatthauser Weg 6, Tel. 20 41, www.nationalparkhaus-greetsiel.de).

Empfehlenswert ist auch ein Spaziergang zum **Schöpfwerk** 6 **.** Das 1887 hier im Deich eingebaute Neue Siel wurde bis 1957 genutzt und soll – wie auch das Alte Siel – im Zuge des Hafenumbaus nach einer umfassenden Renovierung wieder geöffnet werden.

Das Wahrzeichen Greetsiels sind die ca. 21 m hohen **Zwillingsmühlen** 7 am südlichen Ortsausgang, kaum mehr als fünf Minuten vom Zentrum entfernt. Die erste Windmühle (vom Ort aus gesehen) stammt in der heutigen Form aus der Mitte des 19. Jh. Sie beherbergt eine Teestube mit Kunstgalerie. Die ältere, am Ortsausgang emporragende Mühle von 1706 brannte zweimal aus, zuletzt 1920. Die damalige Besitzerin kaufte daraufhin eine bei Aurich stehende, 1710 errichtete Mühle, ließ sie abbrechen und in Greetsiel wieder aufbauen. Sie ist auch heute noch in Betrieb und kann tagsüber besichtigt werden (April–Okt. Führungen Mi, Sa 14 Uhr; Verkauf von Andenken,

Büchern und Vollkornerzeugnissen wie Mühlenbrote, Mehl, Schrot und Müsli). Nebenan in Schoof's Mühlencafé lässt es sich – im Sommer auf einer lauschigen, windgeschützten Terrasse direkt am Wasser – hervorragend Tee trinken.

Vorwahl: 0 49 26.
Postleitzahl: 26736.
Touristik GmbH Krummhörn-Greetsiel: Zur Hauener Hooge 11, Tel. 9 18 80, Fax 20 29, www.greetsiel.de, www.krumm hoern.de, Mo–Fr 9–20, Sa 10–18, So 10–17 Uhr.

Der Ortskern von Greetsiel ist in der Saison für Autos gesperrt. Urlauber, die ein Quartier gebucht haben, dürfen dies zum Entladen anfahren.
Hotel Hohes Haus 8: Hohe Straße 1, Tel. 18 10, Fax 181 99, www.hoheshaus. de. Liebevoll restauriertes historisches Gebäude am Siel, Übernachtung 55–77 €. Auch ein Tipp zum Essen: Kaminrestaurant ›Upkammer‹, Hausmannskost; Labskaus nach eigenem Hausrezept, für abends: Kneipe ›Unterhaus‹.
Hotel und Restaurant Witthus 9: Kattrepel 5–9, Tel. 920 00, Fax 92 00 92, www. witthus.de. Stilvolles und schönes Haus in ruhiger, zentraler Lage mit 17 behaglichen Zimmern und zwei Suiten, Übernachtung 45–87 €; hochgerühmtes Restaurant mit Teestube und Kunstgalerie.
Übernachten in denkmalgeschützten Häusern: Siehe Tipp.
Camping: Am Deich in Upleward (s. S. 165).

In Greetsiel herrscht an gemütlichen Restaurants kein Mangel, die meisten von ihnen bieten durchgehend warme Küche an (siehe auch Unterkunft). In allen Cafés wird der Tee auf dem Stövchen serviert, in den Restaurants überwiegen Fischspezialitäten, aber am Markt bietet ein Italiener auch Pizza und Spagetti an.
Greetsieler Börse 10: Mühlenstraße 29, Tel. 918 50, Fax 91 85 85, www.hotel-greetsiel.de. Im Stil der Wende von 19. zum 20. Jh. eingerichtetes Bistro-Kneipen-Restaurant mit internationaler Küche, Hauptgerichte 10–18 €, beliebt ist der Seemannsteller (Bismark- und Brathering, Makrele, Matjes, Krabbe) für 9,90 €.
Is Teetied 11: Hohe Straße, gegenüber der Greetsieler Kirche, Tel. 17 32, www. isteetied-greetsiel.de, tgl. 12–21 Uhr. Restaurant und Teestube wie aus Großmutters Zeit. Altostfriesische und internationale Küche, 9–20 €.

Krummhörner Orgelfrühling (Mai) Im Rahmen der **Greetsieler Woche** (Juli/Aug.) stellen ostfriesische Künstler und Kunsthandwerker ihre Werke aus. **Kutter-Korso-Fahrt** alljährlich im Sommer mit über 20 Kuttern, viele nehmen Gäste mit an Bord. Großes Rahmenprogramm, u. a. Krabbenpulwettbewerb.
Schlickschlittenrennen in Pilsum (Juli/Aug.).

Denkmalgeschützte Häuser

Alte Fischerkaten, wunderschöne Bauernhäuser, kleine Landarbeiterhäuser – liebevoll restauriert und zum Teil erstaunlich günstig, Wohneinheiten für 4 Pers. um 55 € sind nicht selten. Eine Extra-Rubrik ist denkmalgeschützten Häusern im Gastgeberverzeichnis der Region Krummhörn-Greetsiel gewidmet, erhältlich über die Touristik-GmbH Krummhörn-Greetsiel.

KLAUS STÖRTEBEKER

Unangefochtener Held der südlichen Nordsee ist ein Pirat. Die nach ihm benannte Störtebekerstraße durchzieht ganz Ostfriesland, auf einem Großteil der Strecke mehr oder minder parallel zum Störtebekerdeich. Sie führt durch alle Orte, die in Verbindung mit dem berühmten Piratenkapitän gestanden haben könnten. Aus dem Leben des Räubers, der angeblich 6 l Bier ohne abzusetzen hinunterstürzen konnte (Störtebeker = Stürz den Becher), ist kaum etwas bekannt. In Klageschriften der Engländer über die Seeräuberei werden in den Jahren 1394–99 immer wieder Klaus Störtebeker und sein Kumpan Gödeke Michels als Anführer genannt. Die Rufus-Chronik erwähnt einen ›Clawes Störtebeker‹, der vor Helgoland gefangen genommen wurde. Ziemlich sicher ist auch, dass der Räuberhauptmann im Herbst des Jahres 1401 in Hamburg auf dem Grasbrook hingerichtet wurde.

Störtebekers Lebensweg ist untrennbar mit der Geschichte der ›Vitalienbrüder‹ verknüpft, die in der Ostsee ihren Anfang nahm. Im Streit zwischen der Königin Margarethe von Dänemark und dem Herzog Albrecht von Mecklenburg um den schwedischen Königsthron hatten die Hansestädte Rostock und Wismar Kaperbriefe ausgestellt. Erfahrene Kapitäne und Abenteurer setzten sich an die Spitze der Freibeuter, die den in Stockholm belagerten Albrecht mit Lebensmitteln (Viktualien – daher der Name ›Vitalienbrüder‹) versorgten und nebenbei – durch die Kaperbriefe legitimiert – dänische und norwegische Schiffe überfielen. Sie wurden auch ›Likedeeler‹ genannt, weil alle Besatzungsmitglieder den gleichen (›like‹) Beuteanteil (›deel‹) erhielten. Nach Beendigung des Krieges beschlossen viele der Freibeuter im lukrativen Räubergeschäft zu bleiben, unter ihnen auch Klaus Störtebeker. Von einem Korps des Deutschen Ritterordens aus der Ostsee vertrieben, mussten sie ihr Revier in die Nordsee verlegen. Die buchtenreiche ostfriesische Küste bot sich dank ihrer Lage am viel befahrenen Schifffahrtsweg zwischen Hamburg, Bremen und dem Ärmelkanal als ideales Operationsfeld an. Die ostfriesischen Häuptlinge waren nicht abgeneigt, den Räubern Unterschlupf zu gewähren, erhofften sie doch eine Beteiligung an der Beute.

Es heißt, dass Störtebeker Marienhafe – damals noch von See her durch das später so genannt ›Störtebekertief‹ zu erreichen – zu seinem Hauptstützpunkt erkor und obendrein die Tochter des Häuptlings Keno tom Brook heiratete; Beweise dafür gibt es keine. Einen Teil der Beute, die die Piraten englischen, dänischen und hansischen Schiffen abjagten, sollen sie den Armen geschenkt haben. Einen Touch von Robin Hood mag wohl niemand Deutschlands berühmtestem Piraten absprechen, wenngleich die »Störtebeker-Fakten« eher dichterischer Phantasie denn nachweisbaren Tatsachen entstammen. Der ›edle Räuber‹ inspirierte nämlich eine ganze Reihe namhafter Dichter wie Achim von Arnim, Clemens Brentano, Theodor Fontane, Willi Bredel, Joachim Ringelnatz und Wilhelm Lobsien zu sozialkritischen Balladen und Romanen.

Drachenfest: Die Freunde selbst gebastelter Drachen, ungewöhnlicher Konstruktionen und praller Farben kommen Jahr für Jahr Anfang September auf ihre Kosten.

Erlebnisbad/Gesundheits-Oase: Zur Hauener Hooge, Tel. 91 88 30, Mo, Di, Do, Fr 15–22, Mi 9–19,30, Sa 14–20, So 10–18 Uhr, in den Ferien erweiterte Öffnungszeiten. Schwimmbad (30 °C), Dampfbad, Saunen, Wellnessbereich.

Inselbesuche/Schiffsfahrten: In den Sommermonaten gibt es Sonderfahrten direkt von Greetsiel nach Norderney, Juist und Borkum.

Bootsverleih: Ruder- und Tretboote, Kajaks sowie Kanus an der Anlegestelle Greetsiel (bei den Zwillingsmühlen). Hier auch Kanalfahrten mit MS ›Hein Luc‹, Tel. 0 49 23/409 oder 0173/217 16 50.

Kinder

Buddelschiffmuseum ③**:** Mühlenstr. 23, April–Okt. tgl. 10–18 Uhr, Nov.–März eingeschränkte Öffnungszeiten. Über 500 Buddelschiffe aus aller Welt.

Nationalpark-Haus ④**:** Schatthauser Weg 6, Tel. 20 41, nationalparkhaus-greetsiel@info.de, April–Okt. Mo–Fr 10–13, 14–18, Sa, So 14–18 Uhr. In dem restaurierten Gulfhof findet man zahlreiche Informationen über den Lebensraum Wattenmeer; spezielle Führungen für Kinder.

Kinderhaus Lükko Leuchtturm: Zur Hauener Hooge 11, Tel. 91 88 17. Mit großem Abenteuerspielplatz beim Haus der Begegnung neben der Touristen-Information Greetsiel, viele Veranstaltungen wie Kindertheater, Basteln, Malen usw.

Kinder-Ponyreiten: Reiten auf Wesh-A-Ponys auf dem Bauernhof Siemers in Leybuchtpolder, Tel. 0 49 26/556; Osterferien, Mitte Juli–Anf. Sept. 10–17 Uhr. Auf dem Hof gibt es noch viele andere Tiere:

Poppinga's Alte Bäckerei

Urgemütliche Teestube. Das im 17. Jh. errichtete Gebäude beherbergt ein kleines Bäckereimuseum, das Besuchern der Teestube und den Käufern ostfriesischer Spezialitäten zugänglich ist. Der Kuchen ist selbst gebacken, Tee wird in ›Ostfriesischer Rose‹ auf dem Stövchen serviert, wechselnde Kunstausstellungen. Sielstraße 21, Tel. 13 93, tgl. 11–18/19 Uhr.

Schafe, Ziegen, Hühner, Tauben, Pfauen, Perlhühner …

Bus: Verbindungen nach Emden und Norden, dort hat man jeweils Bahnanschluss.

Ärzte, Zahnärzte und Apotheken: In Greetsiel und Pewsum, Adressen im Gastgeberverzeichnis bzw. in der Touristen-Information. Ärztenotdienst: 0 49 23/192 92.

Krankenhäuser: In Norden (Osterstr. 110, Tel. 0 49 21/18 10); in Emden (Bolardusstr. 20, Tel. 0 49 21/9 80).

Polizeistation: In Pewsum, Rathausstr. 1, Tel. 0 49 23/3 64; in Greetsiel, Ant Hellinghus 19.

Abstecher nach Marienhafe

Übersichtskarte hintere Klappe
Nicht nur der ›Marienhafer Dom‹ – bis 1829 der gewaltigste Kirchenbau in ganz Ostfriesland – und die alten Wind-

mühlen locken Besucher in den Flecken Marienhafe (ca. 1850 Einwohner) mitten im Brookmerland, etwa 10 km östlich von Greetsiel. Vor allem die Tatsache, dass hier gegen Ende des 14. Jh. der berüchtigte Pirat Störtebeker mit seinen Kumpanen Unterschlupf gefunden haben soll, macht neugierig. Zu jener Zeit hatte die Leybucht ihre größte Ausdehnung, Norden war ein Hafenort mit Anbindung zur Nordsee. Der Sage nach konnten die Seeräuber ihre Schiffe direkt an der die Kirche umgebenden Stadtmauer festzurren.

Die wahrscheinlich zwischen 1230 und 1250 erbaute **Marienkirche** diente mit ihrem stattlichen, 72 m hohen Turm als Seezeichen und Wehrturm, aber auch als Hauptquartier und Beutespeicher der Piraten, wie man sich erzählt. Im Verlauf der Jahrhunderte büßte die ursprünglich 75 m lange und 23 m breite dreischiffige Gewölbebasilika – von Ubbo Emmius um 1600 als »großartigster Tempel zwischen Weser und Ems« bezeichnet – jedoch einiges an Glanz ein. 1829 wurden sogar Teile der Kirche abgerissen, weil sie sich in einem äußerst baufälligen Zustand befanden. Es blieb eine Restkirche mit einem auf eine Höhe von ca 40 m gestutzten Westturm und dem Mittelschiff. Sehenswert ist die 1710–13 von G. von Holy geschaffene Orgel, der Bentheimer Taufstein aus dem 13. Jh. sowie die Kanzel von 1669. Im Turm ist heute in der **Störtebekerkammer** ein kleines ›Museum‹ untergebracht, das Auskunft gibt über die interessante Kirchengeschichte (April–Okt. geöffnet).

Am Rand des Kirchplatzes haben die Bewohner von Marienhafe dem ›Robin Hood‹ der Nordsee ein Denkmal gesetzt.

Klaus Störtebeker

NORDEN UND NORDDEICH

Bummel durch die älteste Stadt Ostfrieslands • Besichtigung der mittelalterlichen Ludgerikirche und des einzigartigen Teemuseums • Ausflug zum wunderschönen Schlosspark in Lütetsburg und zur Seehundaufzuchtstation im Nordseebad Norddeich

Norden

Reiseatlas: S. 234, B4

Norden, die ›Stadt hinterm Deich‹ (ca. 25 000 Ew.) lockt mit einem historischen Kern: Am großen, baumbestandenen Marktplatz stehen die imposante Ludgerikirche, das Alte Rathaus und eine ganze Reihe stattlicher Bürgerhäuser. Die Idylle wird allerdings durch den zeitweise sehr lebhaften Autoverkehr auf der Bundesstraße 72 gestört, die quer durch Norden unmittelbar am Marktplatz vorbeiführt. Auch an den beiden ältesten Handelsstraßen der Stadt, der Oster- und der Westerstraße, gibt es noch einige architektonische Kleinode aus dem 17. und 18. Jh. zu entdecken. In weiten Teilen der südlich und östlich des Marktes gelegenen Norder Altstadt überwiegt ansonsten unspektakuläre Architektur neueren Datums. In der Erneuerungsphase, die im Rahmen eines Bundes-Sanierungsprogramms seit Ende der 1960er-Jahre die Stadtplanung prägte, verschwand bedauerlich viel historische Bausubstanz.

Norden entstand auf einem von der Marsch fast ganz umschlossenen, bis zu 9 m hohen Geestrücken, auf dem ursprünglich vier kleine Siedlungen lagen. Ausgehend von einer ersten Kirche entwickelte sich entlang der Oster- und der Westerstraße eine Reihensiedlung, in der sich Handwerker und Händler niederließen, die mit Bremen und Westfalen Geschäfte trieben. 1277 wurden Landfriedensrichter in dem umtriebigen Handelsflecken eingesetzt, für dieses Jahr setzt man auch den Zeitpunkt der Stadtgründung fest. Durch verheerende Sturmfluten, die den Einbruch der Leybucht zur Folge hatten, wurde Norden im 14. Jh. Hafenstadt, war Ende des 15. Jh. sogar zeitweise der führende Hafen an der ostfriesischen Küste. Viele der imponierenden Bürgerhäuser entstanden in dieser Blütezeit und dokumentieren noch heute den damaligen Wohlstand der Stadt. Erst mit der zunehmenden Verlandung und Eindeichung der Leybucht verlor Norden schließlich seine Bedeutung als Handelshafen. Durch den Bau des Leybuchtsiels 1929/30 wurde die Stadt endgültig vom offenen Meer abgeschnitten. Das ostfriesische Nationalgetränk ist untrennbar mit Norden verbunden (s. S. 38, 47).

Ludgerikirche

Nordens Zentrum und zugleich schönste Sehenswürdigkeit ist der knapp sieben Hektar große **Marktplatz.** In seiner Mitte erhebt sich die mächtige, teils aus rheinischem Tuffstein, teils aus Backstein gebaute **Ludgerikirche** 1 mit einem frei stehenden, um 1300 entstandenen Glockenturm. Die Kirche, die im Zuge einer umfassenden Renovierung in den Jahren 1981 bis 1985 zum Nationaldenkmal erklärt wurde, trägt ihren Namen nach eben jenem friesischen Missionar, der als Bischof von Münster (744–809) versuchte, seine Landsleute zu bekehren. Der heute größte und bedeutendste mittelalterliche Sakralbau Ostfrieslands stammt aus mehreren Epochen. Ältester Teil ist

Taufen und kleinere Gottesdienste genutzten Hochchor vom Querschiff.

Das sehenswerte Innere der Kirche birgt viele Schätze: ein sechseckiges Taufbecken von Bentheimer Sandstein aus der Zeit um 1260–80, ein Chorgestühl von 1481, ein kunstvolles, um 1510 aus Sandstein gearbeitetes Tabernakel sowie eine überaus prächtig geschnitzte Kanzel aus dem Jahre 1712. Der von einem spätgotischen Baldachin gekrönte Hochaltar von 1582 ist über alle drei Flügel hinweg mit goldenen Lettern bedeckt – Texte aus dem Ersten Korintherbrief in mittelniederdeutscher Sprache. Die kostbare 1686–92 von Arp Schnitger aus Hamburg erbaute Orgel wurde zu Beginn der 1980er-Jahre von Jürgen Arend restauriert. Sie gilt als eine der klangschönsten Barock-Orgeln ganz Nordeuropas (Mo–Sa 10–12.30, Di–Sa 15–17 Uhr, im Winter Sa geschl. Orgelkonzerte Mitte Juni–Mitte Sept. Mi 20 Uhr, www.norden-ludgeri.de).

Auf dem **alten Friedhof** hinter der Kirche liegt der so genannte ›Warzenstein‹. Der Sage nach soll der Bischof von Bremen im Jahre 884 auf diesem Felsbrocken so innig um den Sieg der Friesen über die Normannen gebetet haben, dass die Abdrücke seiner Knie auf dem Findling zurückgeblieben sind. Das sich in der Vertiefung sammelnde Regenwasser soll gegen Warzen helfen.

das 1235–50 erbaute romanische Langschiff mit halbrunder Apsis im Osten. Das 1318 in Angriff genommene Querschiff erhielt 1445 seine heutige Gestalt. Zur gleichen Zeit ließ der Norder Häuptling und spätere erste ostfriesische Reichsgraf Ulrich Cirksena den Hochchor mit Umgang errichten. Der 1596 entstandene Fürstenstuhl trennt den heute für Trauungen,

Altes Rathaus

Auf der Westseite des Marktplatzes steht das historische **Alte Rathaus** 2. Das im Jahre 1531 zerstörte, 1539–

Die Schusterkugel im Heimatmuseum bündelt das Kerzenlicht

42 wieder aufgebaute Bauwerk mit dem einzigen in Ostfriesland noch erhaltenen Treppenturm beherbergt seit 1922 das sehenswerte **Heimatmuseum** mit Sammlungen zur Geschichte der Stadt. Schwerpunkte sind u. a. die Wohnkultur des 18. und 19. Jh., Deichbau und Küstenschutz, Handel und Handwerk. Auch eine komplette Zinngießerei, eine Schuhmacherei, ein Kolonialwarenladen von 1900 sowie eine Blaufärberwerkstatt sind hier aufgebaut. Im unteren Stockwerk des Alten Rathauses befindet sich von alters her die **Theelkammer,** der Versammlungsraum der Theelacht. Dies ist eine Genossenschaft von Erbbauern, die seit über 1100 Jahren besteht (*Theel* bedeutet ›Anteil‹, *Acht* ›Genossenschaft‹). Kurz vor Ostern und kurz vor Weihnachten treffen hier die *Arfburen* (›Erbbauern‹) und die *Koopburen* (›Kaufbauern‹, die einen verkäuflichen Anteil haben) zusammen, um ›nach uralten Bräuchen und genossenschaftlichen Grundsätzen‹ den Erlös der Erbpacht zu verteilen. Die Theelacht geht der Überlieferung nach zurück auf die Normannenschlacht von 884, nach deren siegreichem Ausgang die Friesen das zurückeroberte Land nordöstlich von Norden gemeinsam in Besitz nahmen und verwalteten. Nur direkte Nachfahren der Sieger gelten als Erbbauern. Das Wappen der ›Theelacht to Nörden‹ ist an der Außenwand des Alten Rathauses angebracht.

Ostfriesisches Teemuseum

Seit 1989 ist im Nachbarhaus das Ostfriesische Teemuseum mit dem Museum für Volkskunde untergebracht, das erste Museum dieser Art in Europa. Neben einer umfassenden Kulturgeschichte des Tees entdeckt man hier viele ergötzliche Weisheiten über das ostfriesische Nationalgetränk sowie eine stattliche Sammlung mit Teegeschirren aus verschiedenen Ländern und Epochen. In der gemütlichen, mit Wandfliesen stilgerecht ausgestatteten Teeküche werden regelmäßig Teeseminare abgehalten. Alle drei Museen sind über denselben Eingang erreichbar (März–Okt. Di–So 10–17 Uhr, im Juli und Aug. auch Mo).

Minna am Markt

Gute, bodenständige und originelle Küche, die u. a. *Wuddels doerstamt*, Ostfriesischer *Snirtje Braa*, *Insett Buskool*, *Mehlpütt*, *Grön Hein* bietet. Am Markt 68, Tel. 32 11, So–Fr 11.30–14, 17.30–22, Sa 17–22 Uhr, Mo–Fr 11.30–14 Uhr ›preiswerter Bürgertisch‹, 9–17 €.

Mennonitenkirche

Besonders schön ist die Südseite des Marktes mit einer geschlossenen Häuserzeile historischer Bauwerke aus Renaissance und Barock. Die hochherrschaftliche **Mennonitenkirche** ⌷3⌷ (Markt 16–18) ist ein dreiteiliger, palaisartiger Gebäudekomplex mit Freitreppe, geschweiftem Dach und steinernen Fruchtgehängen nach niederländischem Vorbild. Der zweistöckige Mitteltrakt, im Jahre 1662 als Privathaus des gräflichen Amtmanns errichtet, wurde 1795 von der Mennonitengemeinde gekauft. Die linke Hälfte wurde zum Kirchenraum ausgebaut und mit einem zierlichen Turm gekrönt. Die Seitenflügel stammen von 1796 und 1835

(Besichtigung der Mennonitenkirche Mai–Sept. Sa 10–12 Uhr, Eintritt frei). Linker Hand schließt sich das 1884 im klassizistischen Stil erbaute **Neue Rathaus** ⌷4⌷ an. Ein Kleinod sind die in niederländischem Frühbarock anno 1617 entstandenen **Dree Süsters** ⌷5⌷ (›Drei Schwestern‹) am Markt 12, 13 und 14.

Schöninghsches Haus

Ein weiteres Schmuckstück Nordens ist in der Osterstraße Nr. 5 zu finden: Das **Schöninghsche Haus** ⌷6⌷ aus dem Jahr 1576 gilt als das am reichsten verzierte Patrizierhaus der Renaissance in Ostfriesland (s. Abb. S. 36). Die ganz in Fenster aufgelöste Vorderfront gliedern Bänder von hellem Sandstein und

Mennonitenkirche

muschelartig verzierte Halbkreisfelder. Die Sandsteinfiguren, die an den Seiten des Giebels angebracht sind, schildern die Heldentaten des Herakles. Etwas schlichter ist dagegen ein in der Westerstr. 89 erhalten gebliebenes, anno 1656 im Stil der Spätrenaissance errichtetes Bürgerhaus mit elegant geschwungenem Giebel.

Die vom Marktplatz Richtung Süden führenden Straßen enden am alten **Hafen** von Norden. Noch zu Beginn dieses Jahrhunderts fuhren Norder Schiffe nach Portugal, England, Skandinavien und in die Ostsee. Der Hafen ist heute umgestaltet, die Deiche und alten Sieltore sind verschwunden, aber das stattliche **Pack- und Zollhaus** 7 von 1857 ist noch vorhanden. Heute beherbergt es ein Restaurant.

Mühlen

Südlich des Hafens, nur wenige Minuten vom Zollhaus, erhebt sich die eindrucksvolle **Deichmühle** 8 (Bahnhofstr. 1). Der voll funktionsfähige vierstöckige Galerieholländer von 1900 gehört mit 28,5 m zu den höchsten Mühlen Ostfrieslands. Etwas südlich, auf der anderen Seite der stark befahrenen B 72, steht die **Frisia Mühle**, in der ein **Muschel- und Schneckenmuseum** 9 (April–Okt. Di–Fr 14.30–18 Uhr, im Gurre 40) und ein liebevoll eingerichteter Laden mit erlesener Keramik untergebracht sind. 1855 erbaut, brannte die Mühle bereits 1864 durch Blitzschlag fast völlig ab und wurde neu errichtet. Bis 1930 wurde sie mit Windkraft, danach mit Motorkraft betrieben (Besichtigung in der Saison

Mi 15–17 Uhr). Ein dritter Holländer, die **Westgaster Mühle** 10, steht am westlichen Ortsausgang an der Verlängerung der Westerstraße Richtung Westermarsch. Die Mühle mit einem angeschlossenen beeindruckend großen Müllerhaus beherbergt ein gemütliches Café sowie einen Naturkostladen (Mo–Fr 10–12.30, 15–18 Uhr, Juni–Sept. Mahlvorführung, Backen im historischen Backofen, Do 15–17 Uhr).

Norddeich

Reiseatlas: S. 234, A4

Der für seine Seehundaufzucht- und Forschungsstation und die (seit 1. Jan. 1998 aufgelöste) Funkstelle Norddeich-Radio berühmte Stadtteil Nordens ist das größte Nordseebad an der ostfriesischen Küste. Seit Ende des 19. Jh. fahren hier die Schiffe der traditionsreichen Reederei Norden-Frisia regelmäßig nach Norderney und Juist ab. Seit 1896 gibt es hier einen Hafen und eine weit ins Hafenbecken ragende Mole. Hier endet die Deutsche Bahn.

Die stark befahrene B 72, die von Aurich und Norden herführt, ist auch die Hauptstraße von Norddeich. Parallel zu ihr verläuft der Dörperweg. Hier findet man das Kurzentrum, die Kurverwaltung und die größte Attraktion Norddeichs: den **Wellenpark** mit dem Erlebnisbad Ocean Wave, das **Nationalparkhaus** und die **Seehundaufzucht- und Forschungsstation,** in der jährlich 40–80 mutterlose Seehunde großgezogen und wieder ins Meer entlassen werden. Angeschlossen ist auch eine Pflegestation für ölverschmierte

FEUERWALZE AUS DEM NORDEN – DIE WIKINGER

Den ersten durch und durch unangenehmen Kontakt mit den von Norden her einbrechenden Wikingern, die unvermutet von See her auftauchten, ihre flachen Drachenschiffe auf den Strand zogen, plünderten und brandschatzten und so schnell wie sie gekommen waren wieder verschwanden, hatten die Friesen zur Zeit Karls des Großen. Das war knapp zwei Jahrzehnte nach dem Überfall auf das vor der englischen Küste gelegene Kloster Lindisfarne im Jahre 793, der die zweieinhalb Jahrhunderte während Zeit der Wikingerzüge einleitete, die ganz Europa in Angst und Schrecken versetzten. Die Beziehung zu den ›Nordmännern‹ gestaltete sich für die Nordseebewohner das gesamte 9. Jahrhundert hindurch höchst unerfreulich. Die nordischen Krieger richteten entlang der friesischen Küste Stützpunkte ein, die sie als Basis für Raubzüge nutzten. Auf den Flüssen drangen sie tief ins Landesinnere vor. Der reiche friesische Handelsplatz Dorestad an der Rheinmündung fiel ab 834 teilweise jährlich den unersättlichen Räubern zum Opfer. Paris und Hamburg wurden anno 845 geplündert und in Brand gesteckt. Chronisten berichten von heftigen, aber vergeblichen Kämpfen gegen den ›Hammer des Nordens‹ in England, Schottland und Irland. Die (Ost)Friesen, die als Bauern ihr Land und ihre politische Freiheit immer hartnäckiger als ihre Nachbarn verteidigt hatten, verzeichneten dagegen einige wesentliche Erfolge. 873 töteten sie in einer Schlacht 800 Wikinger. Trotz großer Verluste drangen die Nordmänner nur wenige Jahre später erneut nach Ostfriesland vor und setzten sich an der Küste nordöstlich von Norden fest. Sie drohten, die Stadt zu zerstören, in der sich um diese Zeit Rimbert, der Erzbischof von Bremen und Hamburg, aufhielt. In einer flammenden Rede machte er den Friesen Mut, ihr Land um des Glaubens und der Freiheit willen zu verteidigen. Unterstützt von seinen eindringlichen Gebeten brachten diese den Nordmännern im Jahre 884 in der Hilgenrieder Bucht nordöstlich von Norden eine empfindliche Niederlage bei. Danach sollen viele, die ihre Rettung in der Flucht suchten, durch Gräben und Bäche, die das flache Land durchzogen, aufgehalten worden, andere im Watt zwischen dem Festland und den Inseln ertrunken sein. Die von einem zeitgenössischen Chronisten notierte Zahl der Toten ist mit über 10 000 Mann sicherlich zu hoch gegriffen. Doch selbst wenn man eine Null abzieht, bleibt das Bild einer gewaltigen Niederlage. Die Sieger eigneten sich die verwaisten Wikinger-Schiffe an und fanden darin, wie in den *Annales Fuldensis* aus dem Jahre 885 zu lesen ist, »eine riesige Beute an Gold, Silber und wertvollem Hausgerät. Sie wurden allesamt zu reichen Leuten.« Auch nahmen sie wieder jenes Land in Besitz, das ihnen die Räuber aus dem Norden entrissen hatten. Laut Überlieferung bildeten sie eine Genossenschaft, die diese Ländereien bis zum heutigen Tage verwaltet: die Theelacht zu Norden (s. S. 180).

183

Tiere. Schwerpunkte der sehenswerten Ausstellung über den Nationalpark Niedersächsisches Wattenmeer sind Vogelwelt, Meeressäuger, Umweltverschmutzung, Tourismus. Angesichts ölverschmierter Vögel und verlassener Seehundbabies zwischen Frühsommer und Herbst werden hier nicht nur Kinder sehr eindrucksvoll an die Bedeutung des Umweltschutzes und die eigene Verantwortung für den Erhalt der Natur herangeführt (tgl. 10–17 Uhr, Dörperweg 22, Tel. 0 49 31/816 35, www.seehundstation-norddeich.de).

Im Ortsteil Osterloog und wenige Kilometer nördlich der Seehundstation beherbergt das dazugehörige **Waloseum** als Attraktion das Skelett eines 2003 an der Küste zwischen Norden und Norderney gestrandeten Pottwals ist (in der Saison tgl. 10–17 Uhr, Oster looger Weg 3, www.waloseum.de).

 Vorwahl: 0 49 31.
Postleitzahl: 26506.

Tourist-Information Norden und Norddeich: Dörperweg 22, Norden-Norddeich, Tel. 98 62 00, Fax 98 62 90, Urlaubshotline 0 18 05/0 08 37 52 00 (0,14 €/Min.), www.norddeich.de, Mo–Fr 8.30-13, 14-17, Sa 10-16 Uhr.

Tourist-Information in Norden: Am Markt (im Marktpavillon), Tel. 98 62 01, Mo–Fr 9–12.30, 14–17 Uhr.

... in Norden
Hotel Reichshof [11]: Neuer Weg 53,

Seehundaufzuchtstation in Norddeich

Tel. 17 50, Fax 175 75, www.reichshof -norden.de. Traditionsreiches Familienhotel mit etwa 80 Betten, 53–77 €. Das dazugehörige Restaurant zählt sich zu den besten der Stadt.

Hotel Zur Post [12]: Am Markt 3, Tel. 27 87, www.hotel-zur-post-norden.de. Zentral am Norder Markt gelegenes, charmantes Hotel, das Radfahrer auch für eine Nacht aufnimmt, 28–36 €; mit Café, Kneipe und Gaststube.

Ferienhof Upwarf [13]: Westermarscher Str. 22, Ortsteil Westermarsch, Tel. 45 74, Fax 95 90 10, www.upwarf.de. Ein Paradies für Kinder. Wohnungen für 2–7 Pers. auf einem ruhig gelegenen Bauernhof mit Kälbern, Schafen, Schweinen, Ziegen, Ponys, Meerschweinchen usw. Bei schlechtem Wetter Spielen in der Scheune: Tischfußball, -tennis, Kinderspielfahrzeuge, Sand- und Strohhaufen, 46–98 €.

... in Norddeich
Hotel Regina Maris: Badestr. 7 c, Tel. 1 89 30, Fax 18 93 75, www.hotel reginamaris.de. Modernes Hotel mit 120 Betten an der Kurpromenade, 53–80 €. Zwei Schwimmbäder, Sauna und Solarium sowie eine erstklassige Küche machen den Urlaubsgenuss komplett.

Ferienhof ›Groot Plaats‹: Deichstr. 31, 4 km westli. von Norddeich, Tel. 86 39, Fax 8 19 33, www.groot-plaats.de. Hinterm Deich inmitten von Feldern liegt der Bauernhof mit Wohnungen für 2–4 Pers., 35–70 €. Kinderspielplatz mit Kletterhaus, Ponys und Kleintieren zum Streicheln ...

Jugendherberge: Strandstraße 1, Norddeich, Tel. 80 64, Fax 818 28, www. jugendherberge.de. 96 Betten. Das Haus steht in idealer, strandnaher Lage.

Nordsee Camp Norddeich: Deichstr. 21, Norddeich, Tel. 80 73, Fax 80 74, www. nordsee-camp.de, März–Okt. geöffnet. Großer Platz mit 700 Stellplätzen westlich von Norddeich gleich hinterm Deich.

Der Wellenpark

in Norddeich bietet mit dem Erlebnisbad ›Ocean-Wave‹, der Seehundaufzuchtstation, dem Kinderspielhaus, einer Minigolfanlage und einem Abenteuerspielplatz bei jedem Wetter das ganze Jahr über Attraktionen für Groß und Klein.

Wohnmobil-Stellplatz: in Norden-Norddeich am Dörper Weg, schräg gegenüber vom Wellenpark.

... in Norden
Restaurant Minna am Markt [14]: Siehe Tipp S. 180.

Käpt'n Remmert [15]: Osterstr. 136, Tel. 34 55, Di–So 11.30–14, 17.30–22 Uhr. Uriges Restaurant, freundliche Bedienung. Fisch und Fleisch ab 9 €, preiswerter Mittagstisch.

Alte Backstube [16]: Westerstr. 96, Tel. 143 75, tgl. ab 18 Uhr. Gemütliche Bistro-Café-Kneipe gegenüber vom Tee- und Heimatmuseum.

... in Norddeich
Im **Hotel Regina Maris** (s. Hotels) und im **Haus des Gastes** (Am Strand, Badestraße, Tel. 98 40 20) wird delikates Essen mit schönem Blick aufs Watt geboten.

Restaurant Seestern: Deichstr. 8, Tel. 8 11 17, tgl. 11–21.30 Uhr, 8–17 €. Den frischen Fisch genießen auch Einheimische gern.

Der Club: Westerst., Norden, www. der-club-in-norden.de.

Meta's Musikschuppen: Deichstr., Norddeich, www.metas-musikschuppen.de.

Apollo Kino Norden: Osterstraße 136, Tel. 99 74 00.

Schiffsausflüge im Sommerhalbjahr nach Holland, Helgoland, entlang der Seehundbänke, Reederei Norden-Frisia, siehe unten.

Baden: Westlich des Norddeicher Hafens erstreckt sich der ca. 2 km lange **Sand- und Grünstrand**. Bei Ebbe kann man sich im **Freibad** mit Blick aufs Meer im Wasser tummeln, Mitte Mai–Mitte Sept. 8.30–19 Uhr.

Ocean Wave: Familien- und Erlebnisbad mit einem grandiosen Wellnessangebot: Dörperweg 22, im Wellenpark Norddeich. Bad 10–21 Uhr, Sauna 10 –22 Uhr.

Surfschule: In Norddeich neben dem Freibad, www.surfschule-norddeich.de.

 Von Emden (Inter-Regio) mit der **Bahn** nach Norden und Norddeich-Mole, Reiseauskunft, Tel. 60 40.

Schiff: Ganzj. Fähren von Norddeich nach Norderney (s. S. 104) und Juist (s. S. 89). Im Sommerhalbjahr geht's mit dem **High Speed Cat No. 1** nach Helgoland, Info Reederei Norden-Frisia, Tel. 98 70, www.reederei-frisia.de

Museumseisenbahn-Küstenbahn-Ostfriesland (MKO): Verkehrt auf der stillgelegten Bahnstrecke von Norden über Hage nach Dornum; Ostern, 1. Mai, Himmelfahrt, Pfingsten, Juni–Mitte Okt. jeden So, Info über Sonderfahrten und Besichtigung des **Lokschuppen-Museums** in Norden, Tel. 16 90 30 (ab 18 Uhr), www.mkoev.de. Die Bummelfahrt über Land kann man schön mit einer Radtour verbinden; die Bahn nimmt Räder mit.

 **Klinik Norddeich:** Badestraße 15, Tel. 98 50.

Kreiskrankenhaus: In Norden, Osterstraße 110, Tel. 18 10.

Polizei: Polizeirevier Norden, Am Markt, Tel. 92 10; Polizeistation Norddeich, Alte Grundschule, Norddeicher Straße.

Post: Norden, Am Markt 4.

Ausflug nach Lütetsburg

Reiseatlas: S. 234, C4

Wer sich für Schlösser und Landschaftsgärten begeistert, sollte sich einen Ausflug zum **Wasserschloss Lütetsburg** in Hage, 6 km östlich von Norden, gönnen. Häuptling Lütet Manninga ließ das ursprüngliche Steinhaus zu einer Burg erweitern. Der im 16. Jh. hier ansässige Häuptling Unico Manninga ließ in der handgeschriebenen und illustrierten ›Lütetsburger Hauschronik‹ die unglaublich prunkvollen Trachten der Friesinnen festhalten (s. S. 44). Bis heute bewohnt die in die Dynastie der Manninga im 16. Jh. eingeheiratete Familie zu Inn- und Knyphausen die Lütesburg. Das 1960 erbaute Schloss ersetzt die durch Feuersbrunst zerstörte vorherige Anlage von 1896. Älteren Datums ist die von der Straße aus sichtbare, 1577 erbaute Renaissance-Vorburg mit dem barocken Torturm von 1740. Das Schloss ist nicht zu besichtigen. Wunderschön aber präsentiert sich der ab ca. 1790 in englischem Stil umgestaltete **Schlosspark,** der zu den schönsten Parkanlagen Norddeutschlands gehört. Mächtige alte Baumgruppen inmitten grüner Auen, verschlungene Wasserläufe mit kleinen Brücken, meterhohe, im Frühjahr farbenprächtig blühende Rhododendren, stille Teiche mit verwunschenen Inseln, eine verschwiegene Holzkapelle im Tannendickicht – eine Welt sehr fern von Wind und Watt. (Die Parkanlage ist durch die Gärtnerei zugänglich, in der hellen Jahreszeit ab Mai tgl. 9–21 Uhr, sonst tgl. 9–17 Uhr.)

ZWISCHEN NORDEN UND HOOKSIEL

Malerische Sielhäfen entlang der Krabbenküste • Auf den Spuren der alten Häuptlinge in Nesse, Dornum und Esens • Krabbenpulen im idyllischen Neuharlingersiel • Im Sielhafenmuseum von Carolinensiel wird die große Zeit der Segelschifffahrt lebendig • Nach Horumersiel-Schillig im familienfreundlichen Wangerland und ins idyllische Hooksiel

Die Störtebekerstraße führt von Norden aus weiter Richtung Osten, immer hinter dem schützenden Deich, durch die Küstenorte Neßmersiel, Dornumersiel, Bensersiel, Neuharlingersiel bis Carolinensiel. Radfahrer können häufig auch auf weniger frequentierte, deichnähere Straßen ausweichen. Als Wanderer auf der Deichkrone erlebt man den Gegensatz von bleigrauem Watt zur saftig grünen Marsch am intensivsten. Abstecher wenige Kilometer landeinwärts nach Nesse, Dornum und Esens lohnen für alle, die mal genug von der ewig steifen Brise haben, sei es, um ein wenig von der Atmosphäre eines alten Häuptlingssitzes zu genießen, sei es, um einfach nur im Schutze der gerade gewachsenen, dichten Laubbäume ein Eis zu essen.

Neßmersiel

Reiseatlas: S. 235, D2
Zum ›Land der Doroness‹ gehören das Nordseebad Dornumersiel, der Erholungsort Dornum, der Flecken Nesse und der Küstenbadeort Neßmersiel. Im 1969/70 erbauten Hafen von Neßmersiel legen die Fähren nach Baltrum ab, das Dorf selbst liegt weit hinter dem Deich. In der ehemaligen Schule an der Störtebeker Straße können sich Kinder in der ›Strandoase‹, einer überdachten ›Strandlandschaft‹ mit Abenteuerspielplatz und Sandkasten, tummeln. In der ›Strandoase‹ findet man auch die kleine Heimatstube mit Kapitänszimmer und Kaufmannsladen aus alter Zeit (Öffnungszeiten in der Saison siehe Aushang).

Westlich des Hafens erstreckt sich ein **Sandstrand** mit farbenfrohen Strandkörben und einem Kinderspielplatz. Ohne den obligatorischen Campingplatz und großartige Kureinrichtungen findet man hier mehr Muße als in den anderen Küstenbadeorten, die schlichtschöne Landschaft zwischen den grünen Polderwiesen und dem grauen Watt zu genießen.

Erlebnisreich sind die Wattwanderungen nach Baltrum, zurück geht es mit der Fähre oder einem Fischkutter (verschiedene Anbieter, siehe Aushänge).

187

Nesse

Reiseatlas: S. 235, E3

Nur wenige Kilometer landein passiert man auf dem Weg nach Dornum eine kleine, auf einer Langwarft gelegene Handelsniederlassung aus dem 8./9. Jh. Bemerkenswert ist die aus Tuffstein erbaute evangelische Kirche, eine einschiffige Saalkirche aus der Zeit um 1200 mit einem spätgotischen Chor von 1493. Kirchenschiff und Chor werden durch den Lettner, eine steinerne, gegen Ende des 15. Jh. errichtete Schranke getrennt, damit sich im Mittelalter die hohe Geistlichkeit nicht mit dem niederen Volk mischte. Die auf den Lettner gesetzte Orgel stammt aus dem Jahre 1709. Das älteste und wertvollste Inventarstück ist das reich mit Figuren, Arkaden und Rankenfries geschmückte, etwa 1 m hohe Sandstein-Taufbecken von 1250/70. Westlich der Kirche steht das ehemalige Pfarrhaus, ein stattlicher zweigeschossiger Backsteinbau aus der ersten Hälfte des 16. Jh. Das schmale, hohe Backsteingebäude zur Linken dient als Gemeindehaus. Ein riesiger Gulfhof rundet das Ensemble würdiger Bauwerke ab.

Dornum und Dornumersiel

Reiseatlas: S. 235, F3; 236, A3/4

Die ehemalige Herrlichkeit Dornum, 5 km von der Küste entfernt, ist ein charmantes Städtchen mit ca. 2000 Einwohnern und einer beeindruckenden Vielfalt an historischen Sehenswürdigkeiten aus der Ära der ostfriesischen

Sehenswürdigkeiten

1. Bartholomäuskirche
2. Jüdischer Friedhof
3. Synagoge
4. Amtshaus
5. Schloss
6. Beningaburg
7. Oma-Freese-Huus
8. Bockwindmühle

Übernachten

9. Breilecker Hotel

Essen und Trinken

10. Schneckenhaus

Häuptlinge. Der Beiname ›Herrlichkeit‹ bedeutet, dass hier einst Häuptlinge mit eingeschränkter Autonomie herrschten. Eine Stadtbesichtigung beginnt man am besten an der Touristeninformation im Süden der Altstadt.

St. Bartholomäuskirche

Auf einer Warf erhebt sich hier die 1992–95 restaurierte **St. Bartholomäuskirche** 1. Der schlichte rechteckige Backsteinbau mit dem verwitterten frei stehenden Glockenturm

Dornum und Dornumersiel

stammt aus dem letzten Drittel des 13. Jh. Seit dem späten 17. Jh. besitzt das Innere ein hölzernes Tonnengewölbe, auf der Nord- und der Westseite doppelgeschossige Emporen in dezentem Grau, Taubenblau und Seegrün. Auf der Westempore nimmt die von Gerhard von Holy aus Aurich geschaffene Orgel von 1710–11 fast die gesamte Breite ein (April–Mitte Okt. 10–12, 15–17 Uhr).

Von St. Bartholomäus führt die Kirchstraße am Marktplatz vorbei direkt zum Schloss. Den kleinen gepflaster-ten Marktplatz umgeben mehrere traditionsreiche Gasthäuser, in einem Café kann man bei Tee und Kuchen die beschauliche Kleinstadtidylle genießen.

Synagoge

Vom Markt geht eine schmale Straße zum **jüdischen Friedhof** 2 ab. Der älteste Grabstein stammt von 1721, der jüngste aus dem Jahr 1945. Die **Synagoge** 3, heute Informations- und Gedenkstätte der ehemaligen jüdischen Gemeinde in Dornum, steht in der

Die Beningaburg in Dornum

Kirchstraße. Die ›Reichskristallnacht‹ (9./10. November 1938), in der in ganz Deutschland jüdische Einrichtungen, Schulen und Geschäfte zerstört und teilweise niedergebrannt wurden, überstand sie als einzige in Ostfriesland nur deshalb, weil sie kurz zuvor an einen nichtjüdischen Tischler verkauft worden war. Die Ausstellung dokumentiert mit Bildern und Exponaten die Geschichte der jüdischen Gemeinde in Dornum von 1775 bis zu ihrer zwangsweisen Auflösung im Jahre 1940, informiert aber auch allgemein über jüdische Geschichte und Religion (Fr, Sa, So 15–18 Uhr).

Am Ende der Kirchstraße, kurz vor dem Torhaus des Schlosses, steht linker Hand das ehemalige **Amtshaus** 4,

in dem der 1820 in Dornum geborene Dichter Enno Hektor viele Jahre lebte.

Schloss und Beningaburg

Ursprünglich standen in Dornum drei Häuptlingsburgen, zwischen 1350 und 1400 erbaut, die alle in der ›Sächsischen Fehde‹ 1514 zerstört wurden. Zwei davon wurden wieder aufgebaut und stehen heute noch: das Schloss und die Beningaburg (auch Osterburg genannt), beide wurden angeblich bereits um 1380 von Hero Attena, dem Herrscher über die Herrlichkeiten Dornum und Nesse, gegründet.

Das von einem Wassergraben umgebene **Schloss** 5, das Ende des 17. Jh. seine heutige Form erhielt, ist das

Wahrzeichen Dornums. Es ist der Nachfolgebau der 1514 zerstörten Norderburg und beherbergt seit 1951 die Kreisrealschule. Durch ein Torgebäude mit Turm von 1707 gelangt man in den Vorhof, an dessen östlicher Flanke das in Weiß und zartem Gelb gehaltene Hauptgebäude liegt. Die vierflügelige Schlossanlage liegt inmitten eines weitläufigen Parks, den eine riesige Kolonie von Saatkrähen bevölkert.

Vom Schloss geht es über die von der Kirchstraße abzweigende Enno-Hektor-Straße zur **Beningaburg** 6. Das von einem Graben umgebene, aufwändig renovierte Gemäuer beherbergt heute ein edles Hotel-Restaurant. Der Ostflügel mit rundbogiger Durchfahrt datiert ins Jahr 1567, das Säulenportal des Südflügels ins späte 17. Jh.

In der angrenzenden Beningalohne ist im **Oma-Freese-Huus** 7 ein kleines Heimatmuseum untergebracht (Di, Do 11–12, 15–17, So 15–17 Uhr oder nach Vereinbarung Tel. 13 43).

Bockwindmühle

An der Hauptstraße Richtung Aurich, etwa 5 Minuten zu Fuß vom Zentrum, erhebt sich die schmale, schwarzgebeizte **Bockwindmühle** 8, eine Ständermühle. Sie stammt aus dem Jahre 1626 und ist die letzte ihrer Art in Ostfriesland. Vor der Einführung der Galerieholländer war diese Windmühlenart in ganz Norddeutschland verbreitet. Ist sie in Betrieb, drehen sich nicht nur Flügel und Haube, sondern das ganze (auf einen Bock montierte) Mühlenhaus (wegen Restaurierungsarbeiten zurzeit keine Führungen, Auskunft: Tel. 13 43.).

Dornumersiel

5 km sind es von Dornum nach Dornumersiel. Bis Anfang des 17. Jh. war das Gebiet des heutigen Nordseebades noch Wattenmeer, der Deich verlief ca. 1,5 km weiter landeinwärts. 1610 wurde der Polder Dornumer-Westaccumer Neuland eingedeicht. Zur Ableitung der Binnengewässer war der Bau eines Siels notwendig. Die Sturmflut von 1962 zerstörte große Teile von Dornumersiel. Neue Deiche und ein großes Schöpfwerk wurden gebaut, vor dem Schöpfwerk ein Hafen für die Fischereiflotte angelegt.

Westlich des Siels und des lang gestreckten **Mahlbusens,** einem Entwässerungssee mit Rundwanderweg und Tretbootverleih, wurde ein Campingplatz angelegt und 70 000 m^3 weißer Sand aufgespült. Vergnügen für die Kleinen bietet ein beheiztes Meerwasserfreibad ›**Doroness**‹ und das Kinderspielhaus ›**Reethaus am Meer**‹. Nicht nur an Schlechtwettertagen sollte man im **Nationalpark Nordseehaus** vorbeischauen. Bilder, Exponate und Filme informieren über das Wattenmeer (Oll Deep, Tel. 15 65, www.nationalparkhaus-ornumersiel.de, April–Nov. Di–Fr 9–17, Sa, So 13–17 Uhr).

Vorwahl: 0 49 33.
Postleitzahl: 26553.
Tourismus GmbH Gemeinde Dornum: Hafenstraße 3, im Reethaus am Meer, Dornumersiel, Tel. 911 10, Fax 91 11 15, www.dornum.de.
Das **Infomagazin** ›**Blinkfuer**‹ erscheint dreimal im Jahr, erhältlich u. a. im Reethaus am Meer.

… in Dornum
Breilecker Hotel Restaurant in der Beningaburg 9: Siehe Tipp.

… in Dornumersiel
Villa Dühringshof: Störtebekerstr. 106, Dornumergrode, Tel. 02 11/25 22 35, Fax 25 22 85, www.villa-duehringshof.de. Wohnungen für 2–4 Pers. in einem denkmalgeschützten ehemaligen Herrenhaus auf parkähnlichem Grundstück, 44–59 €.
Wilhelminenhof: Störtebekerstr. 116, Tel. 0 49 75/91 20 03, Fax 21 20 04, Mobil 01 71/4 23 71 00, www.wilhelminenhof-nordsee.de. Urlaub für Pferd und Reiter auf dem Bauernhof unter Hunden, Katzen, Kühen, Kaninchen und Pferden. Doppelhaus mit Ferienwohnungen für 4–5 Pers. 64 €, am alten Deich in Dornumersiel. Zum Mahlbusen spaziert man 1 Min., zum Badestrand 500 m. Zum Hof gehört eine Reitanlage mit Reithalle und Springplatz; Reitunterricht.
Nordsee-Caravan-Camping: Am Strand, Info Tourismus GmbH, Tel. 91 11 10, April–Sept. Familienfreundlicher Platz am Meer, in unmittelbarer Nähe das Kinderspielhaus und ein beheiztes Meerwasserfreibad (im Campingpreis).

 … in Dornum
Schneckenhaus 10: Am Markt, Tel. 28 90, www.schneckenhaus.info. Teestube, in der der das Teetrinken typisch ostfriesisch zelebriert wird.

… in Dornumersiel
Alte Schmiede: Cassen-Eilts-Padd 2, Tel. 17 44, 11.30–14, 17.30–21.30 Uhr. Gourmetküche mit regionalen Zutaten. Empfehlenswert: Schafskäse in allen Variationen, ab 11 €.
Fisch Rinjes: Zwischen Hafen und Yachthafen, Tel. 712. Exzellente Fischfeinkost; Fischbrötchen, Fisch, Imbisskarte ab 5 €. Schlichte Einrichtung, aber zivile Preise, hier kommen auch Einheimische hin.

… in Neßmersiel
Hotel Fährhaus: Dorfstraße 42, Am alten Sieltor, Tel. 3 03, www.faehrhaus-nessmersiel.de. Köstliche Fischgerichte, ausgezeichnetes Salzwiesenkalb und leckere hausgemachte Kuchen im hochgepriesenen Restaurant-Café, 10–22 €.

Auf dem Bauernhof: Eier von frei laufenden Hühnern, Gemüse, Wurst, Kartoffeln: **Hof Ricklefs,** Störtebekerstraße 46, Neßmergrode, Tel. 7 80; **Verbeek,** Dornumergrode, Tel. 10 40; **Adrianenhof,** Neßmergroder Weg 20, Neßmergrode, Tel. 22 58, Fax 87 99 05. Spezialitäten vom Salzwiesenkalb.

Reethaus am Meer: Hafenstraße 3, Dornumersiel, Tel. 9 11 10, in der Saison tgl. 10–18 Uhr. Information, Bücherei und Leseraum, Kaminzimmer.
Sturmfrei: Erlebnisoase in Neßmersiel, Störtebekerstr. 18. Der Wellfit-Bereich bietet mehrere Saunen, Bäder, einen Fitnessraum und Sportkurse, außerdem eine Tobe- und Spiel-Areal für die Kleinsten, eine Kletterwand und Erlebniskino.

Ritterfest zu Dornum: Zwei Wochenenden im Juli. Ritter kämpfen hoch zu Ross, Gaukler unterhalten und Handwerksmeister zeigen ihr Können.
Dornumer Kunsttage: Drei Wochen im Juli/Aug. Im Dornumer Schloss sind Gemälde, Zeichnungen, Grafiken, Foto-

grafien und Plastiken von Künstlern aus dem gesamten Bundesgebiet zu sehen. **Kutterkorso** der Fischer in Dornumersiel im Aug.

Baden: In Dornumersiel und im benachbarten Neßmersiel gibt es westlich des Hafens **sandigen Badestrand.** Der Hauptstrand in Dornumersiel ist über die ›Barke‹ zu erreichen, ein moderner Komplex mit 60 m hohem Aussichtsturm, Umkleideräumen, sanitären Anlagen, Babywickelraum und Kiosk.
Meerwasserfreibad Doroness: Dornumersiel, Ende Mai–Anf. Sept. tgl. 9.30–19 Uhr.
Angeln: Ab Dornumersiel werden Hochseeangelfahrten angeboten. Mit dem Fischkutter geht es auf Makrelen oder Dorsch. Geruhsam angeln lässt sich am Mahlbusen, einem kleinen Speichersee hinter dem Siel in Dornumersiel mit Rundwanderweg und Tretbootverleih.
Reiten: Martina Buß, Nesse, Tel. 84 25; Anne Wehage-Steffens, Dornumergrode, Tel. 97 33 77; Pferdepension Heiko Darmstädter, Dornumergrode, Tel. 21 64.
Kinder: Im **Sturmfrei** in Neßmersiel gibt es einen Tobe- und Spielbereich für die Kleinsten und auch einiges für Jugendliche, Kletterwand, IT- und LAN-Basis und Kino, Störtebekerstr. 18, Tel. 91 40 23, in der Saison tgl. 10–18 Uhr. An der Dornumersieler **Spielscheune** im Reethaus am Meer befindet sich auch eine Knickerbahn (Knicker=Murmeln), Knicker gibt's kostenlos, gegenüber eine Skaterbahn.

Bahn & Bus: Nächster Bahnhof in Norden (s. S. 177), von dort verkehrt der Bäderbus nach Dornum-Dornumersiel und Neßmersiel.
Museumseisenbahn Dornum-Norden: Siehe S. 186.
Fähre: Von Neßmersiel tgl. nach Baltrum, tideabhängige, das heißt unregelmäßige

Verbindung, Info: Baltrum-Linie, Tel. 99 16 06, Fax 99 16 07, www.baltrum-linie.de.

 Ärzte: In Dornum und Dornumersiel.
Zahnarzt und Apotheke: In Dornum.
Krankenhäuser: Aurich: Tel. 0 49 41/940, Norden: Tel. 0 49 31/18 10.
Polizei: In Dornum, Tel. 22 18.
Postagentur: Im Neukauf-Markt, Westerstr., und in Dornumersiel, Kapitänstr. 5.
Internet-Terminals in
… Dornumersiel: Reethaus am Meer.
… Dornum: Klönpub, Enno-Hektor-Str. 13.
... Neßmersiel: Sturmfrei, Störtebekerstr. 18.

Esens und Bensersiel

Reiseatlas: S. 236, C4; B4
Die alte, ausgesprochen hübsche Häuptlingsstadt Esens liegt sturmflutsicher 4 km landein auf einem von Marsch umgebenen flachen Geestbuckel, immerhin 3 m über dem Meeresspiegel. Im 13. Jh. drang die Nordsee bis Esens vor, ein Hafen entstand, der Handel zu Lande und zu Wasser gedieh. Der Ort, um 1310 dann erstmals urkundlich erwähnt, blühte auf. Die mächtigen Häuptlingsfamilien der tom Brook (Ende des 14. Jh.) und Attena (Ende des 15. Jh.) wurden Herren über Esens und das Harlingerland. Um 1400 entstand die erste Burg, gegen Ende des 15. Jh. die erste Befestigungsanlage. Unter dem Junker Balthasar, der 1522–40 auch die Herrschaft über Wittmund besaß, erhielt Esens das Stadtrecht. Als der Hafen und damit die Seeverbindung zu Beginn des 17. Jh. immer mehr verlandete und

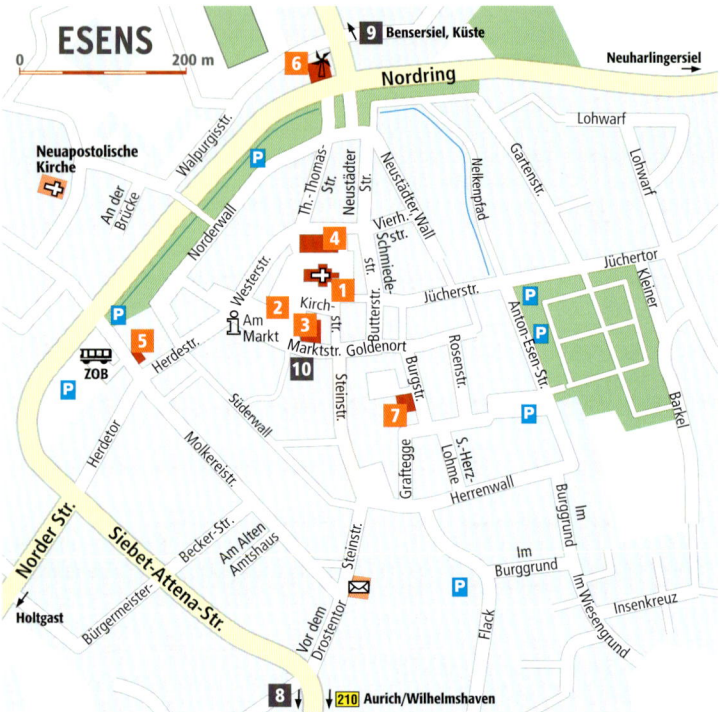

Esens von großen Schiffen nicht mehr angefahren werden konnte, wurde 4 km nördlich der Stadt ein neuer Hafen gegründet: Bensersiel. Esens blieb als Marktort das eigentliche Zentrum des Harlingerlandes.

Den Mittelpunkt des beschaulichen Landstädtchens (knapp 6900 Ew.) bildet der mittelalterliche Siedlungskern mit schönen Giebelhäusern, der stattlichen St. Magnuskirche und dem gepflasterten Marktplatz. Fast alle Sehenswürdgkeiten liegen hier in Spazierentfernung. Wer abends durch das Städtchen bummelt, wird bezaubert sein von den altmodischen Straßenlaternen, die ihr warmes Licht auf das gediegene Kopfsteinpflaster von Kirchplatz und Markt werfen. Letzterer überrascht in lauen Sommernächten mit Straßencafés und herumtobenden Kindern durch sein fast südländisches Flair.

St. Magnuskirche

Die stattliche **St. Magnuskirche** 1 überragt den von Bäumen umgebenen Kirchplatz. Die heute größte Kirche

Esens und Bensersiel

Sehenswürdigkeiten

1 Magnuskirche mit Turmmuseum
2 Marktplatz
3 Rathaus
4 Holarium
5 Bemsteinhuus
6 Heimatmuseum in der Peldemühle
7 August-Gottschalk-Haus

Übernachten

8 Krögers Hotel
9 Jugendherberge

Essen und Trinken

10 Ratsgaststätte

Ostfrieslands wurde 1848–54 als Ersatz für den wegen Baufälligkeit abgebrochenen gotischen Vorgängerbau errichtet. Im Innern der 57,5 m langen und 33 m breiten dreischiffigen Kirche befinden sich viele Ausstattungsstücke der älteren Kirche, so etwa die vom einheimischen Meister Hinrich Cröpelin 1673/74 geschnitzten Kniebänke und die reich mit Blattornamenten und Figuren geschmückte Kanzel. Imposant ist der Sandstein-Sarkophag des 1473 gestorbenen Ritters Sibet Attena. Auf dem Deckel liegt die vollplastische Figur des gerüsteten Ritters, der von vier Wappen tragenden Löwen bewacht wird. Die Orgel wurde von dem Esenser Arnold Rohlfs zwischen 1847 und 1860 gebaut (März–Okt. Di–Fr 10–11.30, 14.30–16 Uhr). Der Turm des Gotteshauses beherbergt das **Turmmuseum,** das auf mehreren Etagen die Geschichte der Kirche dokumentiert. Ein Fenster gewährt den Blick ins Innere der Kirchenorgel. Von der obersten zugänglichen Etage des 54 m hohen Turms bietet sich ein Rundblick über die Stadt bis zu den der Küste vorgelagerten Inseln (April–Sept. So 11–12, Di und Do 15–17 Uhr).

Marktplatz

Der **Marktplatz** 2 schließt sich unmittelbar an den Kirchplatz an. Eine Bronzeplastik zwischen den beiden Plätzen zeigt – wie übrigens auch das Esenser Wappen – einen Bären mit einem Ziegelstein zwischen den Tatzen. Esens wird gern die Bärenstadt genannt. Bei einer Belagerung der Stadt im 16. Jh. kletterte, so will es die Sage, ein im Turm eingesperrter Bär die Innenwände hinauf. Toll vor Hunger begann er, Steine aus den Zinnen zu reißen und die Belagerer damit zu traktieren. Ein Treffer tötete den feindlichen Kommandanten. Die Belagerer gaben auf, da sie annehmen mussten, dass es den Eingeschlossenen wider Erwarten immerhin noch so gut ging, dass sie sich den Luxus leisten konnten, einen Tanzbären durchzufüttern.

An der Ostseite des Marktplatzes erhebt sich das **Rathaus** 3. Der 1756 von der Generalsfrau von Wangelin als

IM RAUSCH DER WINDENERGIE

Die sturmgebeugten Bäume entlang der schnurgeraden Straßen zeugen von der steten Präsenz des Windes an der Nordseeküste, wo seit über einem halben Jahrtausend Windmühlen zu den herausragenden Orientierungspunkten des platten Landes gehören. Auch heute bietet sich die norddeutsche Küste für die Nutzung des Windes als alternative Energiequelle an, und so sind in den letzten zwei Jahrzehnten zunächst Einzelanlagen und dann Windparks wie Pilze aus dem Boden geschossen. Mitte 2002 liefen in Niedersachsen 3245 Windturbinen mit einer Nennleistung von 2724 Megawatt (MW). (Das Ausbauziel des Landesraumordnungsprogramms mit 2050 MW war erst für 2005 vorgesehen).

Deutschland ist Windkraft-Weltmeister. Hier stehen mehr Anlagen, als in den zweit- und drittplazierten Ländern USA und Spanien zusammen. Doch inzwischen sprechen viele Argumente gegen einen unbegrenzten Ausbau von Windenergieanlagen in einer stark vom Fremdenverkehr abhängigen Region, deren Markenzeichen vor allem das offene, weite Land ist. Dem Bau sogenannter Einzelanlagen (außerhalb geschlossener Windparks) wurde im Juni 1994 ein gesetzlicher Riegel vorgeschoben. Für viele Landstriche kam das Gesetz zu spät, dort gehört der Anblick eines ›Windspargels‹ zum Bauernhof dazu wie in anderen Gegenden eine Getreidescheune. Manch ›Flashlight-Geschädigter‹ bereut die Investition: Wenn die Sonne zu bestimmten Tageszeiten hinter den sich drehenden Propellern steht, wird das Licht zu zuckenden Blitzen zerhackt, die Wohnzimmer oder Küche in Disco-Atmosphäre tauchen. Viele Anlieger klagen über Lärmbelästigung, obwohl der Schallemissionspegel der Räder laut Angaben der Windpark-Firmen unter den zulässigen Werten liegt. Gegen einige Firmen gehen betroffene Anwohner mittlerweile juristisch vor.

Auch den Naturschützern ist die Freude über die alternative Energie vergangen. Die Naturschutzverbände beklagen, dass sie bei der Standortplanung nicht hinzugezogen werden. Die Küste hat als Rast- und Brutplatz für die Vogelwelt eine herausragende Bedeutung, doch mittlerweile meiden viele Zugvögel die Regionen der Windanlagen großflächig.

Die meisten Bürgerinitiativen, die sich gebildet haben, um den Bau von Windkraftanlagen zu verhindern bzw. um die Versetzung bestehender Räder zu kämpfen, sind nicht grundsätzlich gegen die umweltfreundliche Windenergie. Sie machen aber deutlich, dass über das Wie, Wo und Wo-Nicht bisher nicht genügend diskutiert worden ist.

Wind gibt es auch auf dem Meer im Überfluss: Windanlagen auf See (engl. *offshore*) laufen gleichmäßiger und erwirtschaften einer Greenpeace-Studie zufolge rund 40 % höhere Energieerträge als die an Land. Das Interesse der Investoren ist gigantisch, es herrscht Goldgräberstimmung. 30 und mehr Anträge für mehrere tausend Anlagen liegen mittlerweile vor. Wegen der Nähe zum Nationalpark Wattenmeer haben die Anträge innerhalb der 12-Meilen-Zone weniger Aussicht auf Erfolg. Zuständig für Genehmigungen in der Ausschließlichen Wirtschaftszone, die 200 Seemeilen auf das Meer hinausgeht, ist das Bundesamt für Seeschifffahrt und Hydrographie. Überstürzte Genehmigungen verbieten sich aber auch hier: Es muss Rücksicht auf öffentliche Belange wie Schifffahrt und Naturschutz genommen werden. Die Folgen von Offshore-Anlagen für das Ökosystem des Meeres sind kaum einschätzbar. Erste Erfahrungen in Dänemark und Schweden kann man nur bedingt auf die deutschen Küstenmeere übertragen. Viele Fragen bleiben offen: Werden die Vogelzüge, die Meeresfauna, die Fauna und Flora des Meeresbodens durch die riesigen Anlagen gestört? Könnten die wie Riffs aus dem Meer herausragenden Windmühlen das Risiko für Schiffshavarien mit auslaufendem Öl erheblich erhöhen?

Es gibt viel zu prüfen, zu forschen und zu ordnen, bevor die Claims auf hoher See abgesteckt werden: Es geht um das Wie und Wo, nicht mehr um das Ob der Offshore-Windparks. Für das Vorhaben Borkum-Riffgrund, 15 km nordwestlich von Borkum, wurde zunächst nur eine Teilgenehmigung erteilt. Sollten in der Pilotphase gravierende Störungen der Meeresumwelt auftreten, soll die Möglichkeit bestehen, die Gebiete für die Windkraftnutzung wieder einzuschränken. Zumindest in der Theorie wird offshore der Natur und Landschaft etwas mehr Würdigung als an Land zuteil.

An eine Entspannung an Land ist trotz Offshore-Euphorie nicht zu denken.

Windräder an der Nordseeküste

Witwenstift errichtete Bau dient seit 1949 als Rathaus. Im Ahnensaal hängen wertvolle Gobelins und Gemälde (Besichtigung April–Okt. Do in Verbindung mit einer Führung durch die St. Magnus-Kirche, siehe oben).

Holarium, Bernstein-Huus, Peldemühle

Esens verfügt über mehrere interessante Museen und Sammlungen: Im **Holarium** 4 am Kirchplatz erfährt der Besucher, was es mit der Holographie auf sich hat. Nicht nur Kinder sind fasziniert von der Magie dreidimensionaler Bilder (April–Okt. Di–So 10–17 Uhr).

In der Herdestraße liegt das **Bernstein-Huus** 5 mit einem kleinen Museum über Entstehungsgeschichte, Vorkommen und Abbaumethoden, Verkauf von edlem Schmuck (März–Okt. Mo–Fr 9.30–13, 15–18, in der Hauptsaison Mo–Fr 9–18, Sa 9–13 Uhr, Herdestr. 14).

Die sehenswerte Ausstellung ›Leben am Meer – Eine Mühle voller Geschichte(n)‹ ist in der **Peldemühle** 6, einem Ende der 1980er-Jahre sehr schön restaurierten Galerieholländer von 1850, untergebracht. Anschaulich und kindgerecht sind hier die Siedlungsgeschichte des Harlingerlandes sowie Dokumente zur Stadtgeschichte präsentiert. Anhand von Modellen und zahlreichen Relikten werden die zwei unterschiedlichen Naturräume Marsch und Geest erklärt. Zum Anfassen und Fühlen gibt es Knochen, Scherben und verschiedene rätselhafte Funde aus dem Watt (Di–So 10–17, Führungen Mi 15 Uhr, Walpurgisstr.).

August-Gottschalk-Haus

Am entgegengesetzten Ende des Ortes, in der Burgstraße, steht das **August-Gottschalk-Haus** 7. In dem 1899 errichteten ehemaligen jüdischen Gemeindehaus dokumentiert eine ergreifende, bislang hauptsächlich aus Bildmaterial bestehende Ausstellung die neuere Geschichte der ostfriesischen Juden. Das Gemeindehaus diente als Versammlungsort, Schule und als Wohnort für den Kultusbeamten, der in der kleinen Esenser Gemeinde Lehrer, Vorbeter und Schächter zugleich war. Von 1899–1927 hatte diese Stellung August Gottschalk inne, dessen Namen das Haus heute trägt. Von besonderer Bedeutung und einzigartig für den gesamten Nordwesten ist die Mikwe, das rituelle Tauchbad, das bei Sanierungsarbeiten unter dem Fußboden wieder entdeckt wurde (Tel. 0 49 71/ 23 06, April–Okt. Di, Do, So 15–18 Uhr oder nach Vereinbarung).

Bensersiel

Das für seine Kinder- und Familienfreundlichkeit preisgekrönte Nordseeheilbad **Bensersiel** ist seit 1859 Fährhafen für die Insel Langeoog (s. S. 116). Nennenswerte Sehenswürdigkeiten gibt es nicht. Den Besucher überraschen jedoch die luftig futuristischen Brücken, die die Deicharten überspannen. Spaziergänger können völlig frei vom Autoverkehr alle Attraktionen von Bensersiel auf Deichkronenhöhe erreichen, so auch die großzügigen Kur- und Freizeiteinrichtungen. Im Sommer locken in unmittelbarer Ha-

Strandakrobatik oder schiere Lebenslust

fennähe ein weiter Sandstrand sowie ein beheiztes (26 °C) Meerwasserschwimmbecken im Freien mit 80 m langer Riesenrutsche. Gleich nebenan im **Spielhaus Kunterbunt** mit Abenteuerspielplatz dürfen die Kleinen unbeschwert herumtoben. Zum Basteln, Klönen und Lesen kann man sich ins Haus Regenschirm zurückziehen. Neben dem Freibad liegt ein **maritimer Sportthemenpark** mit Tennis-, Beachvolleyball- und Beachsoccercourts sowie einer Badmintonfläche. Auch eine Skaterfläche mit Quarterpipe, Funbox, Jump-Ramp usw. fehlt nicht.

Vorwahl: 0 49 71.
Postleitzahl: 26427.

Touristeninformationen:
Kurverwaltung Bensersiel/ Touristen-Information: Am Strand, Strandportal, Tel. 91 70, Fax 91 71 34.
Kurverwaltung Esens/ Touristen-Information: Am Markt , Tel. 91 27 00, Fax 49 88, www.bensersiel.de.

... in Esens
Krögers Hotel 8: Bahnhofstr. 18, Tel. 30 65, Fax 42 65, www.kroegers-hotel.de. Gepflegtes, gastliches Haus an der Hauptverkehrsstraße, die meisten der 41 Doppelzimmer liegen aber nach hinten, 60 €. Fitnessraum, Sauna/Solarium, abends: Gaststube ›Drüppel‹ mit Kamin.
Jugendherberge 9: Grashauser Flage 2 (an der Bensersieler Straße), Tel. 37 17. 4 km vom Strand entferntes Haus mit 144 Betten.

… in Bensersiel

Hörn van Diek: Lammertshörn 1, Tel. 24 29, Fax 35 04, www.hoern.van.diek.de. Appartements und Suiten mit Terrasse oder Balkon, 45–55 €. Schwimmbad, Dampfbad, Sauna, Fitnessraum, Solarium, Gehentfernung zur Nordseetherme.

Heerens Hotel: Am Hafen 6, Tel. 22 13, Fax 56 94. Familiäres, einfaches Hotel in bester Lage, 30–33 €; Restaurant, Café.

Familien- und Kur Campingplatz Bensersiel: Am Strand, Tel. 91 71 21 (Ostern–15. Sept.), Tel. 0 49 71/91 70 (übrige Zeit), www.bensersiel.de. Stellplätze vor dem Deich – halb auf Sand, halb auf Gras, zentrale Lage neben dem Meerwasser-Wellenfreibad in Hafennähe. Übernachtungspreis inkl. täglicher Nutzung der Nordseetherme ›Sonneninsel‹.

… in Esens

Ratsgaststätte 10: Am Markt 1, Tel. 32 27, tgl. ab 11.30 Uhr. Fischspezialitäten und ein umfangreiches Angebot an Fleischgerichten im alten Stadthaus, ab 10 €. Daneben auch Vegetarisches und eine gute Auswahl an Kindergerichten.

… in Bensersiel

Zum Bären: Am Strand 3, oben, Tel. 24 90. Delikate Speisen plus wunderbarer Meerblick – was will man mehr, ab 15 €.

> ## Nordseetherme Sonneninsel
>
> Subtropisches Badeparadies mit Seeräuberinsel, Spieldeck ›Luftikus‹, Solarium, römischen Dampfbädern, Dschungelgrotte, umfangreichem Wellnessprogramm. Bensersiel, Schulstr. 4, Tel. 91 61 41, Mo, Di, Fr 10–22, Mi 10–21, Do 11–21, Sa, So 10–20 Uhr.

Fährhaus: Hafen Ost (am Fähranleger), Tel. 36 47, tgl. 8.30–21.30 Uhr. Die Küche ist gutbürgerlich, die Preise vor allem für die Tagesgerichte sind bodenständig, die Portionen groß genug zum Sattwerden, Hauptgerichte ab 9 €.

 Wochenmarkt: In der Saison Mi, Sa vormittags, Kirchplatz Esens, Do vormittags in Bensersiel.

Kino: Centralkino, Westerstraße, Esens, Tel. 36 40.

Schützenfest: Fünf Tage Volksfest am 2. Wochenende im Juli.

 Schiffsfahrten zu den Ostfriesischen Inseln, nach Helgoland, zu den Seehundsbänken, Info: Schiffahrt Langeoog, Tel. 9 28 90.

Baden: Sandstrand in Bensersiel westlich des Hafens.

Nordseetherme Sonneninsel: S. Tipp.

Naturkundehaus: In Bensersiel, Seestr., Tel. 58 48. Interessante, kindgerechte Führungen, die durch Aushang bekannt gegeben werden; Seewasseraquarien, Kräutergarten.

Kinder

Kinderanimation … in Bensersiel: Im Zirkuszelt im maritimen Sport-Themenpark oder im Achterdeck im Strandportal (Vor- und Nachsaison), Veranstaltungsplan siehe Aushang.

Spielplätze … in Bensersiel: Takka-Tukka-Land im Strandportal, Kinderspielhaus Kunterbunt, Kletterschiff Hoppetosse und Spielplatz am Strand.

… in Esens: Spielscheune Klabautermann, Sattlerstr. 5, (Gewerbegebiet Ost), Tel. 91 71 46, Di–Fr 13–19, Sa, So 10–19 Uhr.

Bahn: Von Esens über Wittmund und Jever nach Sande und Wilhelmshaven.

DIE SIELHÄFEN

Mit dem Beginn des Deichbaus um das Jahr 1000, der das Land vor den salzigen Fluten des Meeres schützen sollte, standen die Küstenbewohner vor dem Problem, wie sie nun das Binnenland entwässern sollten. Keineswegs nur nach ergiebigen Regenfällen versanken die tief gelegenen, nun eingedeichten Felder und Wiesen der Marsch unter Wasser. Wohin mit dem Nass? Die einzige Lösung bestand darin, den Deich wieder zu öffnen und Siele einzubauen. Ein Siel ist mit Toren oder Klappen versehen, die sich bei Flut durch den Druck des auflaufenden Wassers schließen und sich selbsttätig wieder öffnen, wenn der Außenwasserstand unter den Binnenwasserstand fällt, damit das Wasser aus dem Binnenland hinausströmen kann. Um das Wasser hinter dem Deich zu sammeln, wurde und wird die Marsch von einem Netz von Gräben und Kanälen durchzogen, die das Wasser sammeln, in ein so genanntes Tief (Fahrrinne) leiten und durch das Siel ins Meer führen.

An den Sielen entlang der Küste entstanden Anlegeplätze und kleine Häfen. Von hier aus brachen die Fischer zum Fang auf, unternahmen Schiffer Frachtfahrten entlang der Küste ebenso wie ins Landesinnere. Über die schiffbaren Kanäle und Flüsse, die das Land durchzogen, als es noch nicht über ein nennenswertes Straßennetz verfügte, versorgten sie das Binnenland. Mit der Eindeichung von Buchten und der fortschreitenden Landgewinnung im Verlauf der Jahrhunderte mussten die Siele immer wieder nach außen verlegt werden. Die Häfen wanderten mit, die ehemaligen Küstenorte wurden zu Binnendörfern. Besonders deutlich ist diese Entwicklung im Harlingerland zu verfolgen. Die von Sturmfluten ins Land gerissene Harlebucht reichte zur Zeit ihrer größten Ausdehnung bis nach Wittmund und Jever. In jahrhundertelangem Kampf gewannen die Küstenbewohner das verlorene Land wieder zurück. Die neu angelegten Orte an den Deichöffnungen erhielten in der Regel die Endung -siel. So wanderte etwa der Sielhafen von ursprünglich Altfunnixsiel (1599 erbaut) über Neufunnixsiel (1658) bis Carolinensiel (1729), Friedrichsschleuse (1765) und Harlesiel (1957). Die zurückgebliebenen Häfen versanken in Bedeutungslosigkeit. Der alte Hafen von Carolinensiel wurde 1962 gar zugeschüttet und erst 1987 als Bestandteil des Sielhafenmuseums wieder ausgebaggert und rekonstruiert.

Mit dem Aufkommen immer größerer und schnellerer Dampfer sah die Segelschiffära und damit auch die große Zeit der Sielhäfen im letzten Drittel des 19. Jh. ihrem Ende entgegen. Hafenbecken und Durchfahrten reichten für die Dampfer nicht aus. Die Segelschiffe, die einst von der Krabbenküste aus die Weltmeere befahren hatten, waren nicht konkurrenzfähig. Die Sielhäfen sind heute für die Fischerei, für den Fährverkehr zu den Inseln, als Yachthäfen von großer Bedeutung. Die – im Gegensatz zu den alten Warfendörfern in der Krummhörn – jungen Orte sind nach dem Zweiten Weltkrieg zu blühenden Küstenbadeorten geworden.

Es ist Piratentag ...

... Zaubertag oder Sponge-Bob-Tag oder auch Indianertag. Im Leuchttürmchen-Club (bei der Tourist-Info) in Neuharlingersiel treffen sich alle Kinder von ganz klein bis noch nicht ganz groß. Die älteren können im Jugend-Club Tischtennis spielen und darten.

Bus: Regelmäßige Verbindung von Esens nach Bensersiel, nach Neuharlingersiel, Wittmund, Jever und Aurich.

Ärzte: Mehrere Bade- und Fachärzte in Bensersiel und Esens.
Zahnarzt: In Esens.
Ärztlicher Notruf: Tel. 55 66
Apotheken: In Esens.
Krankenhaus: In Wittmund, Dohuser Weg 10, Tel. 0 44 62/86 02.
Polizei: In Esens, Bahnhofstraße 15a, Tel. 22 41.
Post: Esens, Vor dem Drostentor.
Internet … in Bensersiel: Internetroom Aquantis, Taddigshörn 200; ›Strandsurfer‹ im Strandportal, Am Strand 8.
… in Esens: Internet-Point, Kurplatz.

Neuharlingersiel

Reiseatlas: S. 237, D/E3
Der Hafen des kleinen, bereits 1693 urkundlich erwähnten Fischerortes ist nicht nur einer der ältesten an der Nordseeküste, sondern auch einer der schönsten. Landeinwärts, unmittelbar hinter dem Fähranleger zur Insel Spiekeroog (s. S. 128), erstreckt sich das schmale, von hübschen Giebelhäusern gesäumte Hafenbecken, in dem zu jeder Jahreszeit bunte Kutter dümpeln. Gerade heimgekehrte Fischer vertauen ihre Schiffe, stapeln Krabbenkisten, spülen das Deck, Möwen warten auf einen Leckerbissen, Touristen flanieren. Von einer der zahlreichen Bänke entlang der Hafenmauer lässt sich das muntere Treiben bestens betrachten.

Auf der Westseite des Hafens liegt das 1971 eröffnete **Buddelschiff-Museum**. Die liebevoll zusammengetragene Sammlung stellt die Entwicklung des Schiffbaus und der Seefahrt dar, beginnend beim Urmenschen, der auf zwei Baumstämmen ein Gewässer überquert, über die ägyptischen, phönizischen, römischen und griechischen Schiffe, die Koggen und Fregatten des Mittelalters, die berühmten Segler und Passagierdampfer des 19. Jh. bis hin zum U-Boot, Seenotrettungskreuzer und Krabbenkutter der Neuzeit (April–Okt. Mi–Mo 10–13, 13.30–17 Uhr).

Vom Innern des Kutterhafens führt der Weg am Anfang der 1960er-Jahre neu erbauten Siel- und Schöpfwerk (das erste Siel war 1785 von Friedrich dem Großen in Auftrag gegeben worden) entlang zum schlossartigen **Sielhof.** Der älteste Teil des Baus wurde 1755 errichtet und um 1900 zum barock nachempfundenen Herrensitz umgebaut. Der von einem Park umgebene Sielhof beherbergt heute neben der Verwaltung des Kurvereins ein geschmackvoll eingerichtetes Café mit angebautem gläsernem Pavillon und großer Sonnenterrasse.

Einen Abstecher lohnt die inmitten saftiger Weiden und fruchtbarer Getreidefelder direkt am Neuharlinger Sieltief gelegene **Seriemer Mühle** (2 km südl. von Neuharlingersiel). Der 17 m hohe, 1804 erbaute Galerieholländer mit dem optimistischen Namen *De goede Verwachting* (›In guter Erwartung‹) ist voll funktionsfähig. Von der Galerie bietet sich rundum ein weiter Blick bis zu den Windrädern am Horizont. Die Teestube im angrenzenden Müllerhaus lädt ein zum Klönsnakken und Tee trinken (nur in der Saison geöffnet).

Vorwahl: 0 49 74.
Postleitzahl: 26427.
Touristen-Information/Kurverein Neuharlingersiel: Edo-Edzards-Straße 1, Tel. 18 80, Fax 788, www.neuharlingersiel.de, Mitte März–Ende Okt. Mo–Fr 8–18, Sa, So 10–15, sonst Mo–Fr 9–17 Uhr.

Poggenstool: Addenhausen 1, Tel. 919 10, Fax 91 91 20, www.poggen stool.com. Liebevoll geführtes Hotel-Restaurant mit vier gepflegten, komfortablen Doppel- und einem Einzelzimmer, 45–62 €. Viel Lob erntet die gute, frische Küche.
Jannssen's Hotel: Am Hafen 7, Tel. 224, 919 50, Fax 702, www.hotel-janssen.de. 24 Doppelzimmer, einige mit direktem Hafenblick, Einzel-/Doppel-/Nebenzimmer 41–69 €. Im Restaurant – das Teezimmer zieren alte Delfter Kacheln – kommt tgl. frischer Seefisch auf den Tisch.
Hafen-Studios: Am Hafen Ost, Info Tel. 05 51/3 58 98, Fax 3 89 82 17, www. hafenappartements.de. Ferienappartements für 2 Pers. in exklusiver Lage, 33–54 €, freies Parken.
Campingplatz Neuharlingersiel: Tel. 712, Fax 495. Ganzjährig geöffneter Familien-Campingplatz hinter dem Deich.

Neuharlingersiel

Siehe auch Hotels

Sielhof: Am Kurpark, Tel. 605, Di–So 11–21 Uhr. Im 19. Jh. wurde der in einem hübschen Park gelegene Sielhof zu einem Herrensitz ausgebaut. Und heute speist man hier stilvoll: Die Gaststuben sind in zartem Taubenblau gehalten, mit schöner Deckenmalerei, Kamin und verglastem Wintergarten. Hauptgerichte ab 10 €.

Teestube am Seedeich: Deichringstr. 27, Tel. 7 85, Fax 14 89, www.teestube-am-seedeich.de, Di–So 11–21 Uhr. Das Restaurant plus Kneipe liegt gleich hinterm Deich, in der Nähe des Campingplatzes, Fischspezialitäten ab 8 €.

Café Störmhus: Am Hafen, Tel. 707, 225, Fax 833, www.rodenbaeck.de. Wenn das Wetter mal nicht so gut ist, sitzt es sich wunderbar in der oberen Etage des auf der Deichkrone gelegenen Cafés mit Blick auf Wattenmeer und Hafen. Vermietet werden auch 18 Appartements für 2 bzw. 5 Pers.

Datteln: Am Hafen West 13. Gemütliches Café und Kneipe, ein bisschen versteckt hinter der Hafenmauer.

 Wochenmarkt: Am Westanleger, April–Okt. Fr 8–13 Uhr.

Drei-Häfen-Rundtour

Die drei hintereinander liegenden Häfen Carolinensiel, Friedrichs-schleuse und Harlesiel werden durch die Harle verbunden. Ein sehr schöner Spazierweg führt am linken Ufer der Harle entlang. Die Länge des Spaziergangs beträgt 1600 m, zurück geht's mit dem Raddampfer (s. S. 209).

 Kino: In der Saison zweimal pro Woche im Kursaal.

 Ein Höhepunkt im Hochsommer ist die **Regatta der Krabbenkutter.**

 Westlich des Hafens erstreckt sich der **sandige Badestrand.**

Meerwasser-Hallenbad: Hafenzufahrt West, Tel. 188 15, tgl. Mo–Sa 10–20/21, So 10–18 Uhr.

Kutterfahrten: In der Saison (April–Okt.) geht es fast tgl. hinaus aufs Meer, tgl. Sonderfahrten nach Spiekeroog und zu den anderen Inseln. Termine stehen beim Anleger des jeweiligen Kutters.

Kinder: Indoor-Spielpark ›Klabautermann‹ in Esens Richtung Neuharlingersiel, Gewerbegebiet Ost, Café und Bistro, aktuelle Öffnungszeiten erfragen unter Tel. 92 75 71, www.klabautermann-spielpark.de.

 Bus: Der Bäderbus verkehrt wochentags zw. Norden (dort Bahnanschluss) und Carolinensiel; im Sommer mit Radanhänger. Mehrmals tgl. Bus nach Esens (ebenfalls Bahnanschluss).

Ärztliche Versorgung: Mehrere Ärzte, ein Zahnarzt, eine Apotheke.

Polizei: In Esens, Tel. 0 49 71/22 41.

Postagentur: In der Tourist-Information.

Carolinensiel und Harlesiel

Reiseatlas: S. 238, A3

Das in den 1950er-Jahren angelegte Harlesiel, Wangerooges Festlandhafen, bildet eine Einheit mit dem weiter im Inland gelegenen, über 250 Jahre älteren Carolinensiel. Dieser Sielhafen entstand, als nach der Weihnachtsflut von

Carolinensiel und Harlesiel

Am Museumshafen in Carolinensiel

1717 die zerstörten Deiche wieder aufgebaut wurden. Durch die vorgeschobene Deichlinie wurde Land gewonnen, der neue ›Groden‹ nach der damaligen Landesherrin Caroline benannt. Zum Abfluss der Harle fügte man in den Deich ein Siel ein. Um das neu angelegte Hafenbecken entstand ab 1730 einer der bedeutendsten Handelshäfen entlang der ostfriesischen und friesischen Küste. Bereits um 1765 wurde ein weiterer Deich vor den Hafen gezogen, der den Bau einer Schleuse erforderlich machte. Sie wurde nach dem neuen Landesherrn Friedrichsschleuse genannt. Aller guten Dinge sind drei: 1953–57 entstand im Zuge eines neuen Deichbaus schließlich Harlesiel mit einer neuen Schleuse,

einem neuen Siel und einem modernen Fährhafen. Carolinensiel und die Friedrichsschleuse sind heute Binnenhäfen. Die Friedrichsschleuse mit dem vorgelagerten Speicherbecken (›Mahlbusen‹) des Schöpfwerks Harlesiel bietet etwa 100 Yachten einen Liegeplatz.

Sielhafenmuseum

Der zwischenzeitlich zugeschüttete, 1986/87 wieder in seinen früheren Ausmaßen hergerichtete alte Hafen Carolinensiel ist heute Museumshafen. Hübsche, von hohen Laubbäumen geschützte Giebelhäuser, alte Speicher und schmucke Segelschiffe erinnern an die große Zeit der Frachtensegler Mitte des 19. Jh. Im Sielhafenmuseum,

205

das in drei Häusern am Hafen untergebracht ist, wird die alte Zeit lebendig
(www.deutsches-sielhafenmuseum.de,
Mitte März–Mitte Nov. und in den Weihnachtsferien, tgl. 10–18 Uhr): Die über
mehrere Etagen verteilte Ausstellung
im **Mammens Groot Huus** 1 (Am Hafen Ost 8) aus dem Jahre 1840 dokumentiert die Geschichte der Siele, Häfen und Deiche, der Schiffskultur an der
niedersächsischen Nordseeküste, die
ihre Blütezeit im 19. Jh. hatte. Zu besichtigen gibt es u. a. einen Kaufmannsladen von 1892, eine Hafenapo-
theke, mehrere Werkstätten wie eine
Schuhmacherei und eine Seilerei.

Alte Pastorei und Kapitänshaus

Die zu Beginn des 19. Jh. ursprünglich
als Wohn- und Lagerhaus erbaute **Alte Pastorei** 2 auf der Westseite des
Hafens beherbergt eine Dauerausstellung zu Schiffbau und Handwerk (Öffnungszeiten siehe oben). In der alten
Pastorei ist außerdem das **Nationalparkhaus** Carolinensiel untergebracht,
das mit Ausstellungen, Diavorträgen
und naturkundlichen Führungen über
den Nationalpark Wattenmeer informiert, Pumphusen 3, Tel. 84 03. Zwischen Groot Huus und Alter Pastorei
werden im **Kapitänshaus** 3 mit guter
Stube, Küche und historischer See-
mannskneipe Aspekte des Lebens an
Land dargestellt (Öffnungszeiten wie
Groot Huus).

Das Sielhafenmuseum hat außerdem einen Spaziergang mit ausführli-
chen Informationstafeln zu Geschichte
und Kultur in und um Carolinensiel,

Sehenswürdigkeiten
1 Sielhafenmuseum/Mammens Groot Huus
2 Alte Pastorei und Nationalparkhaus
3 Kapitänshaus
4 Kurzentrum Cliner Quelle

Übernachten
5 Hotel-Gasthof Erholung
6 Ferien-Domizil
7 Blischke's Ferienwohnungen

Essen und Trinken
8 Café/Pizzeria Piccolo
9 Sielkrug
10 Küsten-Räucherei Joh. Albrecht
11 Tüdelpott

Friedrichsschleuse und Harlesiel eingerichtet (www.museumsweg.de).

Folgt man der Harle Richtung Harlesiel, passiert man kurz vor der Friedrichsschleuse das moderne, großzügig
verglaste **Kurzentrum Cliner Quelle** 4
mit Erlebnisbad, Kinderspielhaus, Sauna, Solarium, Leseräumen und Bistro.

In **Harlesiel** ist eine kleine Flotte von
Fischkuttern beheimatet. Westlich des

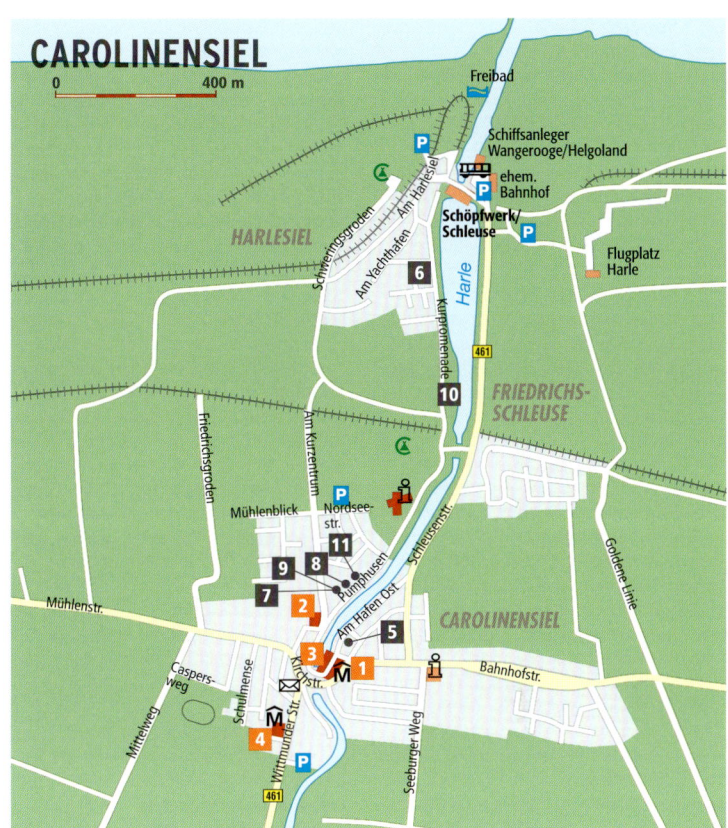

Hafens erstreckt sich ein feinsandiger, flach zum Wasser abfallender Badestrand. Im **Freibad** direkt am Strand kann man auch bei Ebbe in Nordseewasser baden.

Altfunnixsiel

Viel Spaß macht Kindern ein Abstecher nach **Altfunnixsiel,** 5 km südlich von Carolinensiel. In dem 25 000 m² großen Freizeitpark **Lütge Land** sind originalgetreue Modelle bekannter Burgen, Schlösser und historischer Bauwerke im Maßstab 1 : 25 zu besichtigen. Elektro-Motorboote und -Motorräder, Ufo-Skooter, Nautic-Jet und Sky-Dive gehören zu den beliebtesten Angeboten (Mai–Okt. 9.30–19 Uhr, Friesenkamp 5).

Vorwahl: 0 44 64.
Postleitzahl: 26409.
Nordseebad Carolinensiel-Wittmund GmbH: Zimmervermittlung und Kurverwaltung, Bahnhofstr. 40, Tel. 94 93 93, Fax 94 93 94, Mo–Fr 10–16, Sa 10–13 Uhr.
Tourist-Information: Kurzentrum Cliner Quelle‹ Nordseestr. 1, Tel.9 49 30, Fax 94 93 23, www.harlesiel.de, Mo, Mi, Do, Fr 8–21, Di 8–20, Sa 10–20, So 9–20 Uhr.

Hotel-Gasthof Erholung 5: Am Hafen Ost 5, Tel. 310, Fax 80 50, www.erholung-carolinensiel.de. Traditionsreiches, familiäres Haus auf der Ostseite des alten Hafens, ganzjährig geöffnet, Übernachtung 25–35 €. Mit gemütlicher Gaststätte, im Sommer sitzt man auf der Terrasse direkt am Museumshafen.
Ferien-Domizil 6: Am Yachthafen 102 b–g. 2006 erstellter Wohnpark an der Harle, Doppelhaushälften für 1–6 Pers., teilweise mit Kamin und Sauna, 150 m zum Strand, Hafen und Freibad. 81–99 €. www.harlesiel-am-yachthafen.de, www.ferienhaus-harlesiel-aktiv.de, www.carolinensiel-familienurlaub.de u. a.
Blischke's Ferienwohnungen 7: Pumphusen 4-6, Tel. 0 44 64/94 88 00, Fax 94 88 39, www.hotel-blischke.de. Ferienwohnungen für 2–4 Pers, zentrale Lage an der Kurpromenade mit Blick auf den Museumshafen, ca, 1,2 km zum Strand, 39–71 €.
Campingplatz Harlesiel: Direkt am Badestrand, Tel. 80 46, außerhalb der Saison Tel. 949 30, Fax 94 93 23, Mai–Sept. geöffnet. Nebenan: beheiztes Meerwasser-Freibad.

Am Hafen und an der Harle verlocken zahlreiche gemütliche Cafés und Restaurants zur Einkehr.
Café/Pizzeria Piccolo 8: Pumphusen 7, Tel. 82 79, tgl. 11–14.30, 17–22, Hauptsaison 11–23 Uhr. Kinderfreundliche Pizzeria mit Bambini-Karte. Pizzen, Nudeliges aber auch Fischgerichte, 6–18.50 €, im Sommer Prosecco-Bar an der Harle.
Sielkrug 9: Pumphusen 4–6, Tel. 94 88 00, 11.30–13.45 und ab 17 Uhr. Deftige ostfriesische Küche, Fisch und Fleisch, Stammessen unter 10 €. Hier auch viele Reisegruppen Station.
Küsten-Räucherei Joh. Albrecht GmbH 10: Friedrichsschleuse 7, Tel. 384, Mo–Sa 9–20, So 10–20, Fischverkauf nur bis 18.30 Uhr. Fisch-Feinkost und Imbiss zwischen Harlesiel und Carolinensiel an der Harle gelegen – hier stimmt das Preis-Leistungs-Verhältnis, Hauptgerichte ab 5 €.
Tüdelpott 11: Pumphusen 10, Tel. 83 49, www.tuedelpott.de, tgl. ab 14 Uhr. Im Kapitänshaus an der Uferpromenade werden leckere Torten serviert, u. a. Ostfriesen-, Teekirschen- und Cappuccinotorte. Über 30 Teesorten, die auch im Online-Shop bestellt werden können. Vermietung von Tret- und Ruderbooten.

Wochenmarkt: Am Museumshafen in Carolinensiel, Mi März–Okt., auf dem Marktplatz in Wittmund (Mo, Do vormittag).

Hafenfest: Siehe Tipp S. 209.
Jedes 2. Augustwochenende Treffen von über 50 Plattbodenschiffen zum Carolinensieler Hafenfest.
Ende Nov./Anfang Dez.: Aufstellen des ›Schwimmenden Weihnachtsbaums‹ im Museumshafen.
Schöfelfest: Ganz besonders ist es, wenn im Winter die Harle zufriert. Dann tummelt sich das Volk auf dem Eis. Schlittschuhe nicht vergessen.

Baden: Westlich des Harlesieler Fährhafens erstreckt sich weißer Sandstrand.
Meerwasserfreibad Harlesiel: Am Badestrand, Tel. 12 10, Mitte Mai–Mitte

Sept. tgl. 7–19 Uhr. Tideunabhängig in Meerwasser baden.

Kurzentrum Cliner Quelle 4 : Erlebnisbad mit Sauna-/Wellnesslandschaft, Hallen-Solebad, Café, Leseecke, Spielplatz, Solarien, Fitnessmöglichkeit. Die zahlreichen Wellnessangebote inkl. Preisangaben sind im Internet präsentiert (www.harlesiel.de). Während der Anwendungen Kinderbetreuung im Kinderspielhaus.

Angeln: Angeln kann man entlang der Harle, des Falstertiefs, der Abenser, Burhafer und Buttforder Leide. Angelerlaubnisscheine sind u. a. erhältlich im Haus des Gastes und bei der Kurverwaltung.

Ruder- und Tretboote: Pumphusen 10, ›Tüdelpott‹, Tel. 83 49.

Segeln: Tideunabhängig am Binnentief in Harlesiel, über eine Schleuse geht es ins Wattenmeer und zu den Ostfriesischen Inseln. Info: Harlesail Segel- und Motorbootschule, Friedrichschleuse 27, Tel. 94 58 64, Mobil 01 74/6 35 40 73, www.harlesail.de.

Bus: Bäderbus verkehrt zwischen Norden und Carolinensiel-Harlesiel.

Hucke-Bike-Bus: Fahrradservice der Weser-Ems-Bus GmbH, Ende Mai–Ende Sept. Der aktuelle Fahrplan ist bei der Tourist-Info erhältlich oder bei Weser-Ems-Bus GmbH, Tel. 0 44 61/949 00.

Schiff: Tgl. Schiffsverbindung Harlesiel-Anleger zur Insel Wangerooge. Während der Saison Sonderfahrten nach Helgoland, Info und Fahrkarten Bahnhof in Harlesiel, Tel. 94 94 11.

Das **historische Schiff ›Marie van't Siel‹** verkehrt zwischen Carolinensiel und Altfunnixsiel. Info: Reederei D. Albrecht, Harlesiel, Tel. 13 06. Abfahrtzeiten und Preise erhält man auch in der Tourist-Info im Kurzentrum Cliner Quelle.

Der **Seiten-Raddampfer ›Concordia II‹** verkehrt in der Saison alle 90 Min. zwischen Museumshafen in Carolinensiel und Fährhafen in Harlesiel, Tel. 13 06.

Hafenfest

In Carolinensiel treffen sich Anfang August alte Segelschiffe aus nah und fern. Ein Teil der Kapitäne und Besatzungen trägt historische Trachten und Kostüme.

Flugplatz: Luftverkehr Friesland-Harle, Tel. 948 10. Flüge u. a. nach Wangerooge.

 Ärzte, Zahnarzt und Apotheke: In Carolinensiel.

Kreiskrankenhaus: In Wittmund, Dohuser Weg 10, Tel. 0 44 62/86 02.

Internetstationen: Im Kurzentrum Cliner Quelle (hier auch W-Lan Zugang) und auf dem Campingplatz in Harlesiel.

Horumersiel-Schillig und Hooksiel

Reiseatlas: S. 239, D3; Übersichtskarte hintere Klappe

Die familienfreundliche Ferienlandschaft **Wangerland** ist vielen unbekannt. Erst 1972/73 wurden die fünf Gemeinden mit den Orten Horumersiel, Schillig, Hooksiel, Minsen und Hohenkirchen zu einer Großgemeinde zusammengefasst. Das Nordseeheilbad **Horumersiel-Schillig,** das touristische Zentrum des Wangerlandes, liegt am ›Kap der guten Erholung‹, wo der Jadebusen ins offene Meer mündet. Hier laden Watt, Deich- und Strandwege zu langen Spaziergängen ein. Strand gibt es fast ohne Ende, am schönsten ist er im Norden von Schillig.

Eine Idylle ist **Hooksiel,** der kleine Nordseeküstenbadeort am Rande des Wilhelmshavener Gewerbegebietes. Er entstand bereits Mitte des 16. Jh., die Einwohner lebten überwiegend vom Fisch- und Muschelfang, bis sich der Tourismus zum wichtigsten Wirtschaftszweig entwickelte. Heute steht der Hafen unter Denkmalschutz. Für einen Dorfbummel sollte man das Auto vor dem Ort parken, da es in den Straßen kaum Parkplätze gibt.

Sehenswert ist das **Internationale Muschelmuseum** mit einer Sammlung kleinster bis riesiger Exemplare (Lange Str. 17, März–Okt. tgl. 11–17 Uhr). Im Freizeitgelände um das **Hooksmeer** kann man herrlich spazieren gehen und Rad fahren. Eine Surfbucht, Wasserskiliftanlage und Segelschule sowie ca. 600 Liegeplätze für Sportboote machen den Ort zu einem Wassersport-Dorado.

Die kleine Ortschaft **Minsen-Förrien** lohnt mit kleiner, altehrwürdiger Kirche und dem Nordseehaus Wangerland einen Fahrradausflug. Das Nordseehaus ist im Gästehaus Minsen untergebracht (Kirchenstr. 9, Minsen, Tel. 0 44 26/90 47 00, www.nordseehaus-wangerland.de, April–Okt. Mo–Fr 10–17, Sa, So 14–17 Uhr). Mit Wattenmeer-Ausstellung, Nordseeaquarien und Windenergieausstellung; freier Eintritt.

Unbedingt einen Tagesausflug wert ist **Wilhelmshaven:** Der schönste Teil der Stadt ist der Südstrand, eine Promenade mit Cafés, Restaurants und viel Flair. Zwei drei Spazierminuten sind es zum Aquarium, zum Marinemuseum und zum Nationalparkhaus ›Das Wattenmeer‹. Genügend Parkplätze gibt's am Helgolandkai, der bestens ausgeschildert ist.

Vorwahl: 0 44 26 für Horumersiel-Schillig; 0 44 25 für Hooksiel; die Vorwahl wird jeweils bei der Adresse genannt.

Postleitzahl: 26434.

Touristen-Information: Wangerland Touristik GmbH: Zum Hafen 3, Horumersiel, Tel. 0 44 26/98 71 10, Fax 98 71 87, www.wangerland.de, Mo–Fr 8.30–16.30, Sa 9–12, So 10–12 Uhr. Nebenstelle in Hooksiel hat die gleichen Öffnungszeiten.

Upstalsboom-Hotel Am Strand: Mellumweg 6, Schillig, Tel. 0 44 26/880, Fax 881 01, www.upstalsboom.de. Luxuriöser Hotelkomplex in grandioser Lage, 62–73 €.

Nakuk, das friesische Landhotel: Wiardergroden 22, Horumersiel, Tel. 0 44 26/90 44 00, Fax 90 44 29, www.nakuk.de. Alter Gulfhof, kenntnisreich renoviert mit lehmverputzten Wänden, schlichte, moderne Einrichutng, delikate, frische Küche, wunderbar erholsam, 60–70 €.

Hafen-Appartements: Info: Jacobs, Gödeke-Michel-Str. 8, Hooksiel, Tel. 0 44 25/793, Fax 813 92, www.jacobs-hooksiel.de. Appartements für 2–4 Pers. mit Blick auf den Hafen, Schiffe und Marsch, 40–50 €.

Jugendherberge Schillighörn: Inselstr. 6, Tel. 0 44 26/371, Fax 506. Das Haus mit 132 Betten liegt sehr ruhig am Ortsende gleich hinterm Deich in Strandnähe.

Camping: Die vorbildlich und familienfreundlich ausgestatteten Campingplätze in Schillig wie auch im benachbarten Hooksiel zählen zu den größten Europas.

Nordsee-Camping Schillig: Tel. 0 44 26/98 71 70, Fax 98 71 71, April–Okt. Nur einen Steinwurf vom Strand entfernt liegt die moderne, behindertengerechte Ein-

richtung, 3000 Stellplätze. Kinderspielhaus und Kinderbetreuung.
Nordsee-Camping Hooksiel: Tel. 0 44 25/95 80 80, Fax 99 14 75, April–Okt. Mit großem FKK-Campingbereich. In Gehentfernung: das Wassersportparadies ›Hooksmeer‹, das Meerwasser-Hallenwellenbad, das Gästehaus mit Kinderspielhaus.

Altes Zollhaus: Hafenstr. 1, Horumersiel, Tel. 0 44 26/99 09 09 www.zollhaus.de, tgl. ab 8 Uhr. Immer gut besuchtes Restaurant mit friesischer Teestube. Regionale, aber auch mediterane Küche, Mittagsgerichte um 7.50, abends 12–30 €.
Zum Schwarzen Bären: Lange Straße 15, Hooksiel, Tel. 0 44 25/958 10, Mi Ruhetag, ab 11.30 Uhr. Traditionsreicher Gasthof mit liebevoll eingerichteten Gaststuben, Hauptgerichte ab 9 €.
Hotel-Restaurant-Café Packhaus: Am Alten Hafen, Hooksiel, Tel. 0 44 25/12 33. Im maritim eingerichteten Restaurant werden delikate Fischspezialitäten serviert, die Café-Terrasse liegt direkt am Wasser. Ab 10 €, Fr, Sa Fischbuffet für 14,90 €. Außerdem sechs gepflegte Doppelzimmer.

In der stilvollen **Packhaus-Passage** am Hooksieler Hafen locken verschiedene Läden, u. a. mit erlesenen Goldschmiedearbeiten und Antiquitäten. Im **Künstlerhaus,** Lange Str. 16 in Hooksiel, werden wechselnde Ausstellungen gezeigt (www.kuenstlerhaus-hooksiel.de).

Beim **Jaderennen** kann man in den Sommermonaten auf Galopper und Traber setzen.

Baden: An Badeständen herrscht kein Mangel. In Horumersiel ist der Strand grün, weiter Sandstrand im Norden von Schillig mit Blick auf Wangerooge (s. S. 138). Hooksiel verfügt über einen 3 km langen Sandstrand.
Friesland-Therme: Zum Hafen 3, Horumersiel, Tel. 0 44 26/98 72 22, Mo–Fr 10–22, Sa, So 10–19 Uhr. Kombiniertes Freiund Hallenbad, mit Saunabereich und vielen Vergnügungsmöglichkeiten.
Meerwasser-Hallenwellenbad: Zum Hallenbad, Hooksiel, Tel. 0 44 25/95 80 30. In Verbindung mit Freibad, Saunalandschaft, Café-Restaurant, Öffnungszeiten wie Frieslandtherme.
Wassersport auf dem Hooksmeer: Ein ca. 60 ha großer Binnensee erstreckt sich östlich von Hooksiel bis zum Jadebusen – mit Wasserskiliftanlage (Imbiss-Restaurant direkt am Wasser), Surfbucht und Surfschule, Marina mit Segelschule.
Nordic Walking: Im Nordic Fitness Sports Park Horumersiel und Hooksiel sind Touren unterschiedlicher Länge ausgeschildert, www.nordic-fitness-park.de.

Kinder
Kinderspielhaus Seesternchen: Am Strand von Horumersiel, Osterferien bis Ende Herbstferien Mo–Sa 9–12, Mo–Fr 14–17 Uhr.
Spielscheune Bullermeck: An der Schleuse 3, Hooksiel, Tel. 0 44 25/99 03 00, www.bullermeck.de, tgl. 10–18 Uhr. Mit Bungee-Trampolin, 10 m Kletterwand, Autoscooterbahn, Fischkutter mit Sandstrand, Panoramarestaurant.
Nordsee-Spielstadt Wangerland: Jeversche Str. 100, Hohenkirchen, www. nordsee-spielstadt-wangerland.de. Für Kinder bis 12 J. mit Spielscheune, Jahrmarkt mit Karussels, Achterbahn, Autoscooter, Tretbooten usw., tgl. 10–18 Uhr.

Nächster **Bahnhof** ist Wilhelmshaven. Für jeden ankommenden Zug gibt es eine direkte **Busverbindung** ins Wangerland.

211

FACHBEGRIFFE KÜSTE UND WATT

Bake – Weithin sichtbares, gerüstartiges Schifffahrtszeichen als Markierung eines festen Standortes. Zur eindeutigen Identifizierung weichen alle Baken in der Form voneinander ab

Balje (Balge) – Tiefe Wasserrinne im Watt, die auch bei Ebbe nicht trockenfällt. Fahrrinne für die Schifffahrt

Bockmühle – Älteste Windmühlenform, bei der das ganze Mühlenhaus in den Wind gedreht wird

Brackwasser – Mischung von Salz (Meer)- und Süßwasser

Buhne – Von der Uferlinie ins Meer hinausragender Damm aus Stein, Mörtel, Beton oder auch mit Buschwerk ausgefüllte doppelte Pfahlreihe zur Abdrängung der küstenparallelen Tideströmung

Deichacht – Deichverband, der die Aufgabe hat, durch den Bau und die Instandhaltung der Deiche sein Verbandsgebiet gegen das Meer zu schützen

Delft – Graben, Kanal

Gat (Gatt) – Durchgang, Öffnung. Durch ein Seegat zwischen zwei Inseln, das Watt und offenes Meer verbindet, fließen die Gezeitenströme

Geest – Abgeleitet von niederdeutsch *güst,* trocken. Sand- und Kiesböden, die während der Eiszeit abgelagert wurden

Gezeiten – Niederdeutsch Tide, ungefähr halbtägige Schwankung des Meeresspiegels, im Bereich der Ostfriesischen Inseln 2–3 m (s. S. 20)

Giftbude – Essbude, die Bezeichnung ›Gift‹ stammt von dem plattdeutschen Ausdruck ›Dor giff't wat‹, dort gibt es etwas (zu essen und zu trinken)

Groden – Grünland, deichreife oder eingedeichte Marsch. Eingedeicht: Binnengroden, nicht eingedeicht: Außengroden oder Heller

Grüppen – Zumeist parallel angeordnete Entwässerungsgräben in der küstennahen Verlandungszone des Watt

Gulfhof – Bauernhaus, bei dem Wirtschafts- und Wohnbereich unter einem Dach liegen. Mittelpunkt ist ein von vier Ständern gebildetes Rechteck, der ›Gulf‹, in dem Getreide und Heu gestapelt wird

Heller – s. Groden

Herrlichkeit – Halbautonomes Herrschafts- und Verwaltungsgebiet eines Grundherrn mit eigener Gerichtsbarkeit (z. B. Dornum, Emden)

Holländer – Windmühle, bei der nur die Kappe mit den Flügeln in den Wind gedreht wird

Hörn – (Winkel, Ecke, Spitze) in die See ragende Landspitze, Sandbank oder kleine Insel

Kaap – Landmarke als Richtzeichen für Seeleute

Klei – Tonreicher Lehmboden, im Küstengebiet aus Meeressedimenten entstandene Marschböden

Lahnung – Buhnenartige, häufig in rechteckige Felder abgeteilte Dämme aus zwei Pfahlreihen und Buschwerk im Deichvorland, die der Wasserberuhigung und der Sedimentablagerung dienen

Lohne – Schmale Straße, Gasse

Loog – Dorf

Marsch – Küstennaher, vom Meer abgelagerter, fruchtbarer Boden

Nacken – Höhere Wattfläche, oft an die Marsch anschließend (Rysumer Nacken)

Peldemühle – Holländerwindmühle, die zum Pelden (= Schälen) der Gerste genutzt wurde. (Bis zur Einführung der Kartoffel vor rund 200 Jahren war dicke Gerstengrütze das Grundnahrungsmittel an der Küste)

Pensionsvieh – Vieh (meist Kühe), das im Sommer zum Weiden auf die Inseln oder an die Küste gebracht wird

Plaats – Großer Bauernhof in der Marsch

Polder (auch Groden, Koog) – eingedeichtes Marschland

Priel – Flache, oft verästelte Wasserrinne im Watt, die bei Ebbe noch Wasser führt

Riff – Lang gestreckte Sandbank

Schill – Angespülte Schalen von Muscheln und Schnecken, häufig in Form von ausgedehnten Muschelbänken

Schloot – Künstlich angelegter Graben zur Entwässerung

Siel – Verschließbarer Durchlass im Deich, durch den bei Ebbe eingedeichtes Land entwässert wird

Sielhafen – Siedlung, die um das Hafenbecken vor dem Siel entstand, hier ließen sich Schiffer wie auch Händler und Handwerker nieder

Sloop (Schlopp) – Bei einer Sturmflut entstandener Dünendurchbruch

Tide – s. Gezeiten

Tidenhub – Mittlerer Unterschied zwischen Hoch- und Niedrigwasser

Tief – Größerer Wasserlauf in der Marsch und im Watt

Warf (Warft, Wurt) – Künstlich aufgeworfener Erdhügel, der vor Beginn des Deichbaus Schutz vor den Sturmfluten bot

Man sieht nur was man weiß...

REISEINFOS VON A BIS Z

Alle wichtigen Infor-
mationen rund ums
Reisen auf einen Blick
– von A wie Anreise bis
Z wie Zeitungen

Literaturhinweise helfen
bei der Einstimmung auf
die Inselwelten

REISEINFOS VON A BIS Z

Anreise

... mit dem Auto

Drei Autobahnen führen direkt nach Ostfriesland: Die A 28 von Oldenburg nach Leer und Emden, die A 31 entlang der niederländischen Grenze nach Leer und weiter nach Emden, die A 29 von Oldenburg nach Wilhelmshaven. Wer an die Küste möchte, sollte auf der A 29 Richtung Wilhelmshaven am Wilhelmshavener Kreuz Richtung Jever abfahren und auf der B 210 bleiben, die Inseln sind dann ausgeschildert.

Alle Inseln bis auf Borkum und Norderney sind autofrei. Die Autos bleiben auf dem Festland. Parkplätze und Garagenbetriebe sind überall gut ausgeschildert, für Garagen sind in der Hochsaison Vorbestellungen notwendig (Adressen der Garagenbetriebe in den Gastgeberverzeichnissen, s. auch Informationen zu den einzelnen Inseln). Dort wo die Garagen etwas weiter vom Fähranleger entfernt sind, nehmen ihre Mitarbeiter die Autos im Hafen entgegen. Zu den meisten verkehrt auch ein Zubringerbus, der in der Regel aber kein Gepäck transportiert. Zum Ausladen gibt es Kurzzeitparkplätze am Anleger.

... mit Bahn und Bus

Drei Hauptverbindungen führen auf die Ostfriesische Halbinsel: Aus dem Rhein-Ruhrgebiet über Münster und Leer nach Emden und Norden-Norddeich (von Norddeich verkehrt ein Bäderbus zu den Küstenorten); aus Hannover und Hamburg über Bremen nach Oldenburg und weiter nach Leer. Von Oldenburg gibt es eine Bahnlinie nach Sande und Wilhelmshaven. Von Sande verkehrt der Tidebus zu den Fährorten an der Küste. Es ist aber auch möglich, mit der Bahn weiterzufahren, eine Nebenstrecke verbindet Sande mit Jever, Wittmund und Esens (von Esens Busse zur Fähre in Bensersiel). Die Bahnanschlüsse sind auf Busse und Fähren abgestimmt. Alle Bahn-, Bus- und Fährlinien zu den Inseln sind im Bahn-Kursbuch verzeichnet. Informationen erhält man auch unter: www.bahn.de.

Mit dem Bus entlang der Küste: Zu und zwischen den Küstenorten bestehen gute Busverbindungen, teilweise im Halbstundentakt.

... mit dem Schiff

Borkum, Norderney und Langeoog sind tideunabhängig, die Fähren verkehren nach festem Fahrplan. Alle anderen Inseln sind tideabhängig, d. h. zu täglich wechselnden Zeiten zu erreichen, so dass ein Tagesausflug nicht immer möglich ist. Für die meisten Fährverbindungen gilt, dass Tagesrückfahrkarten erheblich billiger sind als Mehrtageskarten, im Falle von Borkum sogar um die Hälfte.

Wer von der Küste aus eine oder mehrere Inseln besuchen möchte, sollte schon zu Beginn des Urlaubs die Fährpläne genau studieren, um die Tage mit der längstmöglichen Aufenthaltsdauer herauszufinden. **Tagesparkplätze** finden sich in allen Häfen in Anlegernähe. Genauere Angaben über die Anreise zu den einzelnen Inseln finden Sie in den praktischen Hinweisen am Ende der jeweiligen Kapitel.

Gepäck: Alle Gepäckstücke (Koffer, größere Taschen etc.) mit Ausnahme des Handgepäcks werden vor der Überfahrt in Container verladen. Es spart viel Sucherei, wenn man sich die Nummer seines Containers merkt! Um nicht in Stress zu geraten, sollte man eine Stunde vor Abfahrt der Fähre am Hafen sein. Am Fähranleger kann man gleich den Transport des Gepäcks zur Inselunterkunft vereinbaren. Die meisten Insel-Hotels haben einen eigenen Kofferdienst. Viele Vermieter auf den autofreien Inseln stellen am Hafen für ihre Gäste einen Handwagen bereit. Auf den Handwagen steht der jeweilige Hausname.

Fähren zu den Inseln: Siehe praktische Hinweise am Ende des jeweiligen Inselkapitels.

… mit dem Flugzeug

Der nächste internationale Flughafen ist Bremen. Auf den Flugplätzen in Emden, Norddeich, Harle (Wittmund/Carolinensiel), Wilhelmshaven können kleinere Maschinen landen. Die Inseln werden bis auf Spiekeroog von zahlreichen regionalen Flughäfen angeflogen.

Da einige Inseln nur tideabhängig angelaufen werden können, lohnen sich Flüge vor allem für Kurzurlauber. Für Juist gibt es z. B. eine sehr preisgünstige Verbundkarte, mit der eine Strecke per Fähre, die andere von Norden-Norddeich mit dem Flieger zurückgelegt wird.

Fluggesellschaften

Flüge von/nach Bremen, Bremerhaven, Wilhelmshaven und zu den Inseln bieten u. a. an:

Flugplatz Harlesiel
LFH Luftverkehr Friesland Harle

0 44 64/9 48 10, Fax 94 81 81
www.inselflieger.de
Flugplatz Norden-Norddeich
FLN Frisia Luftverkehr GmbH
Tel. 0 49 31/9 33 20, Fax 93 32 15 23
www.reederei-frisia.de
Flugplatz Emden
OLT Ostfriesische Lufttransport GmbH
Tel. 0 49 21/8 99 20, Fax 89 92 22
www.olt.de
Flugplatz Uetersen
Tel. 0 40/85 18 85 43, Fax 85 37 40 05,
www.air-hamburg.de

Ärztliche Versorgung/ Apotheken

Auf allen Inseln praktiziert wenigstens ein **Badearzt,** auf den großen Inseln Borkum und Norderney findet man natürlich auch eine ganze Reihe von Fachärzten und Krankenhäusern. Auf Baltrum und Spiekeroog gibt es keinen Zahnarzt.

Krankenhäuser auf dem Festland: s. S. 222.

Baden/Sicherheit

Das Baden im Meer ist gezeitenabhängig. Baden sollte man nur bei auflaufendem Wasser. Der Ebbstrom bei ablaufendem Wasser ist besonders auf den Inseln so stark, dass auch geübte Schwimmer ins Meer gezogen werden. Außerhalb der festgelegten Badezeiten und der bewachten Badeplätze ist das Baden im Meer verboten.

Auch während der offiziellen Badezeiten gilt: Ein am Strand hochgezogener roter Warnball bedeutet Badeverbot für Kinder und Nichtschwimmer, zwei Warnbälle heißen allgemeines Badeverbot.

Wasserqualität: Die jährliche Untersuchung des ADAC über die Wasserqualität in der Nordsee bescheinigt der Ostfriesischen Küste – bisher in jedem Jahr – hervorragende Badequalität (Urteil ›einwandfrei sauber‹ bezieht sich auf das Vorhandensein von schädlichen Bakterien).

Behinderte

In den Gastgeberverzeichnissen ist vermerkt, welche Unterkünfte sich für Behinderte oder Allergiker eignen. Die Broschüre ›Mit Handicap durch norddeutsche Jugendherbergen‹ kann beim DJH Landesverband bestellt werden (s. S. 225).

Strände: Die Grünstrände entlang der Küste sind für Rollstuhlfahrer in der Regel gut zugänglich. Für Sandstrände kann man in vielen Badeorten Strand-Rollstühle mieten (Info in der Kurverwaltung bzw. Touristeninformation).

Achtung: Da Krankenfahrstühle mit Elektroantrieb im Sinne der Straßenverkehrsordnung als Kraftfahrzeug gelten und auf den Inseln Fahrverbot für Kraftfahrzeuge besteht (im Stadtbereich gilt das auch auf Borkum und Norderney), muss eine Ausnahmegenehmigung beantragt werden. Die Adresse ist im jeweiligen Gastgeberverzeichnis angegeben oder in der Kurverwaltung zu erfragen.

Feste

Das Ende des Winters wird mit zahlreichen Osterfeuern zelebriert. In den warmen Monaten werden allerorten Märkte und Feste abgehalten. Festivalähnlichen Charakter haben die Hafen- und Mühlenfeste, Krabbenkutterregatten, Viehauktionen und Handwerksmärkte. Seit 1981 findet das Dollart-Festival – ein grenzüberschreitendes Orgelfestival – alle zwei Jahre im August statt. Witzig sind die sommerlichen Schlickrennen in Pilsum, im wahrsten Sinne berauschend die Pflaumenmärkte im Herbst.

Geld

Das Banken- und Sparkassennetz ist nahezu flächendeckend. Mit der EC/Maestro-Karte und Geheimnummer erhält man selbst in kleineren Orten problemlos Bargeld. Die gängigen Kreditkarten werden in den meisten Hotels und Restaurants akzeptiert, nicht jedoch in kleineren Geschäften und Privatunterkünften.

Gesundheit und Kur

Dank der von Westen über das Meer herangeführten staub- und keimfreien Seeluft sowie der von der Brandung fein zerstäubten Mineralstoffe gilt das Nordseeklima als ausgesprochen heilkräftig. Borkum kann sogar mit Hochseeklima werben. Das Reizklima an der Nordsee stärkt die Abwehrkräfte des Körpers, kräftigt die Gesundheit und wirkt heilsam bei zahlreichen Krankheiten.

Alle Inselorte und einige Küstenorte sind staatlich anerkannte Nordseeheilbäder. Trotz Gesundheitsreform ist es auch heute noch möglich, eine Kur bewilligt zu bekommen. Der Weg zur Kur, sei es eine ambulante Vorsorgekur oder eine stationäre Rehabilitationskur, läuft über den Hausarzt, der ihre Notwendigkeit bestätigt. Die Kurmittelhäuser stehen auch Nicht-Kurenden offen, alle Kurmittel, die nicht verschreibungspflichtig sind, können auf eigene Rechnung in Anspruch genommen werden.

Auf allen Inseln, aber auch in den Küstenorten, wird großer Wert auf ein ausgewogenes Gesundheitsprogramm gelegt: morgendliche Strandgymnastik, Vorträge mit Anleitung und Hinweisen zum gesünderen Leben, Wassergymnastik, Jazztanz, Lauftreffs usw.

Hunde

Hunde und ihre Besitzer haben es nicht leicht an der Küste und auf den Inseln. Am Badestrand, auf der Promenade und auf fast allen Campingplätzen sind sie unerwünscht. Auf den größeren Inseln stehen ihnen gesondert ausgewiesene Strandabschnitte zur Verfügung. Sie müssen immer und überall an der Leine geführt werden.

Informationsstellen

Alle Insel- und Küstengemeinden besitzen eine Touristen-Information und/oder eine Kurverwaltung, die gegen eine freiwillige Gebühr Gastgeberverzeichnisse verschicken. Darin enthalten sind nicht nur umfassende Auskünfte zu Unterkunftsmöglichkeiten und die Fahrpläne der Fähren, sondern auch alle für die Anreise nützlichen Adressen.

Die Touristen-Informationen vor Ort sind ganzjährig Mo–Fr, in der Saison auch Sa und So geöffnet, die einzelnen Adressen sind im Reiseteil vermerkt. Überregionale Information, aber auch Gastgeberverzeichnisse und ausführliche Internet-Seiten bieten:

Die Nordsee
Sieben Inseln. Eine Küste
Postfach 2106, 26414 Schortens
Tel. 0 18 05/20 20 96
(0,12 €/Min.)
Fax 0 18 05/20 20 97 (0,12 €/Min.)
www.die-nordsee.de
Ostfriesland Tourismus GmbH
Ledastr. 10
26789 Leer
Tel. 04 91/91 96 96 60
Fax 91 96 96 65
Urlaubsberatung Tel. 0 18 05/93 83 30
(0,14 €/Min.)
www.ostfriesland.de
Friesland-Touristik Gemeinschaft
Nordseepassage 1. Obergeschoss,
Bahnhofspl. 1, 26382 Wilhelmshaven
Tel. 0 44 21/9 13 00 17, Fax 9 13 00 10
www.friesland-touristik,de.

Insel-Card

Auf fast allen Inseln sind die bisherigen Fährtickets, Kurkarten und Strandkorbkarten durch eine Chipkarte ersetzt worden. Vor der Abreise wird geprüft, ob man seine Rechnungen, beispielsweise die Kurabgabe, beglichen hat, dazu gibt es mehrere Servicestellen auf den Inseln. Wer bei der Abreise noch was schuldig ist (Tagesgäste beispielsweise die Kurabgabe), wird spätestens am Fähranleger zur Kasse gebeten.

Karten

Es gibt viele Auto- und Freizeitkarten von der Ostfriesischen Halbinsel, in denen die wichtigsten Sehenswürdigkeiten eingetragen und häufig auch beschrieben sind – ideal für all diejenigen, die sich auch auf der Anreise schon mal etwas anschauen möchten.

Von allen Inseln gibt es preiswerte Inselkarten, auf denen Wander-, Rad- und Reitwege verzeichnet sind. Sie reichen zur Orientierung aus. Detaillierter sind die ›Kompass-Karten‹, die es für jede Insel gibt: Maßstab 1:15 000 oder 17 500. Es sind Wanderkarten mit Reitwegen und vielen touristischen Infos.

Kostenlos erhältlich sind die von der Nationalpark-Verwaltung herausgegebenen Karten mit naturkundlichen Informationen zu den Naturschutzgebieten. Sie liegen in den Nationalparkhäusern und Informationshütten aus.

Kurabgabe

Die frühere Kurtaxe heißt heute fast überall Kurabgabe. Alle Urlauber, auch Tagesgäste, auf den Inseln und an der Küste müssen ihren Obolus pro Tag entrichten, je nach Saison unterschiedlich viel. Dafür erhält man eine Insel- oder ServiceCard, die zum ermäßigten Eintritt in Hallenbädern, Museen und Veranstaltungen der Kurverwaltungen berechtigt.

Literaturtipps

Nordsee ist Wortsee heißt eine wunderbare Sammlung moderner Nordsee-Poesie mit Gedichten von Günter Grass, Sarah Kirsch, Günter Kunert, Friederike Mayröcker, Oskar Pastior und vielen anderen, teils in Friesisch oder Plattdeutsch (mit hochdeutschen Nachdichtungen), Neumünster 2002.

Nordsee ist auch Mordsee, könnte man meinen, denn Krimifans können auf ein überaus reiches Angebot an Titeln, die in Ostfriesland – auf den Inseln oder an der Küste – angesiedelt sind, zurückgreifen. Es gibt sogar Ostfriesische Krimitage, Info im Internet: www.krimitage.de. Viele regionale Krimis findet man im Leda-Verlag, www.leda-verlag.de. Dort ist zu den 5. Krimitagen (Nov. 2007) ein Krimi-Sammelband rund um den Tee mit dem Titel: **Tee mit Schuss** erschienen.

Gerdes, Peter (Hrsg.): Mordkompott – Kriminelles zwischen Klütje und Kluntje. 20 kulinarische Kurzkrimis rund um die ostfriesische Küche. Zu jeder Story gibt es das passende Rezept zum Nachkochen vom klassischen Grünkohl mit Pinkel bis zu ›Updrögt Bohnen‹.

Inselkrimis von Sandra Lüpkes: Die Autorin ist auf Juist groß geworden, (mehr unter www.inselkrimi.de). In ihren zahlreichen Krimis (Rowohlt), die auf den Inseln/an der Küste spielen, ermittelt häufig die Auricher Kriminalkommissarin Wencke Tydmer: **Die Sanddorn-Königin,** 2005 (2001), ein Juist-Krimi. **Der Brombeerpirat,** ein Norderney-Krimi, 2006 (2002). **Das Hagebuttenmädchen** (2004), ein Juist-Krimi. **Der Wachholderteufel** (2006), Wencke Tydmer auf Kur im Teutoburger Wald.

Das Sonnentau-Kind (2007), ein Küsten-Krimi.

Die Blütenfrau (2008), 6. Fall der Kommissarin auf Spiekeroog.

Theodor J. Reisdorf erschuf den so genannten ›Friesenkrimi‹, seine Krimis sind an der Nordsee angesiedelt, häufig kommen erst einmal Tee, Stövchen und Kluntjes auf den Tisch, bevor die Kommissare zur Sache gehen.

Deiche, Dünen, Friesenmorde (Dreierband-Kompilation aus: Tödliche Teestunde /Die Tote vom Nordstrand / Mord im Fischereihafen), Bergisch Gladbach 1998.

Inselmorde (Dreierband-Kompilation Todestörn vor Juist / Tod vor Borkum / Das Dünengrab), Bergisch Gladbach 2002.

Letzter Törn nach Spiekeroog, Bergisch Gladbach 2003.

Der Tote im Maisfeld, Bergisch Gladbach 2005.

Friesische Todessinfonie, Bergisch Gladbach 2006.

Zuletzt noch ein Klassiker:

Childers, Erskine: Das Rätsel der Sandbank, Zürich 1975 (Titel der Originalausgabe von 1903: The Riddles of the Sands). Ein fesselnder Spionage- und Abenteuerroman, dessen Handlung u. a. auf den Ostfriesischen Inseln spielt.

Naturschutz/Nationalpark

Die Nationalparks Niedersächsisches und Hamburgisches Wattenmeer sind in drei Zonen eingeteilt: Die Ruhe- und die Zwischenzone dürfen nur auf ausgewiesenen Pfaden betreten werden.

Die Erholungszone mit Badestränden und Kureinrichtungen ist frei zugänglich. Informationszentren des Nationalparks gibt es auf folgenden Inseln: Borkum, Juist, Norderney, Baltrum und Wangerooge. Entlang der Küste in Carolinensiel, Dornumersiel, Greetsiel, Norddeich, Wilhelmshaven, Adressen s. Reiseteil. Sitz der Nationalparkverwaltung: Virchowstr. 1, 26382 Wilhelmshaven, Tel. 0 44 21/91 10, www.wattenmeer-nationalpark.de).

Notfall

Polizei: 110.
Feuerwehr: 112.
Krankenhäuser:
Emden: Tel. 04 91/9 80;
Norden: Tel. 0 49 31/18 10;
Wilhelmshaven: Tel. 0 44 21/8 90;
Wittmund: Tel. 0 44 62/86 02.
Rettungsdienst Friesland: Tel. 0 49 41/1 92 22.
ADAC Pannenhilfe 0 18 02/22 22 22.

Öffnungszeiten

Die **Ladenöffnungszeiten** sind variabel. Größere Kur- und Badeorte haben dank der Bäderregelung von März bis Okt. verlängerte Öffnungszeiten. Auch in vielen kleineren Badeorten sind Lebensmittelgeschäfte am Samstag und am Sonntag ein paar Stunden geöffnet. Auf dem Land, aber auch auf den Inseln sind die Geschäfte, Postämter und Restaurants selten durchgehend geöffnet: Man hält Mittagsschlaf.
Kirchen, Museen und Sehenswürdigkeiten: Die gängigen Öffnungszeiten sind in der Saison tgl. 10–17 Uhr.

Reisekasse und Preise

Im Sommerhalbjahr ziehen die Preise enorm an, vor allem, was die Unterkünfte angeht (die Unterkunftspreise sind im Reiseteil angegeben). Die Urlaubskosten werden zudem durch die **Kurabgabe** in die Höhe getrieben, für die man pro Tag/Erwachsenem bis zu 2,6 € in der Hochsaison ansetzen muss, Kinder und Jugendliche bis 18 Jahre in Begleitung der Eltern sowie Schüler/Auszubildende sind frei oder kosten die Hälfte.

Strandkörbe kosten pro Tag 4,50–8 €, günstiger sind Vorbestellungen und Mehrtagesmieten: Preisbeispiel Wangerooge für Strandkorbmiete: Anmietung durch Vorbestellung (bis 31. Mai) pro Tag 4,50 €; Anmietung vor Ort (mindestens 3 Tage) 5,50 €; Tageskörbe für Tagesgäste 6,50 €.

Fahrräder zwischen 5 € (einfaches Tourenrad) und 7,50 € (Mountainbike), ein Tandem gibt's für ca. 11 €; auch hier gilt: wochenweise gemietet sind sie erheblich billiger. Für Tagesgäste auf den größeren Inseln lohnt die Mitnahme eines eigenen Rades, da die Beförderungspreise für das Rad häufig sogar unter den Tagesmietpreisen liegen. Für einen normalen **Museumsbesuch** muss man 2,50–3,50 € veranschlagen, für die Kunsthalle in Emden 5 €.

Souvenirs

Maritimen Schnickschnack gibt es in allen Souvenirläden. Kinder freuen sich über beklebte Muschelkästchen, Buddelschiffe, Piratenfahnen usw., Leckermäuler über Bonbons in Gestalt von Möweneiern oder Muscheln aus Schokolade.

Überall an der Küste kann man auch hervorragendes **Kunsthandwerk** erstehen. In Galerien dominieren Werke mit Nordseemotiven. Gern gekauft sind Produkte vom Schaf: schöne Felle, Wolle … Radfahrer sind spätestens am dritten Tag fällig für einen flauschigen Schaffellsattelschoner. Aber Vorsicht, bei Regen saugt sich das Fell voll, man muss es darum beim Abstellen des Rades immer abnehmen – ein Ferienluxus, der den Alltag kaum übersteht (dann ist das Fell auch schon platt).

Ein typisches Mitbringsel ist **Ostfriesentee**: Auf der Beliebtheitsskala ganz oben rangieren verschiedene Teesorten, die Namen tragen wie Schietwettertee, Rote Grütze usw. In den Teeläden findet man auch feines ostfriesisches Teeservice aus Porzellan.

Spirituosen: Eine hochgeistige Buddel aus dem Norden vertreibt den Abschiedsschmerz: Watt'n Geist, Moorfeuer, Nordsee-Geist …, diese Spezialitäten sind in jedem Supermarkt zu finden.

Fisch: Frisch gefangener Granat und geräucherter Fisch kann am letzten Urlaubstag gekauft werden.

Telefonieren

Telefonzellen findet man fast in jedem Ort, mit wenigen Ausnahmen sind es Kartentelefone. Telefonkarten erhält man in Postfilialen, Zeitungsgeschäften und Souvenirläden.

Die Erreichbarkeit über **Handy** an der Nordseeküste, auf den Inseln und auch im Watt (!) ist lückenlos gewähr-leistet.

Vorwahl Österreich: 00 43
Vorwahl Schweiz: 00 41
Vorwahl Deutschland: 00 49

Unterkunft

Die sehr umfangreichen, informativen Gastgeberverzeichnisse mit Preislisten der Hotels, Pensionen und Ferienwohnungen sind über die jeweiligen Kurverwaltungen/Touristen-Informationen zu beziehen. Interessenten können sich direkt an die Vermieter wenden. Man kann aber auch der Zimmervermittlung/Kurverwaltung seine Unterkunftswünsche mitteilen und suchen lassen – oder man surft im Internet – alle Adressen sind im Reiseteil angegeben.

Hotels und Pensionen

Das Angebot an komfortablen Hotels mit großzügigen Wellnessabteilungen ist in den letzten Jahren gestiegen; ganz außergewöhnliche Luxusadressen wird man an der niedersächsischen Nordseeküste aber nicht finden. Doppelzimmer gibt es – so man zu zweit reist – zum Teil vergleichsweise günstig, während Einzelreisende ungleich kräftiger zur Kasse gebeten werden. Während Hotels auf Kurzurlauber eingestellt sind, müssen Gäste, die weniger als vier Nächte bleiben, in vielen Pensionen und Gästehäusern mit einem deutlichen Aufpreis rechnen. Zum Teil recht günstig, ab 14 €, sind Privatzimmer in normalen Wohnhäusern. Hier bekommt man garantiert Kontakt zur einheimischen Bevölkerung.

Ferienwohnungen

Vor allem für Familien mit Kindern ist es ratsam, ein Quartier zu wählen, das die Möglichkeit bietet, selber Mahlzeiten zu kochen. Der Mindestaufenthalt beträgt in der Regel vier Tage, in der Saison in den meisten Fällen eine Woche.

Ferien auf dem Bauernhof

Vor allem bei Familien mit Kindern ist dieser Urlaub sehr beliebt. Die Auswahl auf dem Festland ist groß. Manche Höfe sind sehr einfach und ursprünglich, Kinder werden vielfach in den normalen Arbeitsalltag mit einbezogen, dann wieder gibt es Höfe, die ein professionelles Animationsprogramm für Stadtkinder anbieten. Ganz wie es einem gefällt. Über 400 Bauernhöfe, Heuhotels sowie Bett & Box (Urlaub mit dem Pferd) vermittelt die AG Urlaub und Freizeit auf dem Lande e.V., Lindhooperstr. 63, 27283 Verden/Aller, Tel. 0 43 21/9 66 50, Fax 96 65 66, www.bauernhofferien.de.

Jugendherbergen

Jugendherbergen stehen allen offen, Bedingung ist Mitgliedschaft im Deutschen Jugendherbergswerk (DJH), die auch vor Ort erworben werden kann. Die Schlafräume sind nach Geschlechtern getrennt, Familien und Paare können aber, so Raum vorhanden, gemeinsam übernachten. In der Saison ist eine schriftliche Voranmeldung erforderlich, Übernachtung pro Pers. mit Frühstück ab 14 € (Senioren ab 27 Jahre zahlen einen Aufschlag von 2,70 €).

Jugendherbergen gibt es auf allen Ostfriesischen Inseln (außer Baltrum und Spiekeroog) sowie auf dem Festland in Aurich, Emden, Esens, Jever, Norddeich, Schillighörn. Auskünfte erteilt:

DJH-Landesverband Unterweser Ems e.V.
Woltmershauser Allee 8
28199 Bremen
Tel. 0 421/59 83 00, Fax 5 98 30 55
www.jugendherberge.de
service@djh-unterweser.ems.de.

Campingplätze

Auf allen Inseln außer auf Juist und Wangerooge gibt es Zelt- oder Campingplätze. Auf die Campingplätze nach Borkum und Norderney kann man Wohnmobile und -wagen mitnehmen. Vorbestellung ist in der Saison auch für Zelte anzuraten. In den Küstenorten liegen die Campingplätze häufig gleich hinterm Deich in Strand- und in Hafennähe.

Verhalten in der Natur

Wandern, Reiten und **Radfahren** ist im Bereich des Nationalparks nur auf ausgewiesenen Wegen gestattet. Wanderwege sind grün markiert, die Reitwege rot. **Hunde** müssen immer angeleint sein, auf bestimmten Wegen ist das Mitführen von Hunden grundsätzlich nicht gestattet. Wattwanderungen sind nur mit geschulten Wattführern zu unternehmen.

Dünen schützen die Inseln zur offenen See hin wie ein Deich. Es ist darum nicht erlaubt, sie abseits der Pfade zu betreten. Wer die ausgewiesenen Wanderpfade verlässt und quer durch die Dünen streift, richtet häufig großen Schaden an. In die achtlos aufgerissene Pflanzendecke kann der Wind ungehindert eingreifen. Die weitere Zerstörung der Düne lässt sich dann häufig nur noch durch gezielte Neuanpflanzungen von Strandhafer aufhalten.

Blumen pflücken ist im Nationalpark verboten. Die wunderschöne silberblaue Stranddistel wie auch die einst großen Bestände des Strandflieders wurden durch die Pflückwut der Touristen drastisch dezimiert.

Von **Seehunden** sollte man mindestens 500 m Abstand halten, sie brauchen die Ruhepausen auf den Sandbänken, um ihre Jungen zu nähren und das notwendige Vitamin D für den Haarwechsel zu tanken. Von den Elterntieren scheinbar verlassene Heuler darf man auf keinen Fall anfassen oder gar mitnehmen, statt dessen sollte man die Kurverwaltung oder einen Vertreter des Nationalparks verständigen.

Wanderer und Wassersportler sollten auch von größeren **Vogelansammlungen** mindestens 500 m Abstand halten, um die Vögel nicht beim Fressen, beim Brüten, bei der Rast oder der Mauser zu stören. Extremem Stress werden die Vögel durch flatternde und sausende Drachen ausgesetzt. **Drachensteigen** ist in der Ruhe- und Zwischenzone verboten, in der Erholungszone zwar grundsätzlich erlaubt, dort aber häufig von den jeweiligen Gemeinden untersagt. Nach ausgewiesenen Drachenflugplätzen kann man sich bei der Gemeinde- oder Kurverwaltung erkundigen.

Wild lebende Tiere wie Fasane, Enten und Möwen sollten nicht gefüttert werden. Möwen haben sich in den letzten Jahren auf Kosten anderer Vögel, denen sie die Nester ausrauben, stark vermehrt.

Verkehrsmittel

... auf den Inseln

Nach Borkum und Norderney kann man sein Auto mitnehmen, es ist aber entbehrlich, im befahrbaren Teil der Inseln verkehren Busse. Alle anderen Inseln sind autofrei, Frachten und Passagiere werden mit Elektrowagen und/oder Pferdetaxis befördert.

Das Fahrrad ist das Verkehrsmittel Nummer eins, nur auf Baltrum und Spiekeroog ist die Mitnahme von Rädern nicht erwünscht, dort gibt es auch keinen Fahrradverleih. Auf allen anderen Inseln findet man eine große Auswahl an Verleihbüros, in der Regel mit einem Riesenangebot an Holland- und Kinderrädern, Tandems, Sicherheitssitzen, Anhängern und Bollerwagen. Die Beförderungspreise auf der Fähre variieren stark. In der Regel lohnt sich die Mitnahme des Rades finanziell für alle, die länger als drei Tage auf der Insel bleiben. Es sei aber daran erinnert, dass Salz und Sand den Drahteseln enorm zusetzen, nach drei Wochen Urlaub sind sie nicht mehr das, was sie zu Ferienbeginn waren.

... an der Küste

Wer auf dem Festland Urlaub macht und auch das Hinterland erkunden möchte, reist am besten mit dem Auto und Fahrrädern an.

UrlauberBus Ostfriesland: Die Verkehrsgemeinschaft Landkreis Aurich (VLA) bietet Urlaubern in der Sommersaison von Mitte März bis Ende Okt. die Möglichkeit, Ostfriesland für wenig Geld zu entdecken. Die Angebote variieren, mal war es ganz gratis, 2005 ist es 1 Euro, die eine Fahrt quer durch Ostfriesland kostet. Bedingung ist eine Kurkarte (Norddeich, Norden, Hage, Dornum, Dornumersiel, Neßmersiel, Greetsiel) oder Gästekarte (in den anderen Orten). Info bei

VLA
Norderstr. 32
26603 Aurich
Tel. 0 49 41/9 33 77
www.vla.de

Zeitungen

Die überregionale Presse ist im Sommerhalbjahr überall zu haben.

Viermal wöchentlich erscheint die ›Borkumer Zeitung‹ mit Inselereignissen, aber auch News aus aller Welt. Täglich erscheint die ›Norderneyer Badezeitung‹. Tageszeitungen mit online-Ausgaben u. a.: Ostfriesische Nachrichten, www.ostfriesische Nachrichten.de; Ostfriesen-Zeitung, www.ostfriesen zeitung.de; Anzeiger für Harlingerland, www.harlinger-online.de; Nordwest-Zeitung, www.nwz-online.de.

REGISTER

REISEATLAS

LEGENDE

1 : 100.000

0   3 km

Fernstraße		Jugendherberge		Museum	
Hauptstraße		Hafen		Museumsbahn	
Verbindungsstraße		Schiffswrack		Denkmal	
Nebenstraße		Freibad		Turm	
Fahrweg		Erlebnisbad		Leuchtturm	
Fußweg		Surferstrand		Feuerschiff	
Fähre, Schifffahrtslinie		Strand		Windmühle	
Nationalpark		Burg / Burgruine		Sendemast	
Ruhezone (Zone 1)		Schloss		Golfplatz	
Vogelschutzgebiet		Kirche		Flugplatz	
Aussichtspunkt		Ruine		Sand	
Campingplatz		Sehenswürdigkeit		Wattenmeer	

A   B   C

N o r d s e e

J u i s t

1

Hammersee   Loog M
Küstenmuseum
19 m   Haakdünen   20 m
Billriff   Westbake   Domäne Bill
Schill-   Ruhezone
plate   *J u i s t e r   B a l j e*

Ruhezone

Kachelot-
plate   *Memmert*   Ruhezone

11 m

2

s. Inset Borkum

M e m m e r

Voorentief

N o r d s e e   **Nordstrand**
Kobbedünen
FKK-Strand
B o r k u m   20 m   Steernklippdünen
Ostbake   16 m
Muschelfeld   *Olde Dünen*   Ostland
Sturmeck   Waterdelle   *O s t l a n d*   Hoge
3   Ruhezone   Hörn
Borkum   Binnen-   Ruhezone
M   wiesen   *Hornsba*
Heimatmuseum   *W e s t -*
Tüskendör-
Hopp   *see*   **Nationalpark**
Ruhezone
A a n d   **Niedersächsisches Wattenmeer**
Wolbedünen   12 m
Greune Stee
Ronde Plate   *Reede Borkum*
Südstrand   Ruhezone   *Alter*   Ruhezone
Hafen
4   **Feuerschiff**   *Alter*
Borkumriff   *Schutz-*   *Altes Borsgatie*
hafen
Fischerbalje

W e s t e r e m s   *Randzelgat*

1 cm = 1 km **1 : 100.000**

0   3 km

D   **E**   **F**

Histor. Kurhaus
Siedlung   **Juist**   Ostdorf

Goldfisch-
teich

24 m
Wilhelmshöhe

Ruhezone

Ostbake
• 12 m

Kalfamer

Ruhezone
Ostende

Busetief

1

S. 234

Kalfamergat

Nationalpark

Niedersächsisches Wattenmeer

I t z e n d o r f -

Ruhezone

Mittelsand

2

t b a l j e

O s t e r e m s

Memmert

p l a t e

Ruhezone

Slapersbucht

Wester-

3

je

Evermannsgat

Lütje Hörn

Norddeicher Wattfahrwasser

marsch II

Waterwarf

Ruhezone

Utlands-
hörn

Weste

R a n d z e l

Ruhezone

marsc

4

Schweinsbucht

L e y b u c h t

233

A **B** **C**

Nordsee

Norderney

1 Nordbad
Ostbad
FKK-Strand
Weiße Düne
Nordstrand

Norderney
In den Dünen
Am Leuchtturm
23 m
Grohde
Postbake
Ostheller

Ruhezone

adehaus
M
Fischerhausmuseum
Südstrand-
Ruhezone
polder
20 m

Westbad

Riffgat

he
ate
Legde
Lütets-
burger
Plate
Wagengat
Hilgenrieder Plate

2 Stein-
plate
Hohes Riff

Ruhezone

S. 233

Osterriede
Ostermarscher Watt
Lütetsburger Polder
Hilgenrieder
siel

Westerriede

Altendeich
Junkers
Hufschlag

Oster-
Störtebekerstraße
rott
Klein
Kloster
Nordoog
Haager-
marsch

3 marsch
Süderhaus
Marschtief
Finkenstede

Oster-
loog
N o r d e e
Oster
Wischer

Linteler
Sielzug
marsch
Wester
Wischer

Störtebeker
NORDDEICH
straße
Wellenpark
Seehundaufzuchtstation
T72

4 Itzendorf
FLUTHÖRN

Störtebekerstraße
NORDEN
Lütetsburg
Hage
Schl

Wasserschloss
Lütetsburg
Teemuseum M
Ludgerikirche
TIDOFELD
Nor
Halbe-Monder
Landstr.
BARGEBUR

0   3 km

D   Nordstrand   **E**   B a l t r u m   **F**

Othello
plate   **Baltrum**   17 m Weiße Dünen
        "Sindbad"   Große Dünental   14 m.
    Westdorf   Ostdorf   Graue Dünen   ■ Peilbake
Rattendüne   Westheller   Osterhook
7 m.   Ostheller
■ Peilbake   ■ Ostbake   **Ruhezone**   **1**

O s t b a l j e   **Nationalpark**

    Neßmer   Neßmer
    Plate   Steinplate   Dornum
Neßmer   Nacke
Nacken   **Niedersächsisches Wattenmeer**

S.236

Ruhezone   Dorf   **2**
Wester Neßmerhelle   Dornumergrade
Wester Neßmerpolder   **Westerdeich**   **Osterdeich**   **Störtebekerstraße**
Theener   Neegrobeer   Deich und   Neßmer-   Kloster   Buterhusen
        Sielrott   **Neßmersiel**   altendeich   Neßmer-   Süd
    Marschtief   grode
    Siebelshörn   **Nesse**   Cankebeer   **Wasserschloss**   **Westeraccum**
    Ostdorf   Harke-   **Beningaburg**   **Dornum**   **3**
Westdorf   tief   Aderhusen
Kleiweg   Groß   Schwittersum
    r   l   a   n   Kiphausen
            Klein   Marienfeld
            Kiphausen
        Moortief   Hüllener Tief   Steinhammer Tief
Marienhof   Hochbrücker Tief
    Kibbelschloot   Arler Rendel   Alte
    Terhalle
Blandorf   **Westerende**   Ostarle
Wichte   Oster-   **Arle**   Ostergasse
Berum   brande   Neuis   Schweindo   **4**
ss Nordeck   **Ferienpark**   Wester-   Menstede
rg Berum   brande   Komper
    Großheide   Strück   Nenn-   **Westerholt**
Berumbur   Kloster-   dorfer   Kölker
        dorf   Coldinne   Coldinnergaste   Unlande

235

A B C

1

Nordsee

Langeoog

Süderriff

Peilbake ★ Vogelkolonie

Dünen-
friedhof ★ *Melkhörndünen* Dreebargen
Seenotbeobachtungsstelle *Melkhörn* ·18 m Meierei Ostende ■ Ostbake
Schiffsmuseum Große 20 m Osterhook
Schloop

Ruhezone

Langeoog **Nationalpark**

2 Westdeich **Niedersächsisches Wattenmeer**

Dollart Langeooger

Ruhezone Plate

Flinthörn Rute plate Stüverslegde

S. 235 R u t e

Neider-

3 plate Hungat-
plate
Ruhezone

D a m s u m e r   S a n d Störtebe

Ostbense

ornumersiel Westbense
Westeraccumersiel Westerburer
Polder Bensersiel Osquard
Friedland Oldendorf Hartward
Störtebekerstraße Gründeich Neue Dilft Sterbur
4 Wester- Middelsbur Nordorf
Südenburg Damsum Siepkwerdum
Nord-
Uppum Wold Esens
Mimstede Utgast Korten- Heimat-
hörn museum

A B C

Harle

Wangerooge

15 m

Alter
Westturm

Wangerooge

18 m

Alter
Leuchtturm

Westen

Westaußen-
groden

Ostbinnen-
groden

Neudeich
Ostaußen-
groden

Ehe
Os

Ruhezone

Ruhezone

3 m

1

Wrack "Verona"

Dove Harle

Strandbake

Ostbake

Ostbake

Alte Harle

Telegraphenbalje

Martens-
plate

Hoher Rücken

Nationalpark

Ruhezone

Breite Legde

Niedersächsisches Wattenmeer

2

Langer Jan

Südersand

Bank

S. 237

N e u e s

Ruhezone

Elisabethgroden

Dauenstift

Norde

3

Neu Augustengroden

Neu
Friederiken-
groden

Tengshausen

Störtebekerstraße

Minsen

Javenloch

Friederikensiel

Funnens

Bassens

Friedrichschleuse

Störtebekerstraße

Friedrich-
Augustengroden

Friederiken

Grimmens

Carolinensiel

Sophiensiel

Mederns

Carolinen-
groden

Karls-
eck

Wollhuse

Sophiengroden

Eilshausen

oß Charlottengroden

Medernsee

W a n g e r l

Altendeich

Neugarmssiel

Helmstede

4

Mitteldeich
neue Mitteldeich

Berdumer

Großengarms

Popphuse

Enno-Ludwigs-Groden

Westergarms

Gottels

Wiarden

Bübbens

Hodens

xer-
Mitteldeich

Berdumer
e-Mitteldeich

Süder-
garms

Oster-
deich

Altgarmssiel

Werdum

Hohenkirchen

Wayens

derumer

Münchhausen

Ziallerns

Auhuse

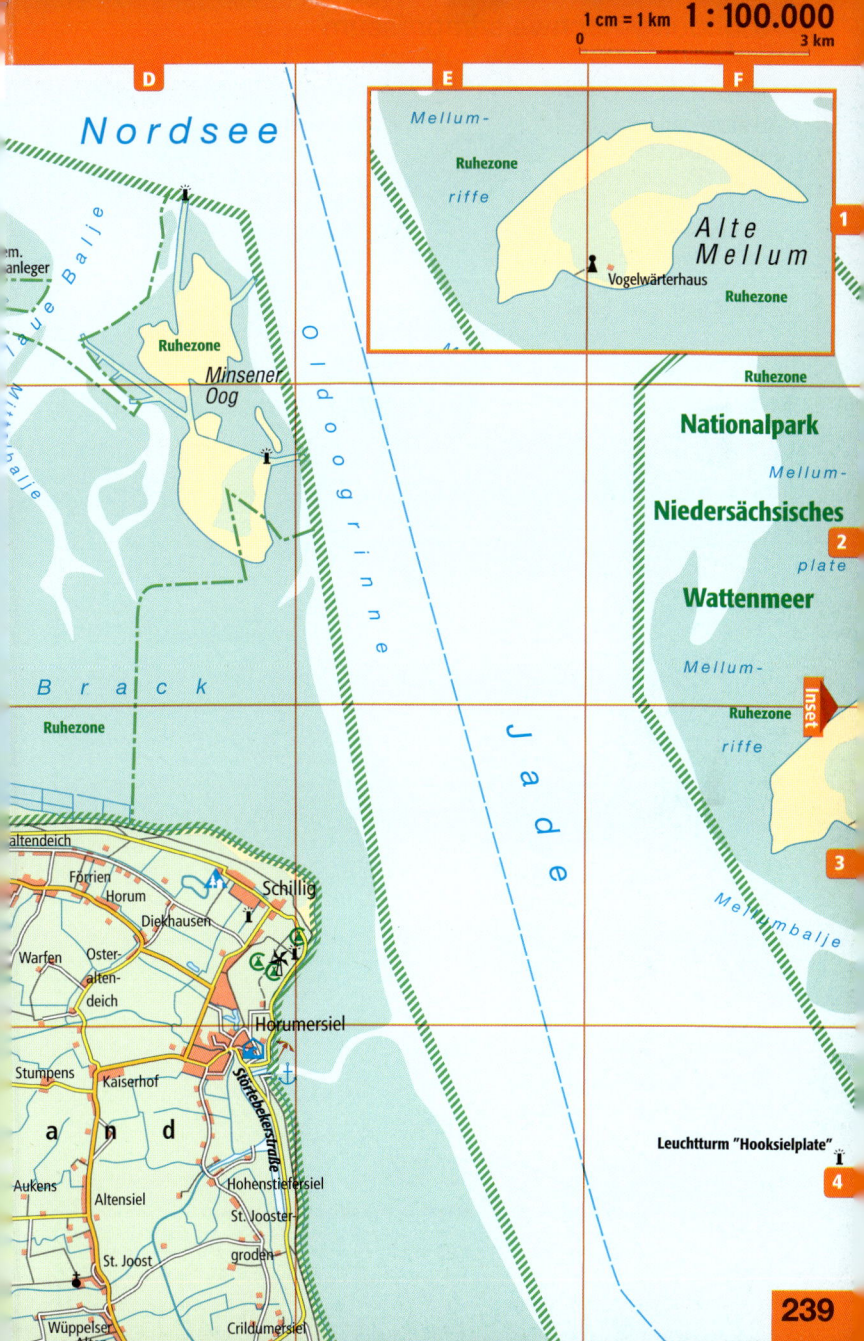

1 cm = 1 km **1:100.000**

0 3 km

D **E** **F**

N o r d s e e

Mellum-

Ruhezone

riffe

1

*A l t e
M e l l u m*

Vogelwärterhaus

Ruhezone

em.
anleger

Laue Balje

Ruhezone

Ruhezone

Mittelhalle

*Minsener
Oog*

Oldoogrinne

Nationalpark

Mellum-

Niedersächsisches

2

plate

Wattenmeer

Mellum-

B r a c k

J

Ruhezone

Inset

Ruhezone

riffe

altendeich

a
d
e

3

Förrien

Horum

Schillig

Diekhausen

Mellumbalje

Warfen

Oster-

alten-

deich

Horumersiel

Stumpens

Kaiserhof

Störtebekerstraße

a   n   d

Leuchtturm "Hooksielplate"

4

Aukens

Altensiel

Hohenstiefersiel

St. Joooster-

St. Joost

groden-

Wüppelser

Crildumersiel

Abbildungsnachweis
Alle Abbildungen von:
Paul Hahn/laif, Köln

Kartografie
DuMont Reisekartografie,
Fürstenfeldbruck
© MAIRDUMONT, Ostfildern

Abbildungen
Titelbild: Strand von Langeoog
Umschlagklappe hinten: Reiter am
Strand von Borkum
S. 2/3: Krabbenkutter

3., aktualisierte Auflage 2008
© DuMont Reiseverlag, Ostfildern
Alle Rechte vorbehalten
Grafisches Konzept: Groschwitz, Hamburg
Druck: Rasch, Bramsche
Buchbinderische Verarbeitung: Bramscher Buchbinder Betriebe